헨리 나우웬, 내 영혼의 친구

헨리 나우웬의 섬김과 저서가
삶의 원천이 되었던 모든 분들에게
이 책을 바칩니다.

Befriending Life

Encounters With Henri Nouwen

Edited by Beth Porter
With Susan M. S. Brown and Philip Coulter
Published by Doubleday
All Rights Reserved.

Korean Translation Copyright ⓒ 2010
by Achim Institute for Spiritual Direction

이 책은 아침영성지도연구원이 Eric Yang Agency를 통하여
Doubleday와 독점 계약하여 새롭게 펴낸 것으로서,
신저작권법에 따라 한국 안에서 보호를 받는 책이므로
무단전재와 무단복제를 금합니다.

섬김의 자리 가장 가까이에서 지켜보았던
영혼의 친구들의 가슴 뭉클한 증언

헨리 나우웬, 내 영혼의 친구

베스 포더 · 수잔 브라운 · 필립 쿨터 엮음

신선명 옮김

치유와 돌봄이 있는 희망의 선교동산

아침영성지도연구원

헨리 나우웬의 생애 스케치

헨리 나우웬은 1932년 네덜란드에서 태어나, 1957년 위트레히트에서 성직을 받고 영성지도자의 길을 걷기 시작하였다. 그 뒤 잠깐 동안 군대에서 장병들을 섬기는 군종장교와 미국 이주민 상선의 영성지도자로 활동했지만, 주된 관심은 심리학을 좀 더 깊이 연구하는 데 있었다. 그리하여 1964년에는 미국의 메닝거 재단에 들어가게 되었으며, 1966년에는 노트르담대학교에서 심리학 교수직을 맡게 되었다. 다시 네덜란드로 돌아간 그는 1968년부터 1971년까지 예일대학교 신학대학원에서 목회신학을 가르쳤다. 70년대에 이르러 그는 라틴아메리카 상황에 점점 더 많은 관심을 갖게 되었다. 그리하여 1981년에는 예일대학교를 떠나 중앙아메리카, 남아메리카에서 몇 달을 보냈고, 그 후에는 북아메리카를 두루 여행하면서 고난과 신앙에 관하여 전파하였다. 그 동안 하버드대학교에서 교수직을 역임했고, 1985년에는 하버드대학교를 떠나 프랑스에 있는 최초의 라르쉬 공동체로 가서 일 년을 생활하였다. 그리고 그 다음 해에는 캐나다 토론토에 있는 라르쉬 데이브레이크 새벽공동체의 영성지도자가 되었다. 그는 1996년 9월 21일 네덜란드에서 심장발작 때문에 갑자기 사망하였다. 렘브란트의 유명한 그림 〈돌아온 탕자〉에 관한 영화를 만들기 위하여 상트페테르부르크로 가는 길이었다. 두 번의 장례예식이 치러졌는데, 첫 번째 장례예식은 위트레히트의 교회에서, 그리고 두 번째 장례예식은 데이브레이크 새벽공동체 근처의 온타리오주 마크햄 교회에서였다. 헨리는 40권이 넘는 저서를 집필하였고, 그의 책들은 22개 이상의 언어로 번역되었다.

서문

1992년 1월, 헨리 나우웬의 예순 번째 생일, 라르쉬 데이브레이크 새벽공동체는 그의 생애를 기념하는 파티를 마련했다. 헨리는 어린아이처럼 흥분해서 "계획"이 뭔지 알고 싶어 했다. 하지만 "계획"은 깜짝쇼였다. 그에게는 단지 약속시간만 가르쳐 주었을 뿐이다. 헨리가 도착하자, 전문 어릿광대인 친구 로버트 모건이 그를 작은방으로 안내했다. 거기에는 2백 명의 친구들이 커다란 원을 그리고 인사하기 위해 기다리고 있었다. 어릿광대 복장을 한 로버트가 그에게도 어릿광대 옷을 입힌 다음, 앞에 열려 있는 어릿광대 가방으로 기어들어 가라고 부탁했다. 로버트는 가방 지퍼를 닫은 뒤, 헨리가 들어있는 가방을 질질 끌고 그 원의 한가운데로 들어갔다.

그런 다음, 로버트는 탄생의례를 시작하였다. 가방 안에 있는 사람을 부르고, 곧 아기 어릿광대가 태어날 것이라고 말하자, 가방 안에서 떨림이 있었다. 여기저기서 킥킥거리는 소리가 들려왔다. 아기 어릿광대는 밖으로 나오길 주저하고 있었다. 로버트는 끈기 있게 말했다. 지금 어릿광대가 두려움을 느끼고 있지만, 새롭고 놀라운 경이로움이 그가 밖으로 나올 용기를 갖추기를 기다리고 있다고. 망설임 가운데 큼직한 맨발 하나가 모습을 드러냈다. 그 발이 밖으로 나오자, 길고 가느다랗고 털이 난 다리가 보였다. 그때까지 모두들 떠들썩하게 웃어댔다. 천천히 어릿광대 헨리가 나타났다. 그런 다음, 두 어릿광대는 함께 공연을 하면서, 넋을 놓고 있던 관중들을 초대하였다. 그들의 삶 속으로 완전히 들어오라고, 참여하라고. 가장 감동적인 것은, 헨리가 자발적으로 그 행위에 뛰어들었으며, 그것을 최대한 활용하는 방법을 본능적으로 알아냈다는 것이다!

그날 밤 헨리의 공연은 그야말로 그의 생애를 멋지게 보여준 것이었다. 베스트셀러 영성작가이자 하버드대학교와 예일대학교 교수였던 그는 분명히 세상에 널리 알려진 사람이었다. 하지만 많은 사람들이 알고 있듯이, 성숙과 통일을 향한 여정은 공포와 환멸, 거절의 느낌을 초월하여 삶을 선택할 수 있는 기회를 그에게 계속해서 안겨 주었다. 헨리는 고통과 어둠으로부터 빛과 희망으로의 중요한 변화를 점차적으로 이룩하였다.

하지만 그는 생을 마감하는 순간까지도 불규칙적인 투쟁을 계속하였다. 그리고 이 모든 일에도 불구하고 삶에 대한 그의 포용은 포괄적이었다. 그는 고통에도 불구하고 자신의 삶을 사랑했으며, 슬픔을 거쳐 열정과 긍휼로 되살아났다. 성직자, 영성지도자, 심리학자, 교수, 작가, 그리고 많은 이들의 친구로서 삶을 살아가는 동안 그의 사역은 점점 더 많은 열매를 맺게 되었다. 그는 다른 이들도 도전을 기꺼이 받아들이고 삶과 친해지도록 초대하고 격려하였다.

후기의 저서 〈죽음, 가장 큰 선물〉에서 헨리는 "죽음과 친해지기"에 관하여 썼다. 그는 우리의 죽음을, 가장 끔찍한 악몽이 아니라 우리를 사랑하시는 분의 가장 위대한 선물로 변화시킬 수 있다고 말했다. 헨리가 죽고서 5년이 흐른 지금, 나는 그의 통찰이 지닌 진리를 좀 더 잘 알게 되었다. 나는 그토록 많은 옛 친구들과 새 친구들에게, 특히 나에게, 그의 열정적인 정신이 힘을 북돋워 주고 동기를 부여해 주었다는 사실을 깨닫고 무척이나 놀랐다. 그는 우리의 소소한 삶이 얼마나 특별하고 소중한가를 깨닫도록 요구하고 있다.

이 모음집의 원고들을 읽고 서문을 써달라는 부탁을 받았을 때, 나는 여기에 열거된 인간관계와 생활경험이 너무도 다양한 것에 깜짝 놀랐다. 이 책 〈헨리 나우웬, 내 영혼의 친구〉에 기고한 42편의 원고는 모두 우정의 결과물이다. 그들은 하나같이 헨리의 심각한 약점과 훌륭한 은사를 함께 이야기한다. 그와 경쟁하려는 게 아니라, 우리에게 감동을 주기 위해서다. 헨리도 삶의 여정에 닥친 도전을 이따금 받아들이지 못하고 주저했다는 사실을 보여 줌으로써, 그의 친구들은 그를 우리와 똑같은 진짜 인간으로 만들어 준다. 또한 그들 자신의 고통스럽거나 즐거운 저항과 복종을 설명함으로써, 우리가 그들과 일체감을 느낄 수 있도록 해준다. 헨리와의 우정이 어떻게 후원을 주고받는 방법을 가르쳐 주었는지 말함으로써, 그들은 우리 역시 그렇게 하라고 일러 준다. 헨리처럼, 어릿광대들처럼, 그리고 이 기고가들처럼, 우리는 울고 웃는다. 우리는 어두운 시기를 이겨내고 힘든 변화를 겪으며, 우리들 저마다에게 속한 고유하고 소중한 이야기를 좀 더 완전하게 인정하고 평가하도록 격려 받는다.

헨리는 좋은 영성서적을 읽으라고 주장하곤 했다. 호기심이 아니라 강렬한 열망을 갖고 읽으라고, 우리 삶 내면의 긴박한 요구에 대한 반응에 귀를 기울이라고 가르쳤다. 삶의 의미에 관해 좀 더 많이 깨닫기 위하여, 사랑과 지혜에 깊이 빠져들기 위하여 읽어야 한다고 가르쳤다. 그는 이렇게 말했다. "말씀을 씹으세요. 말씀이 여러분의 몸과 마음속에 들어가게 하세요. 머리만 가지고 너무 서둘러서 요지를 통과하지 마세요. 희망을 가지고 말씀의 심오한 의미를 알아내고 이해하세요. 여러분을 여세요. 그리고 말씀이 여러분을 압도하여 여러분의 일부가 되게 하세요. 말씀이 여러분의 삶을 만지고 동기를 부여하게 하세요."

이런 식으로 이 책 〈헨리 나우웬, 내 영혼의 친구〉을 읽는다면, 이 책은 분명히 우리들 저마다의 마음속 특별한 장소에 닿을 것이며, 어릿광대 헨리처럼 우리도 주저와 공포를 뛰어넘어 경이로움과 고통, 그리고 가장 깊은 곳에서 다시 태어나는 기쁨으로 나아가도록 도와줄 것이다.

캐나다, 토론토,
라르쉬 데이브레이크에서
헨리 나우웬 저작권센터
헨리 나우웬 유산의 저작권 관리자

수 모스텔러, C.S.J

머리말

헨리 나우웬이 죽고 나서 수많은 친구들이 헨리가 자신들의 삶에 어떤 영향을 끼쳤는지 기록하고 싶어 했다. 그래서 수 모스텔러와 나는 그런 이야기들을 한 데 모아 모음집을 만드는 게 좋겠다고 생각했다. 수가 나에게 이 프로젝트를 맡아보라고 제안했을 때 나는 정말로 기뻤다. 그건 영광스럽고도 두려운 일이었다.

처음에는 헨리가 라르쉬 데이브레이크에서 우리와 함께 보낸 생애 마지막 10년 동안 알고 지냈던 사람들로부터 기고를 받아야 한다고 생각했다. 하지만 좀 더 생각해보고는 비전을 더 확대시키기로 결정하였다. 우리는 헨리의 생애와 사역을 좀 더 특별히 들여다볼 수 있는 대표적인 창문이 될 만한 기고가들을 찾아다녔다. 그 결과, 데이브레이크 회원과 친구들뿐만 아니라, 그의 고향 네덜란드에서 알고 지냈던 사람들, 젊은 시절 미국 메닝거 재단과 노트르담에서 알고 지냈던 사람들, 그리고 예일대학교 신학대학원과 하버드대학교 신학대학원에서 알고 지냈던 사람들의 기억까지 이 책에 담을 수 있게 되었다. 사회정의에 관한 관심, 작가로서의 행로, 여행, 그리고 우리 시대를 위한 지속적인 영성탐구를 상기시켜 주는 사람들도 찾아냈다. 어떤 기고가들은 읽을 줄도 쓸 줄도 모르는 사람들이고, 어떤 기고가들은 학문적으로 굉장히 성공한 사람들이다. 헨리를 몇 십 년 동안 알고 지냈던 사람도 있고, 아주 잠깐 동안 만났던 사람도 있다.

우리는 기고가들에게 부탁했다. 헨리에게 찬사만 보내지 말고, 복합적인 인간으로서 있는 그대로를 이야기해 달라고. 여기에 실린 글들 가운데 일부는 일화의 성격을 띠고 있으며, 또 일부는 헨리의 영성지도에 관한 지극히 개인적인 이야기이다. 성찰적인 에세이 형식도 여러 편 실려 있다. 우리는 이 원고들을 연대순으로 나열하거나 주제별로 묶지 않았다. 그저 광범위한 설명으로 제시해놓았을 뿐이다—주제가 굉장히 다양하다: 헨리라는 존재의 선물, 그의 통찰, 고통과 차분하지 못함, 돌봄과 신실함, 성만찬에 대한 애정, 심미적 감수성 등, 시기적으로 조금씩 다르게 되풀이하여 전개되었던 멜로디가 담겨 있다. 이 모음집의 완벽한 반향은 성찰과 더불어 점차적으로 드러난다.

이 모음집에 실린 수많은 원고들을 이해하기 위해서는 먼저 라르쉬에 관하여 어느 정도 알아야 한다. 라르쉬(노아의 방주처럼 "방주"를 의미하는 프랑스어) 공동체는 발달장애를 지닌 사람들(핵심 멤버들)과 그들을 돕기 위해 모여든 사람들(도우미들)이 형제자매가 되어 함께 살면서 서로의 행복에 기여하는 공동체다. 라르쉬 영성의 중심에는 팔복(산상수훈에서 가난한 자가 복이 있다고 하신 말씀)이 담겨 있다. 우리들 중 그 누구도 실제적인 본성에 크게 기여할 수는 없다. 하지만 저마다에게는 남에게 베풀 수 있는 은사가 있다. 때로는 그 은사가 평화로운 영혼일 수도 있다. 헨리가 애덤 아넷에게서 발견한 것처럼. 때로는 인간의 욕구가 은사일 수도 있다. 다른 사람의 긍휼을 불러일으키는 은사.

라르쉬 데이브레이크는 1969년에 설립되었고, 가장 오래된 라르쉬 공동체는 북아메리카에 있다. 라르쉬 데이브레이크는 캐나다 토론토의 외곽인 리치몬드 힐에 위치해 있다. 데이브레이크는 예전적인 전통에 깊이 뿌리박혀 있지만, 모든 라르쉬 공동체가 그러하듯이, 데이브레이크 역시 온갖 전통의 신앙인들과 무종교인들에게까지도 개방되어 있다. 집과 직장, 주간 프로그램 외에도, 데이브레이크에는 데이스프링이 있는데, 이것은 본디 예배실이 딸린 자그마한 영성수련센터였다. 새로 지은 데이스프링은 공동체의 영성 중심지인 동시에 좀 더 폭넓게 사회봉사활동을 펼치고 있는 곳, 모든 사람이 어마어마한 가치를 지닌 존재라고 하는 라르쉬의 메시지를 펼치고자 노력하고 있는 곳이기도 하다.

데이브레이크에 있는 우리들에게 헨리 나우웬은 친구이자 영성지도자였으며, 그의 선물은 다방면에 걸친 것이었다―그는 우리를 사랑했고, 하나님을 사랑했으며, 삶을 사랑했다. 그는 귀를 잘 기울였고, 귀중한 영적 통찰들을 제공해 주었다. 그는 우리들 모두와 마찬가지로 공동체 생활의 시련을 호되게 겪었다. 그의 명성은 때로 우리에게 불리한 요소로 작용했지만, 그의 가난은 전혀 불이익을 주지 않았다. 아마도 우리는 그가 가난했기 때문에 더 사랑했던 것 같다―또 때로는 우리 가운데 가장 현명하면서도 가장 상처 입은 사람이었기 때문에. 헨리는 자신들에 관한 이야기를 들려주면서 죽어간 사람들을 기억하라고 가르쳤다. 데이브레이크에는 헨리에 관한 이야기가 많이 있다. 우리는 유머와 감사의 마음으로 그 이야기를 나눈다. 헨리에 관한 이야기들은 기쁨과 지혜의 근원이다. 우리는 여기에 실린 이야기들이 이 책을 읽는 모든 사람들에게도 기쁨과 지혜의 근원이 되어 줄 것을 소망한다.

감사의 말

이 책을 준비하는 내내 지속적인 후원과 격려를 보내 준 수 모스텔러에게 무한한 감사를 드린다. 또한 내가 이 일을 자유롭게 진행할 수 있도록 도와준 라르쉬 데이브레이크 공동체, 특히 노인 프로그램의 멤버들과 그 당시 공동체 리더였던 네이선 볼에게 감사드린다. 공동체 안에서 나를 격려해 준 여러 친구들과 공동체 멤버들에게도 감사한 마음을 전하고 싶다.

동료이자 친구로서 이 프로젝트에 함께 뛰어들어 열심히 작업에 임해 준 수잔 브라운과 필립 쿨터에게는 아무리 감사를 드려도 부족할 것이다. 수잔은 헨리 나우웬의 마지막 편집자로서, 1995년부터 1996년까지 헨리 곁에서 함께 일했고, 헨리가 죽은 다음에 출판된 책들도 직접 편집하였다. 여러 가지 크고 작은 편집적 문제들에 대한 수잔의 판단은 아주 귀중한 도움이 되었다. 필립은 헨리를 모르는 사람으로서 객관성을 띠고 있었다. 하지만 캐나다 방송국 프로듀서인 그는 폭넓은 경험을 갖추었고, 라르쉬 설립자인 장 바니에의 베스트셀러 〈인간이 되어간다는 것〉 작업을 함께 한 덕분에 라르쉬에 관한 이해를 깊이 지니고 있었다.

수잔은 이 모음집의 편집 작업 외에도, 책 곳곳에 실려 있는 헨리의 인용문들을 모두 찾아 주었다. 이런 식으로 헨리의 목소리를 직접 덧붙이자는 생각은 필립의 아이디어였다. 필립은 일찍이 주빈이 참석하지 않은 헌정서들을 여러 차례 비평한 바 있었다. 헨리가 없이는 헨리의 책이 만들어질 수 없었다!

인내와 친절과 실질적 도움을 펼쳐 준 헨리 나우웬 저작권 센터의 모린 라이트, 캐시 크리스티, 메리 루 다쿠아노에게 특별히 감사를 드린다. 헨리와 작업하면서 기고가들 대부분과 잘 알고 지냈던 캐시는 이 프로젝트를 시작하는 초기 단계에서 많은 도움을 주었다. 저작권센터의 관리자인 모린은 출판사와의 연락 등 여러 가지 세부적인 문제들을 처리해 주었다.

린다 구스타프슨의 영감을 불러일으키는 디자인에도 감사하고, 개인적인 소장품들 중에서 여기에 실을만한 유용한 사진과 그림들을 선뜻 내주신 분들께도 감사를 드린다. 또한 원고를 준비하는 과정에서 실질적인 도움을 안겨 준 앤 킹스밀, 프랜시스 모리스, 게이브 프라스체티, 벤 카니오, 토니 얼반스키에게도 감사를 드린다. 그리고 지속적인 관심과 후원을 보내

준 여러 친구들, 특히 조 이건과 메리 이건에게도 깊은 감사를 드린다. 두 사람은 원고를 전부 읽고서 유용한 제안을 해주었다.

더블데이 종교서적출판국의 부사장이자 발행인인 에릭 메이저, 선임 편집장인 트레이스 머피, 그리고 유능한 편집부원인 지오반 둔에게도 감사를 드린다. 그들은 이 책을 열광적으로 환대해 주었고 출판과정에서도 많은 도움을 주었다.

마지막으로 이 모음집을 위해 기꺼이 글을 써준 분들께 특별히 감사드린다. 편집과정 내내 그분들과 함께 일할 수 있어서 무척 영광스러웠다. 그분들의 인내심과 열린 마음에 감사드린다. 나는 그분들이 들려 준 이야기에 무척 감동을 받았다. 이 책은 사랑의 노동이었다. 그것은 비단 이 책을 편집한 우리들뿐만 아니라 기고가들 모두에게도 마찬가지였을 것이다.

캐나다, 토론토
라르쉬 데이브레이크에서

베스 포더

차례

헨리 나우웬의 생애 스케치 / 6
서문 – 수 모스텔러 / 9
머리말 / 13
감사의 말 / 17

헨리와의 대화 - 재키 랜드 • 23
차분하지 못한 하나님의 종 - 밥 매시 • 28
목수 이야기 - 조 차일드 • 55
헨리와 데이브레이크: 상호 변형의 이야기 - 메리 바스테도 • 65
애덤이 죽은 뒤 - 마이클 아넷 • 79
"부활한 삶에 관하여" • 82
새로운 생활방식 - 앤드류 케네디 • 83
충돌과 역설 - 바트 개비건, 패트리샤 개비건 • 104
현실원칙 - 리사 가탈도 • 113
나의 훌륭한 선생님 - 고든 헨리 • 133
"환대에 관하여" • 137
헨리와 메이미, 그리고 우리 - 존 프레이저 • 138

"성만찬예식에 관하여" • 144

창의적 모순의 인물 - 피터 나우스 • 145

"개인적 변화와 공동체에 관하여" • 162

우정의 서약 - 네이선 볼 • 163

헨리와 함께 한 크리스마스 - 패시 램지 • 180

코니와 헨리: 영적 화합 - 스티브 엘리스, 카르멘 엘리스 • 183

아빠를 기리며 - 팀 브루너 • 197

"죽어가는 사람들을 돌보는 것에 관하여" • 206

밥의 묘를 방문하고 - 샐리 터커 • 207

헨리의 가정을 꾸미며 - 폴라 켈러허 • 213

헨리의 가장 큰 선물 - 크리스 글레이저 • 217

"긍휼에 관하여" • 231

헨리와 함께 - 캐시 크리스티 • 232

"관계에 관하여" • 241

그저 헨리 - 수잔 짐머만 • 242

서커스와 헨리 - 로들리히 스티븐스 • 246

"서커스 인생에 관하여" • 262

나의 양아버지 - 지오반 케오 • 263

영원히 내 곁에 - 셜리 케인 루이스 • 277

시든 해바라기 - 알버트 미칸 루이스 • 282

남성그룹 캠프여행 - 칼 맥밀런 • 293

"친구 선택에 관하여" • 297

헨리 삼촌 - 마크 반 캠펜 • 298

헨리와 나의 바트 미쯔바 - 엘렌 와인스타인 • 309

"재능과 은사에 관하여" • 313

열린 수업 - 베스 포더 • 314

하나님은 얼마나 커요? - 마이클 크리스텐슨, 레베카 레어드 • 326

헨리를 떠올리며 - 존 F. 도스 산토스 • 329

삶을 위한 지도 - 잭 스트로 • 337

"마음의 훈련" • 349

나의 헨리 탐구 - 마이클 포드 • 350

눈물로 씨를 뿌리고, 기쁨으로 단을 거두다 - 앨런 스티어즈, 주디 스티어즈 • 359

신앙, 우정, 그리고 평화만들기 - 아트 래핀 • 373

나의 성직 재발견 - 웬디 리우드 • 388

"감사에 관하여" • 399

헨리와의 여행 - 셀러스 조지 • 400

신비주의자 헨리 나우웬 - 조지 스트로마이어 • 403

꿈을 실현하기 - 프레드 브래트먼 • 410

기도의 필요성 - 로렌조 스포르자-체사리니 • 415

사랑의 손 - 조 보스터만즈 • 423

"깊은 사랑" • 431

사랑 많으신 하나님의 온화한 도구 - 장 바니에 • 432

우정의 편지 - 빌 반 뷰렌 • 447

"손" • 453

사진 저작권 • 454

01

| 재키 랜드 |

헨리와의 대화

재키 랜드와 그녀의 남편 바루흐는 라르쉬 데이브레이크 새벽 공동체의 친구였고, 데이브레이크 구성원들이 다니던 조그만 토론토 회당 케힐라 아하밧 헤세드의 일원이기도 했다. 재키는 사회사업가이자 가족치료사였으며, 에이즈 환자들을 돌보는 일도 겸하고 있었다. 재키는 이 책이 출판되기 직전에 세상을 떠났다. 바루흐는 여전히 데이브레이크와의 우정을 지켜나가고 있다.

나는 헨리 나우웬을 딱 한 번 만났다. 1995년 봄, 데이브레이크 친구가 개최한 파티에서였다. 남편과 함께 그 친구가 살고 있던 멋진 집에 들어서자, 많은 사람들이 후식을 들고 돌아다니고 있었다. 친구가 짙은 색 재킷을 입은 키 큰 남자를 내게 소개시켜 주었다. 우리는 생각나는 대로 대화를 나누기 시작했다. 하지만 나는 곧 깨달았다. 아주 특별한 경험을 하고 있다는 사실을. 내 생각에 그것은 그 남자가 다른 사람들은 모두 제쳐놓고 오직 대화의 상대만을 찬찬히 바라봤기 때문이었던 것 같다. 이제껏 그런 느낌을 받은 적은 거의 없었다 ― 그야말로 친밀한 대화나 치료사와의 대화에서만 가능한 느낌이었다. 그런데 잘 알지도 못하는 여기 이 남자가 완벽한 관심집중이라는 선물을 내게 선사하고 있었던 것이다. 나는 헨리가 누구인지도 모르고 있었다. 친구는 그가 영성지도자라고 소개해 줬을 뿐이다. 나는 그가 어떤 식으로든 라르쉬 데이브레이크와 관련된 사람이라는 것밖에 아는 게 없었다. 그 당시만 해도 라르쉬 그 자체에 관해서는 거의 모르고 있었기 때문이다.

대화를 이어나가기 위해서 나는 이번 여름엔 무엇을 할 계획이냐고 물었다. 그의 대답은 정말 놀라웠다. 독일 서커스단의 순회공연에 다시 동참하여 그들과 함께 여행하면서 그들의 생활방식을 배울 계획이라고 말했던 것이다. 나는 어째서 영성지도자인 그가 그토록 안 어울리는 일을 하게 되었는지 물었다. 그러자 그는 이렇게 대답했다. "제가 서커스를 아주 높게 평가하고 있다는 사실을 아셔야 해요. 몬트리올 태양의 서커스처럼 멋진 서커스는 저에게 아주 많은 것들을 가르쳐 주죠. 신뢰에 관해 그들만큼 많이 가르쳐 준 사람은 없어요." 그러면서 헨리는 공중곡예사가 어떻게 그네에서 아무 것도 붙잡지 않고 잡는 사람 쪽으로 자신을 날려 보내야 하는지 설명했다. 그리고 그 곡예사가 다치지 않게 붙잡는 것은 바로 잡는 사람의 책임이라고 했다. 여기에는 무한한 예술적 재능과 정확성, 명백한 신뢰가 요구된다. 공중곡예사들이 온갖 문제와 의심과 약점을 날마다 해결하지 못한다면, 순식간에 정확하게 연결할 수 있는 이 능력은 사라지게 될 것이고, 그것은 곧 추락사고로 이어질 것이다.

헨리는 공중곡예사들의 아름다운 활동 외에도 서커스 공동체 전체를 관찰할 계획이었다. 그는 이렇게 말했다. "이 서커스 공동체의 활동을 이해하는 데 전 무척 관심이 많아요. 이것을 제가 속해 있는 공동체, 특히 라르쉬에 적용시킬 수 있으리라고 생각해요. 제가 배워야 할 것들이 전부 서커스에 담겨있지요: 모든 것, 돌봄과 신뢰, 그리고 이 돌봄과 신뢰 덕분에 두려움 없이 위험을 감수할 수 있는 능력까지요."

카리스마가 넘치는 이 낯선 남자가 철학적, 신학적 아이디어에 대중적 흥미까지 곁들여 이야기하는 능력은 그야말로 비유의 힘을 증명해 주는 것 같았다. 만일 그가 개념적으로만 자신의 아이디어를 이야기했다면 메마르고 무익한 것처럼 들렸을지도 모른다. 하지만 그가 이야기한 것들은 무척이나 생생하고 매력적이었다. 결코 종교에 관한 이야기 같지 않았다. 그는 아주 심오한 영적 단계 이야기를 하고 있었다.

나와 헨리는 묵상의 실천에 관해서도 이야기를 나눴다. 그 당시 나는 파티에 참석한 몇몇 손님들과 함께 묵상그룹에 속해 있었는데, 그야말로 초심자에 불과했다. 헨리는 동양식 명상과 그리스도교식 묵상을 둘 다 잘 알고 있었다. 그는 큰 숨을 들이쉬면서, 숨과 숨 사이를 이러한 치유의 능력으로 채우려면 어떤 식으로 강력한 개념 — 사랑이나 샬롬 혹은 기도의 한 대목 같은 — 을 전달하는 단어를 들이마셔야 하는지도 가르쳐 주었다. 그의 말에 따르면, 이런 식의 접근은 동양의 명상에서 추구하는 초연함이나 평화와는 다른 것이었다. 그는 두 가지 접근방법을 인정하고 명확하게 설명해 줌으로써 묵상을 통해 무엇을 할 수 있는가 하는 내 이해의 폭을 넓혀 주었다.

헨리 나우웬과 나눈 대화는 겨우 15분 남짓밖에 안 걸렸다. 하지만 그 경험은 너무나도 강력했고, 다른 사람들을 배제한 대화였기에 훨씬 더 당황스러웠다 — 의도적으로 심사숙고해서 나눈 대화가 아니라 진정한 대화였기 때문이다. 헨리와 갈라져서 다른 손님들과 잡담을 하기 시작했을 때는 마치 빛과 심오한 의미의 동그라미 밖으로 걸어 나와 평범한 세계로 되돌아온 느낌이 들었다. 얼마 안 있어 나는 헨리의 업적과 명성에 대해 알게 되었다. 내가 아는 것이라곤 아주 특별한 사람이 내 곁에 있었다는 것뿐이다.

02

| 밥 매시 |

차분하지 못한
하나님의 종

> 작가이자 성공회 영성지도자이며 환경과 사회정의활동가인 밥 매시는 《유대감 상실: 인종차별정책기의 미국과 남아프리카》를 썼다. 그는 세레스, 곧 친환경적으로 경제를 책임지는 연합을 지휘하고 있다. 이 단체는 보스턴과 매사추세츠를 기지로 미국 전역에 펼쳐져 있는 조직으로서, 환경집단과 교회 등의 기관투자가들을 통해 대규모단체의 좀 더 강력한 임무를 촉진하고 있다. 밥과 헨리는 예일에서 처음 만났다.

헨리 나우웬을 처음 만났을 때 나는 한 번도 헨리 나우웬이나 그의 저서나 강좌나 명성에 관해 들어본 적이 없었다. 1978년 9월초, 나는 스물두 살의 나이로 예일대학교 신학대학원 신입생을 위한 오리엔테이션 영성수련에 참가하였다. 롱아일랜드사운드에 있는 바람받이 영성수련센터에 도착한 첫 순간부터 나는 좀 특별한 장소에 왔다는 사실을 깨달았다. 온정과 웃음과 환대가 너무도 충만한 장소였던 것이다.

주말 이른 시간에 누군가가 우리 그룹에게 해변으로부터 백 야드쯤 떨어진 곳에 있는 바위까지 헤엄쳐가자고 제안했다. 그 바위에 도착한 우리는 힘겹게 바위 위로 기어 올라갔다. 그 때 누군가가 노래를 부르기 시작했다. 곧바로 나는 내 곁에 앉아 있는 키 크고 마른 남자를 바라보았다. 그는 기다란 다리를 두 팔로 감싸 안고 있었다. 피부는 창백했고, 머리카락은 얇았으며, 눈은 활기차 보였다. 내가 인사를 건네자, 그는 자신을 헨리라고 소개했다. 하지만 그 이름을 거의 알아듣지 못했는데, 왜냐면 그의 악센트가 모음을 삼켜 버렸기 때문이다.

그 주말동안 간헐적으로 이 친구와 부딪히게 되었고, 결국은 다른 학생들이 모두 그에게 경의를 표하고 있다는 사실을 눈치 채게 되었다. 저녁식사가 끝난 후 나는 그에게 누구냐고 물었다. 그러자 자기는 영성지도자라고 간단히 대답하였다. 사람들이 왜 그런 반응을 보이는지 난 정말 알 수가 없었다.

그때부터 18년에 걸친 우리의 우정이 시작되었다. 헨리는 죽는 그 순간까지도 내 생활의 아주 중요한 부분을 차지하고 있었다. 그와 연락할 수 없는 삶은 생각조차 할 수 없었다. 학생시절 내내 나는 그와 알고 지냈다. 나는 그의 저술 작업을 여러 차례 도왔고, 그는 우리 가족과 우정을 쌓았다. 그는 내가 성공회 부제직과 사제직을 받는 자리에 참석하였고, 내 삶의 중요한 의식에 항상 참여하였다. 그는 내가 가장 고통스러웠던 두 번의 정신적 외상을 이겨내도록 도와주었고, 위태로운 순간마다 비난하거나 주저하지 않고 정신적·물질적 후원을 제공해 주었다. 나는 여러 가지 건강문제를 안고 살았으므로, 둘 다 그가 나보다 더 오래 살 거라고 믿어왔다. 아이를 낳고 나서 한번은 그에게 특별한 임무를 좀 맡아달라고 부탁했다. 나에게 무슨 일이라도 생기는 날에는 아이들에게 내 신앙의 본질과 깊이에 관해 좀 전해달라고. 그는 그러겠다고 엄숙히 맹세했다. 하지만 우리에게는 그런 일이 결코 생기지 않았다. 그가 죽고 나서 내가 이렇게 설명과 해석의 입장에 서게 되다니.

다시 예일대학교 신학대학원 초기로 돌아가서, 나는 청년시절 꽤 오랫동안 나를 길러 준 성공회를 피했고, 신앙에 대해 갈피를 잡을 수가 없었다. 바로 한 해 전인 1977년 여름에 나는 예기치 않게 그리스도의 임재를 경험했고, 하나님의 사랑과 용서가 너무도 크다는 걸 깨달았기에 결코 하나님의 존재를 의심하지 않았다. 그런데 대학에 돌아왔을 때, 온갖 종류의 종교적 확신에 대해 편히 이야기할만한 사람이 거의 없었고, 여러모로 아주 어리석은 이유 때문에 ― 그리스도교에 관하여 서투르지 않게 논의할 수 있는 사람들을 만나고 싶은 마음에 ― 예일대학교 신학대학원을 그만 두었다.

그 첫 주 동안 나는 그리스도를 따른다는 게 무엇을 의미하는지 너무나도 알고 싶었다. 그렇다. 난 그리스도를 경험했다. 하지만 신학이나 예전, 교회사 같은 것은 전혀 몰랐다. 기도에 대해서도, 신앙생활의 일상적인 리듬에 대해서도 전혀 아는 바가 없었다. 그로부터 하루나 이틀 정도가 지났을 때 누군가가 ― 아마도 헨리였던 것 같다 ― 찾아오더니, 마칸드 예배당 바로 아래에 있는 작은 예배당에서 매일 드리는 헨리의 성만찬예식에 참석해보라고 초대했다. 나는 동요한 상태에서 그곳에 갔다. 그전까지는 다른 전통의 예전에 한 번도 참석해본 적이 없었기 때문이다. 천정 근처의 작은 창문 두 개에서 부드러운 빛이 흘러나와 팔각형의 방을 비추고 있었다. 깊은 소리가 두꺼운 돌 벽에 부딪혀 울렸다. 사람들이 들어오더니 바깥세계의 이야기를 떠들어댔다. 헨리가 예전을 집례하는 동안 그의 삶에는 온화한 은총이 익숙하고 중요하다는 사실을 증명해 주었다. 그는 함께 성경을 읽고 기도를 인도하자고 사람들을 초청했다. 그의 위엄과 고요가 우리에게 환영받고 있다는 느낌을 안겨 주었다.

헨리는 내가 아는 그 누구보다도 천천히 성경을 읽었다. 그는 짧은 문장을 읽은 다음 아주 오랫동안 쉬곤 했다.

"나는 포도나무요……

너희는 가지라."

헨리는 각 구절을 중요하게 다뤘다. 그런 식의 집중은 그동안 너무나도 익숙해서 힘을 잃은 것처럼 보였던 구절들에 새로운 생명을 불어넣어 주었다.

"많이 받은 사람에게서는……

많은 것을 요구하고."

성경읽기를 마치자 그는 말씀을 전하기 시작했다. 작은 단에 서서 설교하던 헨리 나우웬의 모습을 지금도 잊을 수 없다. 그걸 어떻게 설명해야 할까. 예수님의 설교를 들었던 사람들의 말이 자꾸만 생각난다: "그의 말씀에는 권위가 있었다." 그 권위는 권력이나 정권에서 비롯된 것이 아니었다. 명석한 주장의 설득력으로 청중에게 결론을 강요한 것도 아니었다. 그는 명료함, 취약함, 그리고 진리의 권위를 지니고 있었다. 그는 예수님이 말씀하신 대로 할 수 있었다 — 가장 적게 접촉하고, 가장 단순한 경험을 하고, 가장 보편적인 인간적 흠을 지녔지만, 그것들을 하나님의 은총을 전달하는 수단으로 비춰 주는 빛 가운데로 던졌던 것이다.

예를 들면, 헨리는 영성생활에서 감사하는 마음을 기르는 게 아주 중요하다고 말한 적이 있다. 그렇다. 우리 모두가 틀림없이 그것에 찬성할 것이다. 정말이지 우리는 좀 더 많이 감사해야 한다.

하지만 어떻게 그럴 수 있냐고 헨리는 물었다. 감사는 무심결에 우러나오는 반응처럼 보인다. 그렇다면 어떻게 해야 우리 마음속에서 더 많은 감사를 발견할 수 있을까? 그의 질문은 우리를 당황케 했다. 굳이 대답하라고 한다면, 나는 우리가 다른 사람들보다 얼마나 많은 것들을 가졌는지 깨닫는 게 중요하다고 대답했을 것이다.

"감사의 열쇠는 깜짝 의식을 발달시키는 것입니다. 깜짝이야!" 라고 헨리가 말했다. 우리는 서로의 얼굴을 쳐다보았다.

"제가 여러분에게 전화를 걸어서 지금 곧 들를 것이라고,

꽃을 가져가고 있다고 했다고 가정해 봅시다." 그는 말을 이었다. "여러분은 행복하겠죠. 그러면서 내가 언제쯤 도착할지, 얼마나 아름다운 꽃을 가져올지 잔뜩 기대할 것입니다. 어쩌면 여러분은 무슨 일이 벌어질지 너무나도 많이 기대한 나머지, 정작 제가 도착해서 겨우 데이지 세 송이만 건네준다면 분명 실망하고 말 것입니다."

"하지만 제가 전화를 걸어서 그냥 가고 있다는 말만 했다 칩시다. 그런데 문을 열었을 때 제가 꽃다발을 한 아름 안고 서 있는 겁니다. 깜짝이야! 여러분이 생각지도 못했던 선물을 제가 가져온 것입니다. 여러분은 감동을 받고 행복해할 것입니다……그리고 감사하겠죠."

믿을 수 없을 정도로 단순하고 명백한 이 생각이 지난 20년간 내가 지니고 있었던 내적 성찰을 무너뜨렸다. 나는 나 자신을 보고, 내 주변사람들을 보았다. 그리고 우리의 야망과 문화가 우리에게 훨씬 더 큰 기대와 훨씬 더 깊은 분노를 부추기는 방식을 보았다. 나는 헨리의 예가 아주 훌륭하다는 사실을 깨달았다.

그가 가르치던 학교의 교수진을 포함하여, 헨리 말의 단순성을 불편하게 여기는 사람들도 있었다. 우리는 해석과 해체의 시대를 살고 있다. 보이는 대로인 것은 아무 것도 없다. 모두가 풍자와 배반의 요소를 포함하고 있다. 세계의 도전은 지성 — 의미의 껍질을 벗기는 방법 — 의 도전이다.

물론 지성에는 기쁨이 존재한다. 헨리도 이 기쁨을 잘 알았다. 나는 신학적인 언어와 행동이 서로를 증명할 수 있는 다양한 방법들을 모두 배울 수 있는 기쁨을 기억한다. 성만찬이 유대교의 본질에 입각해서 보면 어떤 식으로 이해되는지, 그것의 초기 역사, 개신교와 가톨릭과 동방정교회 관련 도서들에서 얼마나 폭넓게 다루어지는지. 하지만 나의 지성이 층과 미묘한 차이를 인정하게 되었음에도 불구하고 내 마음은 뭔가 직접적인 것을 갈망하였다. 나는 정교한 정신 구조를 통하여 하나님에 관한 지식을 습득하는 것을 좋아하였다. 그러나 여전히 하나님을 알고 싶었다. 언어적 역설을 초월하는 방식으로, 어둠속에서 한 손으로 다른 손을 스치는 것처럼.

그리고 헨리가 이것을 가능케 해주었다. 정말로 그랬다고 나는 확신한다. 물론 그것은 성령님의 은사였다. 헨리는 단순성과 반복을 두려워하지 않았기 때문에 그 일을 할 수 있었다. 정교한 해석 층을 꼭대기 층에 새롭게 쌓은 게 아니라, 그는 복음을 최대한 단순하게 제시하였다. 그의 책 제목에서 알 수 있듯이, 그의 삶과 언어는 기초적인 몸짓과 이미지로 가득 차 있었다. 영성생활은 〈열린 손으로〉 사는 것이었다. 기도는 정신문제가 아니라 〈마음의 길〉(〈사막의 영성〉)이었다. 교역은 권력에 관한 것이 아니라 〈영적 발돋움〉이라는 임무였다. 신앙생활은 의지의 영웅적인 행위가 아니라 〈이 잔을 들겠느냐?〉는 예수님의 질문에 지속적으로 응답하는 것이었다.

헨리는 청중의 마음을 빼앗는 신체적 명확성과 즉각적인 에너지를 지니고 있었다. 그의 목소리는 굉장히 격렬하고 분위기 있었다 — 즐거운 유머, 현명한 훈계, 열정적인 주장, 조용한 성찰. 그는 멋지게 자신을 낮출 수 있었다. 한번은 몇몇 학생들과 꿈에 관해 이야기하고 있었는데, 한 학생이 이렇게 물었다. "꿈은 영어로 꾸시나요, 아니면 네덜란드어로 꾸시나요?" 그러자 헨리가 미소 지으며 답했다. "영어로요. 하지만 네덜란드어 억양이 조금 섞이지요."

그의 강연과 저서에는 네덜란드 느낌이 조끔씩 파고들었다. 예수의 광야생활에 관해 설교할 때, 헨리는 그 세 가지 시험을 강력해지고 싶은 유혹, 장엄해지고 싶은 유혹, 관계 맺고(relevant) 싶은 유혹이라고 종종 설명했다. 그 이야기를 할 때면 언제나 네덜란드어 r과 구개음 v를 굉장히 굴리면서 발음했다 — *rrrrrrrellephant*. 그는 음향효과가 약한 대형 홀에서 수백 명을 상대로 이 말을 했던 때의 이야기를 들려주었다. 강연이 끝나자 언제나처럼 사람들이 그에게 몰려들었다. 한 여자가 눈에 띄게 다가오더니 이렇게 말하더란다. "오, 나우웬, 영적인 통찰력을 주셔서 감사해요. 솔직히 전에는 한 번도 이런 생각을 못했는데요, 오늘 말씀하시니까 그 말씀이 제 맘에 들어와 꽂히네요. 오늘 하신 말씀이 정말 옳아요. 정말로 코끼리(elephant)가 되고 싶은 유혹을 느낀다니까요!"

헨리의 음성이 활기를 띨 때는 그의 손도 부지런히 움직였다. 그의 손가락은 9인치 정도 되어보였다. 손바닥은 넓었고, 손톱은 크고 납작했다. 엄지손가락 역시 매우 컸다. 그래서 그가 열 손가락을 쫙 펼쳐 보이면 – 자주 그랬다 – 언뜻 보기에 꼭 청개구리 같았다. 열 손가락은 언제나 활동적이었다. 어떤 표현을 하려고 할 때마다 그는 열 손가락을 문지르고, 위쪽을 향했다. 마치 구슬을 꼭대기에 올려놓으려고 애쓰는 것처럼. 손을 꽉 쥐거나 별안간 잡아당기는 동작은 마치 의미를 밖으로 짜내려고 애쓰는 것처럼 보였다. 그는 손가락을 아래로 향하고 손목을 돌리곤 했는데, 그것은 꼭 손가락으로 작은 항아리를 휘젓는 것처럼 보였다. 그의 손가락은 음성 못지않게 의사소통의 수단이 되어 주었

"열 손가락의 예전 춤꾼들"

다. 열 명으로 이루어진 예전 춤꾼들이 헨리가 입을 열 때마다 그 앞에서 춤을 추는 것 같았다. 그가 말을 하면, 열 손가락은 다함께 공중을 빙빙 돌면서 충만하게 움직였다. 성만찬예식 때에도 그가 성별된 빵과 포도주를 머리 위로 들어올리자 손가락이 마치 누군가를 어깨에 지고 있는 것처럼 보였다.

관에 누운 헨리를 보았을 때, 나는 입이 조용하거나 눈이 감겼기 때문이 아니라 손이 움직이지 않아서 그의 죽음을 실감했다.

헨리 나우웬의 저서를 읽어본 사람은 누구나 다 그의 내적 투쟁에 관하여 알 것이다. 사실 헨리를 통해 흐른 하나님의 은총은 그의 연약함을 독자나 친구들과 공유할 수 있는 능력과 직접적으로 연결되어 있었다. 비록 성경은 연약함 때문에 꾸지람을 들은 흠 있는 종들 ― 아브라함, 모세, 이사야 ― 이 많이 등장하지만, 대부분의 종교작가들은 그래도 경건한 훈계에 곧 익숙해지며, 대부분의 독자들도 이런 것을 기대한다. 하지만 헨리는 달랐다. 그는 처음부터 자신의 흠 ― 외로움, 차분하지 못함, 우정에 대한 욕구, 질투심, 불확실함 ― 을 인정했다. 그러면서도 그는 심리적 노출증에 걸리지 않으려고 노력했다. 하나님의 사랑을 이해하고 나눌 수 있는 그의 능력은 하나님의 은총에만 전적으로 의지한다는 자각에 근거한 것이었다. 그는 〈상처 입은 치유자〉에서 이것에 관해 상세히 설명하였다. 하지만 뭔가를 마음으로 이해하는 것과 그것을 삶 속에서 실천하는 것은 완전히 다른 것이다.

예를 들어서, 많은 사람들이 기록한 것처럼, 헨리의 마음속 깊은 곳에는 차분함이 없었다. 그는 이곳에서 저곳으로,

이 사람에서 저 사람으로, 이 공동체에서 저 공동체로 계속 옮겨 다녔다. 그의 저서에서도 가끔씩 드러나긴 하지만, 성격의 경우에는 훨씬 더 명백했다. 그의 차분하지 못한 성격은 때로는 미숙함으로, 때로는 성마름으로, 때로는 안달로 표출되었다. 내 아들 새뮤얼이 여덟 살쯤 되었을 때, 한번은 헨리 옆자리에 가서 앉았다. 그러자 너무 기쁜 나머지 헨리는 숨도 안 쉬고 연달아서 질문을 퍼붓기 시작했다. "오, 샘, 잘 지내고 있니? 학교는 어때? 어떤 과목이 제일 좋아? 가장 좋아하는 놀이는 뭐니?"

샘은 약간 걱정스런 눈빛으로 나를 보더니 이렇게 물었다. "아빠, 이거 인터뷰 같은 거예요?" 나는 아니라고, 헨리는 그저 샘의 생활을 알고 싶을 뿐이라고 안심시켰다. 하지만 샘은 약간 몸을 빼더니 조금 있다가 공손하게 인사하고 나갔다. 헨리는 슬픈 얼굴로 나를 보며 얘기했다. "아이들에겐 어떻게 얘기해야 하는지 정말 모르겠어."

헨리는 이런 식으로 누군가와 관계를 맺으려 애쓰다가, 그 사람이 그의 기대를 채워 주지 못해서 실망하거나 거절을 당하는 일이 많았다. 내가 예일대학교를 다니고 있을 때, 한번은 헨리가 내게 투덜거렸다. 친구인 학생들이 자신을 사회활동에 끼워 주지 않는다는 거였다. "왜 영화 보러 가자고 전화 한 번 안 걸어 주나?"

"영화 보고 싶으세요?" 내가 물었다.

"그럼, 물론이지. 친구란 그런 거잖아." 그가 대답했다.

그때부터 나는 친구들과 영화관에 갈 때에는 꼭 헨리에게 전화를 걸었다. 하지만 그는 언제나 바쁘거나 너무 피곤하다고 대답했다.

마침내 화가 난 나는 그에게 물었다. "헨리, 친구란 서로 영화관에 초대하는 거라고 말했던 거 잊었어요?"

그러자 그가 대답했다. "맞아."

"있잖아요, 친구란 한쪽이 영화관에 가자고 초대할 경우 그러자고 대답해야 하는 거예요."

그는 당황한 듯 보이더니, 웃음을 터뜨렸다. 그 후로는 균형을 맞추는 게 훨씬 덜 어려웠다.

헨리의 생애를 전체적으로 들여다보면, 하나님이 어떻게 그의 차분하지 못함을 이용하여 우리 모두에게 은혜를 베푸셨는지 금방 알 수 있다. 헨리는 사람들의 삶 속에 들어갔다가 순전히 그들을 대표해서 또 다른 사람을 만나러 떠났던 탐험가였다. 그는 가는 곳마다 항상 사람들과 새로운 관계를 맺었다. 그는 우리에게 새로운 기회를 만들어 주었다. 헨리는 우리의 경직된 삶이나 상상력을 초월한 장소와 공동체로 파견한 우리의 사절이었다. 헨리를 떠올릴 때면 가끔 사도 바울이 생각난다. 바울은 세상의 한쪽 구석에서 위대하고 특권적인 지도자로 머물 수 있었지만, 예수님과 만남으로써 넓은 땅을 돌아다녀야만 했다.

하지만 헨리를 잘 알고 사랑했던 사람들에게, 그의 차분하지 못함은 걱정과 안달, 심지어는 분노의 원인이 되었다. 1982년 여름, 헨리와 함께 〈주님 감사합니다!〉라는 책 작업을 하고 있을 때, 그는 하나님이 과연 자신을 남아메리카에 머물라고 부르시는 건지 아닌지를 일 년 정도 묻고 있었다. 내가 보기에 그 대답은 아마도 예스인 것 같았다. 그래서 헨리가 전화를 걸어 예일대학교 신학대학원을 관두고 하버드 대학교 신학대학원으로 갈 계획이라고 말했을 때 나는 믿을 수가 없었다. 그가 했던 말들을 다시 그에게 상기시켜 주었다. 하지만 헨리는 이것이 자기가 바라던 바라고 확신했다. 무척이나 존경해 왔던 해방신학자 구스타브 구티에레즈가 헨리에게 말하기를, 하버드 같은 엘리트 단체와 관계를 유지하고 있는 게 가난한 사람들에게 더 유익하다고 했다는 것이었다. 나도 그 이유는 이해할 수 있었다. 하지만 하버드는 헨리가 예일에서 부딪혔던 문제들보다 더 많은 어려움을 안겨 줄 것이라고 생각하니 걱정이 되었다. 그에게 그런 얘기를 했더니 나를 안심시키면서 — 그리 설득력은 없었지만 — 그런 것도 다 고려해 봤다고 말했다.

하버드에 간 헨리는 용감하게 노력했다. 하지만 그도 하버드도 서로를 진정으로 이해할 수는 없었다. 서로가 상대방에게 부적합한 것을 기대하고 있었다. 하버드는 공동체를 생기 있게 만드는 — 그러면서도 거슬리지 않는 — 일종의 스타 파워를 기대했다. 헨리는 자기 삶의 온갖 모순 — 유명해지고 싶은 욕구와 숨고 싶은 욕구, 대담해지고 싶은 욕구와 인정받고 싶은 욕구, 가톨릭의 가르침을 포용하고 싶은 욕구와 도전하고 싶은 욕구 — 을 해결할 수 있을만한 제도적 균형을 추구하고 있었다. 그렇지만 하버드에서는 모두가 모두에게 모든 것에 관하여 도전을 걸었고, 그것은 곧 너무나도 많은 사람들이 유아론적 안전으로 후퇴하고 만다는 것을 의미했다. 하나님의 사랑에 관한 개인적 경험을 명확히 전달하고 싶어 하는 사람에게는 전혀 쉬운 환경이 아니었다.

그래서 2년 반 후에 헨리는 떠났다. 그 후 몇 년간 그는 꾸준히 새로운 저서를 부쳐왔다. 나도 그에게 메시지와 생일 축하 인사를 보냈다(사람들이 잊어버리고 지나가면 무척 민감한 반응을 보였다). 우리는 정기적으로 전화통화를 했고,

자주 만나서 얘기했다. 하지만 대부분의 경우 나는 멀리서 그를 걱정했다. 그러다가 1986년 겨울 드디어 그를 러시아로 초대했다.

1988년 러시아 그리스도교 일천 주년을 기념하기 위해 미국의 동방정교회에서 한 그룹이 방문할 계획이었다. 전부터 헨리는 러시아를 방문하고 싶다고 말하곤 했다. 그래서 나는 그 여행 계획이 공개되자마자 곧바로 전화를 걸었다. 그의 목소리는 놀라울 정도로 피곤하게 들렸다. 내 말도 잘 못 알아듣는 것 같았다. 그는 다시 전화하겠다고만 하고 끊었다. 며칠 뒤에야 비로소 그가 전화를 했다. 그리고 곧 라르쉬 데이브레이크로 떠나야 한다고 말했다. 그러니까 그가 러시아를 방문하려면, 캐나다로 날아가서 짐을 내려놓자마자 곧바로 2주일동안 우리와 함께 여행을 떠나야 한다는 말이었다. 좋을 대로 하라고 난 말했다. 침묵이 흐르더니 헨리가 뭐라고 말했다. 나는 한참 후에야 그 말뜻을 이해했다. "나도 가야 해. 〈돌아온 탕자〉를 봐야 하거든."

나는 그가 상트페테르부르크의 에르미타쥐 박물관에 걸려 있는 렘브란트의 위대한 그림을 말하고 있다는 것을 금방 알아챘다. 그래서 러시아문화 전문가인 어머니께 전화를 걸었다. 어머니는 여러 박물관 큐레이터들을 친구로 두고 계셨다. "헨리가 원하는 만큼 얼마든지 〈돌아온 탕자〉와 시간을 함께 보낼 수 있다고 전해 주렴." 어머닌 이렇게 말씀하셨다. 그래서 우리는 러시아로 날아갔다.

정말로 특별한 여행이었다. 예기치 못했던 감동과 은총뿐만 아니라 소비에트연방국가의 암담한 현실도 자주 접할 수 있었다. 어떤 교회를 방문했을 때의 일이 떠오른다: 영이 충만한 강렬한 경험이었다. 하지만 헨리는 그런 느낌을 받은 것 같지 않았다. 그는 육체적으로 지쳐있었다. 어린아이처럼 당황하고 이해할 수 없는 듯했다. 우리는 그가 정시에 깨어나 밥을 먹고 버스에 올라 일행 곁에 머무르고 있는지를 일일이 확인해야 했다. 가끔씩 자신만만하고 행복한 헨리의 모습도 보이긴 했지만, 둘이서 대화를 나눠보면 금방 그가 여러 가지 불확실하고 불행한 문제들로 고군분투하고 있다는 사실을 알 수 있었다.

이제 와 돌이켜보니, 헨리 스스로가 데이브레이크에서 생활할만한 준비가 갖춰져 있는지에 대해서 최후의 영적 테스트 같은 것을 받고 있었던 것 같다. 본인이 그토록 자주 얘기했던 공포의 집에 갇혀있는 것 같았다. 온갖 여정의 끝자락에 선 그는 절박하게 가정을 필요로 했고 또 원했다. 수백 명의 친구들이 있었지만 그는 하나의 공동체를 열렬히 원했다. 그는 자신의 입과 손으로 쏟아낸 말들이 생생한 증거를 좀 더 많이 보여 주기를 원했다. 그는 실망할까봐 무서워하고 있었다. 그런 그에게 데이브레이크는 마지막 기회와도 같았다.

하지만 여행이 끝나갈 무렵 그의 태도가 변하기 시작했다. 우리는 상트페테르부르크에 도착했고, 그는 마침내 그 그림을 볼 수 있었다. 나는 그와 동행했다. 솔직히 말하자면, 무척 당황스러웠다. 내가 보기에 그 그림은 이상하고 어두워 보였다. 하지만 헨리에게는 그것이 하나님의 사랑으로 들어가는 창문이었다. 그는 겸손과 경외심으로 그 그림에 다가갔다. 순간 나는 그가 앞으로 걸어 나가, 길을 잃은 사랑하는 아들이 기쁨에 찬 아버지의 포옹을 받는 장면 앞에 서서히 무릎을 꿇는 줄로만 알았다. 그 후 며칠 동안 헨리는 그 그림 앞에서 여러 시간을 보냈다. 그림 바로 앞에 앉을 수 있도록 박물관에서 의자를 내줄 정도였다. 그는 배회하는 여행자 무리처럼 해가 담장너머로 사라질 때까지 말없이 그 앞에 앉아 있었다. 그 그림을 보고 돌아올 때마다 헨리는 조금씩 기운을 되찾았고, 그의 눈에는 생기가 돌기 시작했다. 마침내 미국으로 돌아갈 시간이 되었을 때에는 그도 앞으로의 새로운 삶을 위한 준비가 끝난 것 같았다.

다시 한 번 헨리의 여러 친구들과 나는 한숨을 돌렸다. 하지만 과연 데이브레이크가 그가 원하는 가정이 되어 줄까? 아니면 금세 그 관계가 실망 가운데 깨졌고 그가 다시금 가방을 싸서 자신을 사랑하고 이해해 줄만한 공동체를 찾아 떠났다는 소식을 듣게 될까? 나는 그 과정이 쉽지 않았다는 사실을 잘 안다. 헨리는 여전히 죽음의 그림자가 드리운 계곡을 따라 한없이 걷고 있었다. 하지만 데이브레이크에서 마침내 그가 찾고 있던 것을 발견했다는 사실이 명백해졌다. 겉으로 보기에, 이제 헨리는 옷이 저절로 빨아지고, 아무 것도 없는 데서 식사가 마련되고, 집이 스스로 집안일을 할 거라는 예전의 분통터지는 생각을 벗어던진 것 같았다. 애덤 아넷이나 다른 사람들과의 관계를 통해서 그는 돌봄에 대한 신체적 욕구를 이해할 수 있게 되었다. 그리고 좀 더 깊이 들어가 보면, 그는 결국 자신의 커다란 욕구 — 다시 말해서 가족 — 를 두려워하지 않고 자기가 받은 커다란 은사를 찬양할 수 있는 공동체를 발견해 낸 것 같았다.

그 마지막 몇 년 동안 내가 헨리에게서 받은 인상은 그가 계속해서 성장하고 싶어 한다는 것이었다. 유명해진 것으로 안주한다거나 불행에 몸을 맡기는 것이 아니라 그는 계속해서 삶을 재평가하고 새로운 도전을 받아들이도록 자신을 —

그리고 다른 사람들을 — 밀어붙였다. 1990년대 초, 남아프리카에서 민주주의의 부활을 지켜보며 6개월을 지낸 뒤에, 나는 미국으로 귀국하면서 공직에 나가야 하는 입장이 되었다. 그것이 유혹인가 아니면 소명인가를 분별하기 위해 여러 달 고심하면서도 헨리에게는 말을 하지 않았다. 그가 이해하지 못할까봐 혹은 인정하지 않을까봐 두려웠기 때문이다. 마침내 그에게 전화를 걸어 내 생각을 말했다. 그랬더니 그는 무척 흥분해서 축하를 해주었다. 깜짝 놀란 나는 그 동안 나를 괴롭혔던 보류와 주저를 모두 집어던져 버렸다. 그가 그런 마음을 말끔히 씻어 준 것이다. 그는 낄낄 웃으며 이렇게 말했다: "우리 비전이나 동기가 완전히 명확해질 때까지 그저 기다린다면 아무 것도 할 수 없을 걸. 바비, 하나님은 우리가 의심에 가득 찬 발걸음을 앞으로 내딛길 원하셔." 그는 통화를 마치고 몇 주 뒤에 이와 비슷한 요지가 담긴 편지를 많은 액수의 기부금과 함께 보내 주었다.

그 시기에 우리는 이따금씩 만나 점심을 먹으면서 몇 시간씩 얘기를 나누곤 했다. 그는 자기 삶과 집필 작업의 향방에 대해서 의심을 하고 있었고, 심지어는 앞으로 사제직을 그만둬야 하지 않나 생각하기도 했다. 그것은 소명에 대한 신뢰 상실 때문이 아니었다. 문제는 그보다 훨씬 심각했다.

"사오십년 종사한 뒤에도 하나님이 나를 여전히 새로운 형태의 헌신으로 이끄실 수 있을지 궁금해." 그는 자신이 경험한 새로운 통찰과 우정에 관해 이야기했다. 자주 그랬던 것처럼, 그는 우정을 키울 수 있는 방법을 모색하는 것에 관하여 이야기했다. 하지만 그의 음성에는 죄책감이나 결핍감이 거의 없었다. 그는 오랜 악마와 싸울 수 있는 새로운 발판을 마련한 것 같았다.

헨리 나우웬을 마지막으로 만난 것은 1996년 6월 8일이었다. 14년 전에 그는 내 첫 번째 결혼예식에서 설교를 하기 위해 루이지애나에 왔었다. 하지만 고작 십년 후에 그 결혼은 파국을 맞았고, 헨리는 내가 절망에서 빠져나올 수 있도록 도와주었다. 그리고 하나님의 은총으로 새로운 짝을 발견하게 되자, 헨리는 특별히 그녀를 만나기 위해 와주었고, 앤과 내가 결혼하기로 했을 때는 우리의 예식에 참석하기 위해 뉴저지까지 와주었다. 그는 고린도후서의 본문을 낭독하였다:

> 그러므로 우리는 낙심하지 않습니다. 우리의 겉사람은 낡아가나, 우리의 속사람은 나날이 새로워갑니다. 땅에 있는 우리의 장막 집

이 무너질 때에는, 하나님께서 마련하신 집, 곧 사람의 손으로 지은 것이 아닌, 하늘에 있는 영원한 집이 우리에게 있는 줄을 압니다. (고린도후서 4장 16절, 5장 1절)

결혼예식 후의 리셉션은 뜨겁고도 아찔했다. 붐비는 사람들을 뚫고 헨리가 다가왔다. 흥분한 나에게도 그의 얼굴은 창백하고 피로해 보였다. 행복에 겨운 커다란 목소리들이 내 주위에서 소용돌이쳤다. 헨리는 내게 몸을 기울이더니 그날 저녁에 비행기를 타고 유럽으로 떠날 거라고, 그런데 몸이 안 좋아서 집에 돌아가 쉬어야 할 것 같다고 말했다. 나는 당연히 그러라고, 와줘서 고맙다고, 헨리가 참석해 준 게 우리 모두에게 얼마나 큰 의미인 줄 모른다고, 여름휴가가 끝나면 찾아가겠다고, 아마도 앤이랑 함께 데이브레이크로 찾아갈 것이라고 말했다. 헨리는 좋다고, 꼭 그러라고, 우리 둘 다에게 평안이 있기를 바란다고 말했다. 우린 포옹을 했다. 그는 몸을 돌렸고, 인파 속으로 사라졌다.

그로부터 석 달 후인 1996년 9월 21일, 앤과 나는 신도들과 함께 교회에서 평소처럼 간구와 감사기도를 드리고 있었다. 몸을 구부린 채 바닥을 바라보고 있는데, 누군가가 이렇게 간단히 얘기하는 소리를 들었다. "헨리 나우웬의 생애와 저서에 대해 감사기도를 드리고 싶어요."

18년 전만 해도 그 이름은 아무런 의미가 없었다. 하지만 이제 그 이름 — 그리고 그 이름을 둘러싼 단어의 명백한 의미 — 은 이미지와 감정의 홍수를 불러일으켰다. 얼마 후에야 나는 무슨 일이 벌어졌는지를 자세히 알 수 있었다. 〈돌아온 탕자〉를 보러 다시 상트페테르부르크로 가는 길에 맞이한 그의 죽음이 가져온 낯선 상징적 의미에 나는 몸서리가 쳐졌다. 뉴스기사와 증명서를 보았는데도 나는 그가 죽었다는 사실을 믿을 수가 없었다. 장례예식장으로 날아가는 동안에도, 관에 누운 그를 보고 만지는 동안에도, 애도하는 사람들의 물결을 보고 교회의 큰 종이 연거푸 울리는 소리를 듣는 동안에도, 나는 그가 곁에 없다는 사실을 느낄 수 없었다.

그런 느낌은 나중에야 찾아왔다. 그의 저서 〈안식의 여정〉 원고를 받았을 때였다. 처음에는 내가 언급된 페이지만 받았다. 그것을 본 나는 깜짝 놀랐고 무척 감동했다. 꼭 묘에서 보낸 편지를 읽는 것 같았다. 나중에 책 전체를 받고서 다시 읽는데 화가 치밀었다. 생애 마지막 한 해 동안의 기록을 보니까, 정말이지 한 시도 쉴 틈이 없었다 — 미친 듯 비행기를 타고 다녔고, 끊임없이 사람과 장소들을 찾아다녔으며, 새로운 요구와 초대에 응할 때마다 자신의 약속은 즉각 어겼던 것이다. 어이없게도 나는 헨리가 나에게 그토록 좋은 사람이었다는 사실 — 내 삶의 중요한 행사마다 참석해 주고, 다른 많은 요구들이 넘치는 순간에도 내게 그토록 재빨리 응답해 주었다는 사실 — 에 화가 났다.

대부분의 책들은 성취감을 느끼면서 읽게 되어 있다. 한 장 한 장 결론에 다다를 때마다 즐거운 기대를 품게 된다. 하지만 〈안식의 여정〉을 읽으면서는 나쁜 예감이 들었다. 페이지를 넘길 때마다 그저 한 권의 책이 아니라 헨리의 삶이 끝나간다는 느낌이 절실히 들었다. 과거와 현재, 미래에 대한 그의 실황중계는 — 지난 20년간 그와 내가 얘기했던 것들을 사색하는 부분을 포함하여 — 모두가 통렬한 느낌을 안겨줬다. 마지막 문장에 이르렀을 때 비로소 그의 죽음의 영속성이 내 마음에 새겨졌다. 그의 목소리는 이제 침묵을 지키게 되었다. 그의 말은 멈추었다.

하지만 이 마지막 연대기에서도 여전히 헨리는 나에게 지속적인 통찰을 안겨 주었다. 그는 마치 우리가 중심인물인 것처럼 이 세상을 살고 있다는 사실을 상기시켜 주었다. 다른 사람들은 도착했다가 떠나간다. 하지만 우리의 관심은 우리 존재의 울타리 안에 머문다. 그를 개인적으로 알고 지냈거나 그의 저서를 읽어본 사람들에게, 그는 문득 나타나 이야기를 들려주고 또 다른 사람을 찾아서 우리의 무대 밖으로 사라졌다. 어떤 의미에서 헨리는 삶에서 삶으로, 무대에서 무대로 여행을 다닌 사람이다. 그가 죽은 지금 우리는 그의 여정을 전체적으로 살펴볼 수 있다. 우리는 헨리의 생애를 그가 경험한 그대로 바라볼 수 있다. 우리는 그리스도의 사랑에 대한 집요한 신뢰, 낯선 땅에서 낯선 이로 살았던 오랜 체류, 그의 미덕과 사소한 약점, 사람들을 한 데 모으고 왕국을 일별하게 해주었던 놀라운 능력, 그리고 가족과 가정에 대한 그의 간구에 하나님이 최종적으로 내리신 자비로운 응답을 목격하게 된다.

한번은 어느 주일학교 교사가 자기 반 학생들을 데리고 세련된 스테인드글라스 창문이 달린 교회를 구경하다가 아이들에게 이런 질문을 던졌다: "성인이 뭔 줄 아는 사람?" 그러자 한 소녀가 손을 들고 웃으면서 대답했다: "성인은 유리 속에서 빛을 비추는 사람이에요."

아마도 헨리는 자기를 성인이라고 부르면 어안이 벙벙해졌을 것이다. 하지만 지난 18년간 그는 여러 조각의 유리를 내게 건네주었고 내가 그것을 닮아가도록 초대해 주었다.

그는 나 말고도 수백만 명의 사람들에게 똑같은 일을 했다. 그를 사랑했던 이들은 이제 이 많은 유리조각들을 한 군데 모아 새로운 모양과 이미지의 은총을 발견하고 있다. 그렇게 함으로써 우리는 다시금 감동을 받는다. 그가 우리에게 준 선물과 그가 우리에게 비춰 준 빛에 놀라고 감사하면서.

03

| 조 차일드 |

목수 이야기

조 차일드와 그의 아내 캐시 켈리는 1990년에 매사추세츠 주의 라르쉬 데이브레이크로 왔다. 조는 교육학을 전공하였으며, 두 개의 시체안치소를 소유, 운영하였고, 그러다가 목수가 되었다. 현재는 데이브레이크 우더리 나무세공소를 운영하고 있다. 그 곳은 공동체 구성원들을 여러 명 채용하고 있다. 1994년, 헨리 나우웬은 조에게 건신예식을 베풀어 주었다.

 데이브레이크에 도착하고 얼마 안 돼서, 바깥에서 돌아온 캐시가 새 성만찬상을 만드는 일 때문에 헨리가 나를 찾더라는 소식을 전했다.

 성만찬상이라니! 처음 떠오른 생각은 "어째서 헨리가 나에게 부탁하려는 걸까?"였고, 그 다음 떠오른 것은 "성만찬상은 다른 테이블들과 달리 아주 성스러운 물건인데 내가 과연 그걸 만들 수 있을까?' 하는 걱정이었다.

나는 헨리를 잘 알지 못했다. 그러기에 서둘러 그를 만나러 가지 않았다. 헨리 역시 나나 내가 하는 일에 대해 잘 몰랐다. 그런데 어째서 나에게 부탁하려는 것인지 궁금했다. 물론 나에게는 나무세공사라는 확실한 배경이 있었지만, 나의 장점은 계획을 철저히 세워 일을 진행한다는 데 있었다. 성만찬상을 디자인하는 건 아무래도 내 특기에 속하지 않는 것 같았다. 그러던 어느 날 밖에 나갔던 캐시가 돌아오더니 헨리가 정말로 나를 만나고 싶어 한다고, 전화라도 넣어야 하는 것 아니냐고 말했다.

마침내 우리 둘이 만난 날, 함께 예배당으로 내려갔다. 그는 거기 있는 높고 육중한 테이블 대신 아주 다른 형태의 성만찬상이 필요하다고 말했다. 성만찬을 베풀기 위해 회중이 모일 때, 예배당 주변에 있는 사람은 의자에 앉고 예배당 중앙에 있는 사람들은 바닥에 앉는다는 것이었다. 그러니까 그의 무릎 높이 정도의 테이블을 새로 만들어 주면, 그가 의자에 앉아도 모든 회중이 성만찬의 모든 요소를 볼 수 있을 것이라고 했다. 그게 훨씬 더 친밀하고 포괄적일 것이라고 했다. 그는 또 쉽게 옮길 수 있는 성만찬상을 원한다고 했다. 크고 작은 그룹을 위한 예배에 맞춰 사용할 수 있도록. 나는 아주 좋은 아이디어라고 생각했다. 하지만 자신이 원하는 성만찬상 모양에 대해서는 거의 말하지 않았다. 헨리의 절대적인 신뢰에 나는 큰 감명을 받았다.

우리는 여러 가지 높이로 성만찬상을 구상해 보았다. 마침내 헨리는 19인치가 딱 좋겠다고 말했다. 그는 이 성만찬상을 언제까지 다 만들 수 있는지, 그 다음에는 자기 테이블도 만들어 줄 수 있는지 물었다. 나는 우선 디자인을 짜야 한다고, 그 일에는 시간이 많이 걸린다고 말했다. 헤어질 때 나는 조만간 계획을 짜서 다시 찾아오겠노라고 약속했다.

이 프로젝트 때문에 나는 약간 겁을 먹었다. 그 당시 나는 헨리와 같은 전통에 속한 신자가 아니었다. 헨리는 그냥 영성지도자가 아니라, 세계적인 명성을 지닌 신학자이기도 했다. 게다가 내가 속한 공동체가 날마다 성만찬을 베풀기 위해 이 성만찬상을 사용할 것이었다.

나는 두 달간이나 성만찬상에 대해 생각했다. 다리가 넷 달린 것은 안 만들고 싶었다. 그런 거라면 가게에서도 얼마든지 살 수 있을 것이었다. 평범하지 않은 — 헨리가 좋아할 만한 — 성만찬상을 만들어야 했다.

라르쉬의 위대한 상징들 중 하나는, 모두를 환영해 주는 배, 도움이 필요할 때 피난처가 되어 주는 배, 성장과 새로운 삶을 위한 공동체의 안전한 장소, 곧 방주 — 노아의 방주 — 다. 어쨌든 나는 배 모양의 성만찬상이 우리의 필요에 적합하고 또 데이브레이크 새벽공동체에도 어울린다는 생각을 갖고 있었다.

매사추세츠 주에서 살 때 우리 나무세공소는 동그랗게 겹쳐 붙인 4분의 3인치짜리 합판을 사용하여 모래시계 모양의 받침대를 몇 개 만든 적이 있었다. 합판을 모두 붙인 다음 천천히 돌아가는 선반으로 동그랗게 깎아서 수백 층짜리 합판의 가장자리를 잘라냈고, 최종적인 모양은 원판연마기로 다듬었다. 나는 이런 식으로 층이 지고 범선의 선체와 비슷한 모양을 한, 중간부는 아주 좁고 성만찬상 위쪽은 넓은, 게다가 이동이 편리하고 일시적인 무대에도 설치할 수 있도록 분리가 가능한 받침대를 구상하기 시작했다.

아무래도 이런 모양이 좋겠다는 확신이 점점 더 굳어졌다. 다만 한 가지 떠나지 않는 걱정이 있었는데, 그것은 노스햄프턴에서 만들었던 여러 겹의 합판 전시품은 동그란 모양에다가 선반으로 깎은 것이라는 점이었다. 지금 성만찬상으로 생각하고 있는 디자인은 비대칭형이었다.

일단은 도면을 두 장 그렸다. 하나는 측면도, 하나는 배면도였다. 그것을 가지고 헨리에게 가서 방주이론을 설명했다. 그는 그 상징적 의미를 아주 맘에 들어 했다. 그러면서 무슨 나무를 사용할 거냐고 물었다. 나는 벗나무가 좋겠다고 했다. 벗나무는 아름답게 보이려고 착색할 필요가 없기 때문이었다. 헨리는 흥분해서 언제쯤 일을 시작할건지 알고 싶어 했다. 나는 확신할 수 없었다. 나무세공소에는 급한 주문이 아주 많이 들어오기 때문이었다. 나는 이 프로젝트를 짬짬이 완성할 작정이었다.

그 때는 아직 1월이었다. 나는 언제 성만찬상이 필요하냐고 물었다. 그러자 그는 사순절이 시작될 때까지는 완성되었으면 좋겠다고 대답했다. 순진하게도 나는 그럴 수 있다고 말한 다음 헨리와 헤어졌다. 아무래도 이 성만찬상을 만드는 방법에 대해서 그가 나보다 더 많이 신뢰하고 있는 것처럼 보였다.

나는 캐나다 경재로 갔다. 그곳은 우리 나무세공소가 여러 해 동안 목재를 구입해 온 킹시티의 작은 경재 판매소였다. 내 계획을 말하자 그들은 모양이 안 좋게 뒤틀린 벗나무 고목이 조금 있는데, 원하면 다른 주문품들과 함께 배달해주겠노라고 했다.

그 목재는 그들 말대로 심하게 뒤틀린 모양이었다. 10피트 가량 되는 조각 하나는 너무 뒤틀린 나머지 내 허리부터 시작해서 땅 쪽으로 굽어 내려갔다가, 다시 다른 사람의 허리 쪽으로 굽어 올라간 모양이었다. 누가 봐도 지나치게 뒤틀린 모양이었다. 우리는 그들이 가져온 벚나무를 모두 받고 값을 치룬 다음, 우리 가게로 가져가서 목재를 켜기 시작했다. 뒤틀린 부분을 아주 짧게 잘라서 평평한 모양을 만들었다. 잘라낸 조각들은 판매할 수도 없기에 모두 성만찬상의 받침대를 만드는 데 썼다. 그야말로 우리 공동체에 딱 어울리는 것 같았다. 사회가 쓸모없다고 판단한 사람들을 라르쉬는 소중하게 받아들이고, 어떤 식으로든 성스럽게 만들어 주고 있다.

우리 나무세공소의 핵심 멤버인 존 블로스가 이 프로젝트를 처음부터 끝까지 도와주었다. 나와 함께 벚나무를 골랐고, 목재를 켜는 일도 계속 도왔으며, 두께와 크기가 일정한 판재를 만드는 일도 함께 했다. 수백 장의 나무 조각을 붙이는 일도 거들었다. 오죽하면 이 프로젝트를 생각할 때마다 존의 얼굴이 그 성만찬상만큼이나 또렷이 떠오를 정도다.

이 벚나무를 모두 붙여서 내 계획대로 모양을 만드는 데는 생각보다 많은 시간이 걸렸다. 사순절은 이미 시작되었는데, 일은 아직도 끝이 보이지 않았다. 헨리는 자꾸만 가게

벚나무 성만찬상 받침대 곁에 선 존 블로스

에 와서 일이 어떻게 진행되고 있는지 들여다보고 우리를 격려해 줬다. 그는 늘 언제쯤 이 일이 완성될 것인지 알고 싶어 했다. 그리고 부활절까지는 완성되었으면 좋겠다고 했다. 때로는 다른 사람들을 데리고 오기도 했다. 점점 드러나는 디자인을 보고 그는 엄청 흥분했다 — 그의 호기심은 굉장했다. 우리는 부활절까지 마쳐보겠다고 말했다. 하지만 그것은 무리였다.

마침내 선체 모양의 받침대가 완성되고 성만찬상 윗면도 만들어졌다. 모양은 성만찬상이었지만, 내 눈에는 아직도 완성된 게 아니었다. 좀 더 완전해 보이려면 어떻게 해야 할지 판단이 안 섰다.

바로 이 시점에서 신의 섭리가 임하셨다. 집에서 쉬고 있는데 내 친구 롭 맥스가 전화를 건 것이었다. 롭은 조각가다. 우리는 여러 해 동안 함께 나무세공작업을 하면서 급류타기를 해온 사이였다. 그는 어머니를 만나러 디트로이트에 가는 길인데, 그날 밤을 우리 집에서 보내고 싶다고 했다. 그가 오자 나는 성만찬상을 보여 주었다. 그는 눈썹을 치켜올린 채 여러 차례 성만찬상을 둘러보더니 마침내 이렇게 말했다: "자네가 만든 건 모두 곡선 모양이어서, 사각형 가장자리가 안 어울려. 양쪽 끝을 동그랗게 잘라내면 완벽할 것 같은데!"

정말이지 너무나도 멋진 생각이었다. 우리는 실톱을 움켜쥐고 그 성만찬상의 양쪽 끝을 부드러운 곡선으로 다듬었다. 그러자 내가 찾고 있던 모양이 짠하고 나타났다.

그것을 사포로 다듬고 옻칠을 하는 데 다시 2주일이 걸렸다. 우리는 열다섯 번 옻칠을 하고, 그때마다 사포로 다듬었다. 지금까지도 그 나뭇결 모양을 하나하나 기억할 정도다. 부활전야제가 있던 토요일, 성만찬상을 그 공동체로 가져갔

완성된 성만찬상

다. 헨리는 그 위에 종이를 덮어놓고, 다들 모일 때까지 아무도 못 보게 했다. 그것을 공개한 순간, 그는 분명히 전율을 느꼈을 것이다. 그것은 아름다워 보였다 — 기대했던 것보다 더 아름다웠다. 그는 내게 그것을 어떻게 만들었는지, 목재는 어디에서 구했는지, 상징적인 의미는 무엇인지, 존이 얼마나 많은 도움을 주었는지, 회중 앞에서 얘기해 달라고 했다.

헨리가 성만찬상을 만들어달라고 부탁했을 때 내가 얼마나 겁을 먹었는지 아직도 기억한다. 어쨌든 그는 나도 모르는 뭔가를 내게서 이끌어 냈다. 나로 하여금 한계를 넘도록 만들었다. 최종적인 결과물은 그저 내가 만든 물건이 아니라, 여러 사람으로부터 받은 가르침, 그리고 오랜 세월을 살면서 쌓아온 경험들의 축적물이었다. 헨리는 내가 생각도 못했던 방향으로 이 모든 것을 이용할 수 있도록 격려해 주었다.

지금도 성만찬에 참석하여 성만찬상을 바라볼 때마다, 내가 헨리를 위해 만든 성만찬상은 곧 헨리가 내게 준 선물이었다는 사실을 실감하게 된다.

04

| 메리 바스테도 |

헨리와 데이브레이크: 상호 변형의 이야기

> 메리 바스테도는 헨리가 라르쉬 데이브레이크에 도착했을 당시 그 공동체의 영성생활위원회 회장이었다. 작업치료사인 그녀는 일생을 바친 여신도이자 음악가로서 오랫동안 라르쉬 멤버로 지내왔다. 메리는 현재 장애인 가족과 함께 생활하는 사람들을 위해 일하고 있다.

헨리 나우웬은 1986년 가을 라르쉬 데이브레이크에 도착했다. 그 일은 많은 이들을 놀라게 했다. 데이브레이크는 정말로 단순한 시골 공동체였고, 온타리오주 리치몬드 힐 북쪽 백 에이커의 농지에 자리를 잡고 있었다. 좁은 진흙길을 따라 내려가다가 연못과 커다란 초록색 헛간을 지나면 닭 냄새가 확 풍기면서, 우리 공동체의 핵심 멤버인 존 스멜처가 트랙터에서 내려 들에서 사과나 근대를 뜯어먹는 소와 양을 지켜보는 모습이 보였다. 1983년 5월에 내가 도착했을 당시에도 첫 만남은 간단했다. 월요일 아침, 농장과 나무세공소 사람들, 그리고 도우미들 전부가 ─ 대개는 휠체어에 탄 아이들을 데리고 ─ 새로운 소식을 듣기 위해 붐비는 테이블 주변에 둘러앉아 있었다. 그리고 화요일, 도우미들 중 한 사람의 집에 모인 우리는, 대개들 바닥에 앉아서, 공동체 리더의 영적 성찰을 듣고 또 일상생활에서 우리에게 영감을 불러일으켜 준 것들을 공유하였다.

1984년 우리는 회의실을 지었다. 그곳에 모여 공동체 회의도 하고, 예배도 드리고, 성탄절 식사도 했다. 그곳은 또한 좀 더 도전적인 욕구를 지닌 새로운 핵심 멤버들(이른바 발달장애를 지닌 사람들)을 위한 주간활동프로그램 진행 장소도 되어 주었다. 우리의 활동은 간단했다: 봉고차를 세차하고, 국을 끓이고, 춤을 추고, 노래를 부르고, 지역 풀장에서 수영을 하고, 말을 타는 것이었다.

1986년 9월, 나는 애덤 아넷을 휠체어에 태우고 주간프로그램을 하러 가고 있었다. 그 때 노란색 대형 이삿짐트럭이 헨리 나우웬의 짐을 가득 싣고 들어왔다. 대개의 도우미들은 배낭 하나 달랑 메고 약간의 물건을 손에 든 채로 들어온다. 그런데 하버드 교수가 온갖 짐을 싣고 여길 온 것이다! 그러니 모두들 깜짝 놀랄 수밖에.

우리들 중 몇 명은 지난번 헨리가 방문했을 때 이미 그를 만났었다. 그는 토스트를 굽거나 차를 타 마실 줄 모르는 게 틀림없었다. 그런데도 그는 뉴하우스의 가사도우미가 되겠노라고 했다. 당시 최신형 자가용을 구입한 헨리는 그 차로 자기가 살게 될 집의 리더와 함께 드라이브하면서 들뜬 목소리로 얘기했다. 바로 이런 평범한 삶을 살고 싶었다고. 그런데 갑자기 자가용이 요란한 소리를 내며 돌진했다. "이건 절대로 평범한 게 아니에요!" 같이 있던 리더가 말했다. 그리고 헨리는 다른 차를 새로 구입해야만 했다.

그 때 우리가 만났던 남자는 무척 불안정한 사람이었다 ─ 과연 여기에 적응할 수 있을지도 의심스러웠고, 관계도 걱정스러워 보였다. 하지만 그는 사제직이라는 은사를 받았다. 헨리의 첫 번째 방문 때 우리들 대부분은 그가 위기의 순간에 우리를 돌볼 수 있는 능력이 있음을 발견했다. 그가 일주일 머무는 동안 뉴하우스의 핵심 멤버 중 한 사람인 레이몬드 바첼러가 데이브레이크 앞의 붐비는 고속도로를 건너가다가 그만 차에 치이는 사고가 발생했다. 헨리는 즉시 — 레이몬드에게, 그의 가족에게, 그리고 데이브레이크 공동체에게 — 나타나서 위로해 주고 기도로 우리를 이끌어 주었다. 그 경험으로 인해 우리는 그를 우리의 영성지도자로 초청하게 되었다.

우리에게는 아주 새로운 시도였다. 여태까지는 영성지도자가 한 명도 없었다. 물론 성공회와 가톨릭의 여러 영성지도자들이 우리 공동체의 친구였고, 몇 달씩, 대부분은 안식년에, 우리와 함께 생활한 영성지도자들도 많았다. 하지만 우리의 예배생활은 산발적이었다. 그리고 초교파적으로 우리는 곤란한 상황에 놓여 있었다. 여러 교파 교회들 간의 성만찬예식이 일치하기 않았기 때문에 우리의 성만찬예식도 문제가 있었던 것이다. 그런 불편함 때문에 일부 멤버들은 일체의 연합예배를 피해왔다.

우리에게는 영성지도자가 필요하다는 사실을 우리도 알고 있었다. 헨리는 폭넓은 경험과 목회적 민감성을 지녔으므로 우리를 도와주기에 딱 맞는 사람 같았다. 그의 저서는 라르쉬 도우미들에게도 아주 익숙해져 있었고, 나 역시 지난날 다른 라르쉬 공동체를 떠나야만 했던 힘겨운 과정에서 그의 저서 〈영적 발돋움〉을 읽고 매우 큰 힘을 얻었었다. 헨

데이브레이크 예배에서 처음으로 베푼 성만찬예식:
프랜시스 모리스, 헨리, 그리고 패트릭 이건

리는 우리의 영성을 이해하고, 상처 입은 치유자라는 개념, 그리고 우리 모두가 장애를 지니고 있지만 하나님은 바로 그 상함을 통하여 존재하신다는 사실을 이해하고 있음이 분명했다.

헨리 나우웬의 예배형태 역시 우리에게 아주 적합한 것이었다. 우리는 촛불과 성화상과 떼제공동체 노래, 그리고 울긋불긋한 천과 꽃들로 장식한 낮은 성만찬상을 좋아했다. 헨리는 우리를 위해 그것들을 백배로 늘렸다! 처음으로 그와 함께 회의실에서 맞았던 성탄절이 생각난다. 사방이 온통 촛불이었는데, 바닥에도 엄청나게 많은 촛불이 장식되어 있었다. 헨리가 들떠서 움직이자, 그의 제복이 불꽃을 스쳤다. 소방안전에 무척 까다로웠던 우리 공동체 리더는 그날 밤 그다지 경건한 체험을 하지 못했을 게 틀림없다!

헨리는 순간을 포착하는 — 성만찬예식의 기회를 잡을 줄 아는, 그리고 그것을 예배에 붙일 줄 아는 — 은사를 받았다. 나는 1987년 데이브레이크에서 자동차로 몇 시간 거리에 있는 라르쉬 스트래트퍼드 공동체 리더로 떠나게 되었는데, 그때 그가 나를 위해 마련해 준 파송의 성만찬예식을 통해 깊은 감명을 받았다. 그는 두 공동체가 참석한 자리에서 그 성만찬예식을 집례하였다. 말 그대로 한 집단은 나를 떠나보내고, 다른 한 집단은 나를 받아들인 성만찬예식이었다.

내가 데이브레이크를 떠나 있던 6년 동안, 그 공동체는 몇 번이나 아주 큰 어려움에 처했다. 헨리는 공동체 생활의 엄청난 관계적 요구에 응답하려 애쓰다가 개인적인 위기를 맞이하였고, 결국은 몇 달 동안 그 공동체를 떠나야 했다. 데이브레이크는 시골풍의 정체성을 상실할 위기에 처했고, 주변에 새 집과 거리가 들어설 때마다 불도저와 소음과 먼지의 침입을 받아야 했다. 또한 그 공동체의 규모가 커지고 복잡해질수록 고통이 더 커지는 것을 경험하였다. 그것은 리더십의 위기로 이어졌고, 그 속에서 모두들 갈등과 상처를 경험하였다.

1993년 6월 다시 데이브레이크로 돌아왔을 때, 나는 헨리나 공동체나 모두 변화를 겪었다는 사실을 알게 되었다. 공동체 리더는 네이선 볼이 되어 있었고, 헨리와 네이선이 공유한 비전과 좋은 관계가 안정감을 주고 있었다. 데이브레이크의 영성생활 책임자의 역할과 공동체 리더의 역할이 처음으로 분리된 순간이었다.

농장관리인의 작은 별장은 영성수련센터가 되어 있었는데, 헨리와 수 모스텔러가 거기 기거하였다. 그 집 지하실에는 휠체어로 이동할 수 있는 새로운 예배실이 들어서 있었다. 매일 아침 8시 30분이면 출석률이 높은 성만찬예식이 집례되었는데, 일주일에 한 번은 공동체 주택들 가운데 한 곳에 살고 있는 성공회 영성지도자 웬디 리우드가 성공회 성만찬예식을 집례하였다. 새로운 초교파적 조화가 성립된 것이다. 가톨릭같이 예전적 전통의 신자가 아닌 사람들도 편안한 느낌을 가졌다. 예배춤을 추는 찬양단도 조직되었다. 헨리는 15명의 도우미와 핵심 멤버들로 이루어진 목회팀도 결성하였다. 그는 몇몇 핵심 멤버들을 훈련시켜 성만찬에서 집례자를 돕는 이로 활동하게 했다. 몇몇 도우미들은 말씀에 대한 성찰을 한 다음, 헨리와 함께 연구회를 갖고 있었다. 고난주간의 전통도 발전했다. 늘 핵심 멤버들이 동참하여 예배를 더욱 더 풍요롭게 만든 것이다.

이제까지 한 번도 교회에 가보지 않은 핵심 멤버와 도우미들은 세례를 받거나 지역교회에 등록하였다. 목회팀은 말기환자인 두 명의 공동체 구성원을 정기적으로 방문하여 지켜보고 있었다. 내가 없는 동안 핵심 멤버 한 사람은 사망하였다. 공동체는 목회팀이 마지막 순간까지 이 사람을 제대로 보살펴 주는 모습을 보고 깊은 감명을 받았다. 유대인 핵심 멤버들 중 한 사람인 엘렌 와인스타인의 바트 미쯔바 역시 그 공동체를 종파를 초월한 실재의 심오한 포용으로 이끌었다.

데이브레이크 공동체 생활의 이러한 변화와 더불어 헨리 개인에게도 변화의 바람이 일었다. 그는 내적인 평화 가운데 성장하였다. 1993년, 예배실로 걸어 들어간 순간, 나는 그가 데이브레이크에서 자기 자리를 발견했다는 사실을 느낄 수 있었다. 그는 훨씬 더 안전해 보였고, 훨씬 더 편안해 보였으며, 훨씬 더 아버지 같아 보였다. 그는 〈돌아온 탕자〉에서 묘사한 것처럼, 아버지가 되는 과정을 겪고 있었다. 그는 좀 더 잘 웃고 자신만만해 보였다. 그리고 좀 더 넉넉해 보였다.

이러한 상호적 변화는 헨리 나우웬과 공동체 모두 고통의 시간을 통해 맺은 신앙의 열매였다. 헨리가 변화할 수 있었던 것은 그 공동체가 고통 가운데 있는 그를 환영하고 인정해 주었기 때문이며, 그가 떠나 있던 동안에도 그를 여전히 신뢰하였고, 그가 사람들을 실망시키거나 낡고 식상한 변명이나 불평을 늘어놓을 때에도 그를 용서해 주었기 때문이다. 그것은 온갖 투쟁 속에서 헨리의 존재가 지니는 가치와 은사를 인정하고, 그를 신뢰하며, 그가 성장하고 또 데이브레이크에 뿌리를 내리도록 격려해 준 공동체의 열매였다.

한편 공동체의 변화는 헨리가 삶의 여정을 계속하고 있는 개인들을 인정해 준 열매였다: 늘 관심을 기울이고, 늘 격려해 주며, 절대로 거절하지 않은 것이다. 헨리는 공동체회의뿐만 아니라 개인적인 상담에서도 상대방의 말에 귀를 기울일 줄 아는 은사를 지녔다. 그는 상대방의 말을 요약하고, 간결하고도 통찰력 있는 반응을 보여 주었다. 그는 사람들이 실제로 말한 내용의 저변에 깔려 있는 합일과 방향을 지적할 줄 알았고, 데이브레이크가 좀 더 심오한 내재성과 기도를 통해 힘든 시기를 이겨낼 수 있도록 도와주었다.

헨리 나우웬의 비전과 실천이 지니는 중요한 요소들은 오늘도 계속해서 우리 모두의 삶을 형성해 주고 있다. 나는 믿는다. 그가 데이브레이크뿐만 아니라 전 세계 곳곳의 라르쉬 공동체들, 그리고 셀 수 없이 많은 신앙공동체들에게도 예언자적인 역할을 하고 있다고. 헨리의 사역이 지니는 세 가지 특성은 나에게도 많은 변화를 안겨 주었다.

첫째는 포괄성이다. 이것은 헨리의 사역이 나에게 가장 많은 영향을 미친 특징이다. 그는 진정한 의미에서 초교파적이었다. 헨리는 남자와 여자를 아우를 뿐만 아니라 종파적 경계와 지적 차이를 초월한 단순하고도 현대적인 언어를 사용했다. 그의 예배실천 역시 포괄적이었다: 모두를 동그랗게 앉히고, 손님도 대환영했으며, 좋은 의도를 가지고 성만찬을 받고 싶어 하는 사람이면 누구나 성만찬예식에 참여하도록 했고, 성만찬을 받지 않으려는 사람들까지도 축복해 주었던 것이다. 또한 헨리는 이따금씩 들르는 사람들이 다른 종교를 지녔어도 열렬히 환영해 주었다. 그리하여 공동체는 초교파적인 우정을 쌓아나가기 시작했다. 헨리는 다른 이들을 배제시키는 게 아니라, 다른 이들도 참여시키는 방식으로 영성지도자 역할을 수행하였다.

헨리는 각 사람들의 개인적인 여정에 주의를 많이 기울였고, 그들이 투쟁에서 이기도록 격려해 주었다. 그는 주관적인 판단 없이 질문을 던질 줄 알았다. 또 그는 어중간하게 살 줄 알았다. 그런 특징은 나에게 도전이 되었다. 작은 공동체의 리더였던 나는 매사에 확실한 결정을 내리는 데 익숙해져 있었다. 특히나 공동체 생활에 관해서는 좀 더 흑백논리를 따지는 편이었다. 하지만 나는 헨리의 접근방법이 지닌 신실함과, 사람들이 신앙을 발견하고 성장해 가는 모습과, 공동체가 신앙의 빛 가운데 헌신하는 모습을 보았다. 다양성을 포용하고 창의성을 격려할 줄 알게 된 공동체가 살아 숨 쉬는 것을 보았다. 나 역시 울타리를 넓혀서 좀 더 어중간하게 사는 방법을 익혀야겠다는 도전의식이 생겨났다.

헨리의 영성이 지니는 두 번째 주요요소는 친밀감이었다. 헨리는 늘 친밀감을 얻기 위해 노력했다: 하지만 이미 그는 친밀감을 지니고 있었고, 특히 고통당하는 사람들에게 가까이 다가갈 수 있는 능력을 지녔다. 우리는 그것을 레이몬드가 차 사고를 당한 뒤 헨리가 그와 가족을 대하는 태도에서 목격하였고, 그 후로도 여러 차례 목격하였다. 헨리는 공동체에게 늘 가르치기를, 고통 받고 있는 사람들, 특히 죽어가고 있는 사람들에게 동정심을 품으라고 하였다. 우리가 배운 모든 것은 헨리 자신의 죽음에 대한 준비이기도 했다. 우리는 그가 죽은 날 모두 밤을 새웠고 3시간에 걸친 장례예식을 베풀었다.

헨리의 사역이 나에게 영향을 미친 세 번째 측면은 가난한 이들이나 주변인들이 나머지 사람들을 위해 베풀 수 있는 은사 — 라르쉬의 은사 — 에 관하여 고무적으로 말하는 방식이었다. 헨리가 들어오기 몇 년 전 수 모스텔러는 이런 말을 한 적이 있었다: "라르쉬는 그저 장애를 지닌 사람들이 모여 사는 집이 아니라 그보다 훨씬 더 큰 의미를 지닌 공동체예요." 헨리가 데이브레이크에 오면서 우리는 라르쉬라는 단어가 무엇을 뜻하는지 알게 되었고, 그것을 훨씬 더 광범위한 집단과 공유할 수 있게 되었다. 오늘 우리는 라르쉬를 마음학교라고 부른다. 여기에서 우리는 환대와 긍휼, 용서, 상호관계의 가치를 배운다. 여기에서 우리는 겉으로 보기에 가난한 이들이 오히려 훨씬 더 많은 것들을 베푼다는 사실을 깨닫는다. 여기에서 우리는 자신의 가난과 한계를 깨닫고 자신의 연약함 가운데서 하나님의 임재를 발견한다. 여기에서 우리는 하나님이 사랑 많으신 친구임을 깨닫게 된다.

라르쉬가 지닌 위험요소들 가운데 하나는 고립이다. 도우미들은 가정과 업무 프로그램에 가득한 일상생활의 난제에 붙잡힐 수 있다. 헨리는 우리가 이런 고립을 극복해 내도록 도와주었다. 그의 저서와 강연 일정은 라르쉬를 북아메리카에 널리 알려 주었다. 우리 지역교구에서 드린 그의 주일 성만찬은 리치몬드힐에 위치한 우리의 존재를 밝게 비춰 주었다. 여러 종파의 지도자들을 위한 그의 영성수련은 토론토 지역에 있는 우리를 사람들에게 알려 주었다. 방문객들이 헨리와 함께 있으려고 데이브레이크를 찾아왔다가, 결국에는 진한 감동을 받아 데이브레이크 가정에서 함께 식사하고 핵심 구성원들과 친해지는 모습을 지켜보는 것은 늘 충격적이었다.

헨리는 우리가 주변세계에 알려야 할 게 있다는 사실을 믿도록 도와주었다. 헨리의 꿈이었고 그가 가장 많은 기금

데이브레이크 연못 건너편으로 보이는
새 데이스프링 건물

을 댔던 새 데이스프링 예배당은 1999년 1월에 완성되었다. 그곳은 공동체 구성원들이 삶을 공유하도록, 그리하여 좀 더 많은 사람들이 우리의 영성을 경험할 수 있도록 권한을 부여받는 장소가 되었다. 매주 고등학생들이 영성수련을 받으러 오고, 토론토와 먼 곳에서 많은 사람들이 찾아와 우리 공동체가 제공하는 정기적 성찰모임에 참여한다. 1998년 가을 데이브레이크는 내게 장애아와 함께 생활하는 가족들을 위해 펼칠 수 있는 사역을 한 번 생각해 보라고 부탁했다. 이 가족들 중 일부는 지금도 매주 우리 공동체 예배에 참석하고 있다. 이 일을 통해서 장애아와 그 가족들, 그리고 젊은 자원봉사자들을 위한 신앙과 빛의 후원단체들이 생겨났다.

헨리 나우웬의 생애와 그가 라르쉬 데이브레이크에 미친 영향을 돌이켜보자니 절로 감사의 마음이 생긴다. 데이브레이크는 헨리가 개인적 성장을 이룩하고 생의 마지막 10년 동안 엄청난 열매를 발견할 수 있도록 도와주었다. 그리고 헨리는 데이브레이크가 영적 성장을 이룩하고 역동적인 사명감을 지닐 수 있도록 도와주었다. 이와 같이 상호적인 변화는 우리가 공유할만한 유산을, 지금도 우리가 책임을 맡고 있는 보물을 남겼다.

05

| 마이클 아넷 |
애덤이 죽은 뒤

마이클 아넷은 1978년부터 라르쉬 데이브레이크에서 살았다. 1985년부터는 그의 동생 애덤 아넷도 함께 지냈다. 헨리가 죽기 겨우 7개월 전인 1996년 2월, 애덤이 죽자 마이클은 친구이자 영성지도자인 헨리 나우웬에게 가서 위로를 받았다. 마이클은 베스 포더에게 이 모음집을 위해 자신의 회고를 받아 적어 달라고 부탁하였다. 그는 알맞은 단어를 찾기 위해 종종 쉬어가면서, 아주 천천히 얘기하였다.

애덤이 죽은 뒤 나는 곧바로 영성지도자 헨리가 있는 데이스프링으로 갔어요. 헨리가 애덤에 관한 이야기를 해주었어요. 나는 그에게 물었어요: "애덤이 왜 그렇게 되었는지 — 왜 죽었는지 — 모르겠어요. 사람은 어째서 죽는 거예요?"

영성지도자 헨리는 ― 내 기억에 ― 이렇게 대답했어요: "내 아버지는 저 위 하늘에 계시고, 내 형제도 저 위 하늘에 계신다네."

"나는 애덤을 이만큼 사랑했어요." (마이클이 자기 팔을 넓게 편다.)

영성지도자 헨리가 나를 꼭 껴안아 주었어요. 나는 울음을 터뜨렸어요……나는 영성지도자 헨리를 껴안았어요……나는 헨리와 함께 내 음성을 녹음했어요……테이프에 애덤에 관한 이야기를 녹음했어요.

녹음은 차 안에서 했어요 ― 영성지도자 헨리의 차에서. 영성지도자 헨리는 나에게 큼직한 십자가를 주었어요. 책도 주었어요……자동차 책이랑……말 책도요.

영성지도자 헨리가 내게 말했어요: "울고 싶나? 그럼 우리 집으로 오게." 영성지도자 헨리도 애덤을 그리워했어요.

영성지도자 헨리가 돌아가셨을 때 나는 슬펐어요……가

마이클 아넷과 그의 동생 애덤

숨이 찢어졌어요.

영성지도자 헨리는 애덤과 함께 계셔요……하늘에, 지금……하나님과 함께요.

때때로 나는 애덤의 의자에 앉아요. 데이브레이크 연못 바로 옆에 있는. 거기 앉아서 애덤을 생각해요. 헨리를 생각해요.

부활한 삶에 관하여

자신의 장애를 자각하고 있는 사람들의 공동체로서 우리는 말씀보다는 오히려 몸을 통해 하나로 뭉친다. 우리는 다양한 언어를 사용하고, 우리들 가운데에는 수많은 "얘기"가 오가지만, 공동체를 창조하는 것은 우리 핵심 멤버들의 연약한 몸이다. 우리는 우리를 신뢰하고 있는 사람들의 몸을 씻어 주고, 면도해 주고, 머리 빗어 주고, 옷 입혀 주고, 청소해 주고, 먹여 주고, 붙잡아 줌으로써 공동의 몸을 형성한다. 몸의 부활을 믿는다고 주장할 때, 우리는 부활이 그저 죽은 뒤의 사건이 아니라 일상생활의 실재임을 깨닫게 된다. 몸을 돌보는 일은 우리에게 조직을 초월하여 합일을 이루라고, 성욕을 초월하여 친밀감을 가지라고, 그리고 심리적인 전체성을 초월하여 통전성을 지니라고 요구한다.

합일, 친밀감, 그리고 통전성은 부활한 삶의 세 가지 영적 특징이다. 우리는 국가와 인종, 성별, 나이, 정신능력의 장벽을 깨부수고 우리 가운데 가장 연약한 사람들이 잘 살 수 있는 사랑의 합일체를 창조하도록 부름 받았다. 우리는 욕망과 성적 욕구와 신체적 합일의 장소를 초월하여 몸과 마음과 정신을 아우르는 영적 친밀감의 장소로 부름 받았다. 또한 우리는 자신에 대해서 좋게 여기는 옛 방식을 벗어버리고 좀 더 나아가 우리 인간성의 여러 측면들을 새로 통합할 수 있도록 부름 받았다. 이러한 부름은 부활에로의 부름이다. 몸을 돌보는 것은 몸을 마지막 부활에 대비시키는 것이다. 영적 합일과 친밀감과 통전성을 통하여 우리는 일상생활 속에서 부활을 예비한다.

〈안식의 여정〉 중에서

06

| 앤드류 케네디 |
새로운 생활방식

> 앤드류 케네디는 헨리 나우웬을 영적인 멘토라고 생각했다. 앤드류와 그의 아내 안드레아는 라르쉬 데이브레이크의 친구가 되었으며, 앤드류는 그 공동체의 이사회에 속해 있었다. 현재 그들은 영국 런던에서 자녀들 조지, 베아트리스와 함께 살고 있으며, 안드레아는 아동 텔레비전 프로듀서로 일하고 있고, 앤드류는 대규모 국제은행에서 일하고 있다.

헨리와의 우정에 관해 말하려면 우선 내 동생 마이클에 관해 짧게나마 이야기해야 한다. 내가 헨리와 만난 것은 바로 마이클을 통해서였기 때문이다. 1980년대 후반, 마이클의 정신적 고통은 점점 더 악화되었다. 우리 가족은 해답을 찾아 헤매는 가운데 수많은 정신의학 전문가들과 정신건강의사들을 만나보았다. 하지만 모두들 다른 진단을 내렸다. 급기야 우리 가족은 정신과 병동과 신경안정제, 그리고 우리의 요구에 너무나도 무관심해 보이는 의료체계의 절망스럽고도 무서운 세계에 빠져 버렸다. 그 당시 부모님은 토론토에 살고 계셨는데, 우연히 헨리에 관한 소식을 들었다. 부모님은 헨리가 토론토 정북쪽에 위치한 라르쉬 공동체의 일원이자 영성지도자이고 게다가 심리학과 정신의학을 수련한 사람이라는 사실을 알았다. 도움을 청하기 위해서 부모님은 친구 한 명을 통해 헨리와 연락을 취하려고 애썼다. 그 친구를 통해 헨리가 내 동생을 만나 줄 수 있는지 물어보았다.

이틀도 지나지 않아 부모님은 헨리가 마이클을 만나보고 싶어 한다는 소식을 들었다. 우리는 그 다음주에 만나기로 약속을 잡았다. 우리 부모님 ― 한 번도 만나보지 못한 사람들 ― 의 요구에 즉각적이고 열정적인 응답을 준 헨리는 그 당시 방심하고 있던 우리를 놀라게 했다. 하지만 그를 알면 알수록 다른 이들, 종종 완전히 낯선 이들의 삶 속으로 기꺼이 뛰어드는 그의 모습은 나를 늘 놀라게 만들었다.

헨리와 마이클은 아주 깊은 우정을 쌓기 시작했다. 헨리는 둘의 만남에 관해 상세히 말해 준 적이 한 번도 없었지만, 마이클이 이 세상을 살면서 겪는 심오한 영적 고뇌와 투쟁에 관하여 자신이 알아낸 것들은 모두 얘기해 주었다. 하지만 이렇듯 헨리의 우정과 상담이 마이클에게 굉장히 큰 위로가 되는 것처럼 보였음에도 불구하고, 마이클은 계속해서 매우 어두운 곳으로 내려갔고, 1992년 3월 결국 자살하고 말았다.

마이클의 죽음을 듣자마자 헨리는 빌 반 뷰렌과 함께 우리 부모님의 집으로 달려왔다. 나도 가족과 함께 있기 위하여 대학교에서 돌아왔다. 그 때 나는 헨리와 처음 만났다. 그 당시의 기억은 마치 꿈과도 같다. 하지만 헨리가 우리에게 작은 원을 그리게 하고 우리와 함께 얘기하고 기도했던 것은 분명히 기억난다. 또한 그런 비극적인 상황 속에서도 헨리가 우리에게 뭔가를 얘기할 때마다 너무도 강렬하고 때로는 알아들을 수조차 없는 네덜란드 억양 때문에 조금 웃기면서도 터무니없이 사람 마음을 끌어당기는 면을 발견했던 사실이 떠오른다. 그는 길고 호리호리한 다리를 꼬고 있었는데, 마치 매듭을 맨 것처럼 한 발을 반대편 장딴지 아래 끼워 넣었다. 또 큼직하고, 표현력 좋고, 다소 서투른 그의 손은 우리와 대화를 나누는 동안 쉴 새 없이 폭넓게 움직였다. 인상에 남았던 게 하나 더 있는데, 그것은 내가 얘기하는 동안 그가 나에게 몰두하는 방식이었다.

그의 집중력은 너무나도 컸다. 대화하는 동안에는 이 세상에 아무 것도 존재하지 않는 것 같았다. 또한 우리가 느끼는 상실의 고통 속으로 곧바로 들어와 우리 곁에서 슬픔을 공유하는 그의 용기와 의지는 정말이지 너무나도 놀라웠다.

헨리는 마이클의 장례예식에서 설교를 맡았다. 힘이 넘치고 도발적인 설교였다. 그는 마이클의 창의성과 깊은 사랑, 그리고 굉장한 감수성에 대해 얘기했다. 또한 그의 안에서 맹위를 떨쳤던 어두움과 거부의 힘에 관해서도 이야기했다. 그리고 그는 마이클이 어떻게 생명을 위한 투쟁에서 졌는지 ─ 자신은 가족과 친구들에게 쓸모없는 짐만 될 뿐이고 그 어떤 배려나 돌봄의 가치도 없는 존재일 뿐이라고 느끼면서, 어떻게 외로이 죽었는지 ─ 기탄없이 얘기했다. 그는 또 마이클을 사랑했고 마이클의 고통을 곁에서 지켜봤던 우리 모두가 어떻게 생명을 위한 투쟁에서 패배했는지도 이야기했다. 그는 마이클의 죽음을 십자가 위에서 외로이 거절과 오해 속에 돌아가신 예수님의 죽음에 비유하였다. 그리고 예수님 역시 싸움에서 졌다고 말했다. 예수님의 친구들이 그의 죽음을 통해 완벽한 실패를 경험했듯이, 우리도 마이클의 죽음 때문에 모든 희망이 사라진 것 같은 느낌을 받았다. 그러나 마이클이 아니었더라면 결코 몰랐을 사랑을 우리가 알 수 있게 된 것은 오로지 이 엄청난 상실과 커다란 고통 때문이었다. 이렇게 얻은 지식을 통하여 우리는 사랑할 수 있는 새 자유를 얻게 되었다.

헨리가 설교를 마치자 침묵이 흘렀다. 어떤 이들은 그의 강력한 말 때문에 충격을 받아 불쾌한 심정을 드러내기도 했다. 하지만 대개는 손쉬운 대답을 회피하는 그의 노골적이고도 진실한 메시지에 아주 큰 감동을 받았다. 그의 설교는 그의 삶과도 같았다 – 그는 소매를 걷어 올리고 문제의 핵심을 향해 곧바로 뛰어들었다. 그는 단순하고 상투적인 대답을 회피했다. 오히려 그는 우리 모두가 느끼고 있는 고통에 경의를 표하고, 그것이야말로 우리의 마음이 다시 태어나야 하는 곳, 우리가 공유하고 있는 인간성을 발견할 수 있는 장소라는 점을 지적해 주었다. 그것은 고통과 상실의 메시지였지만 동시에 희망과 거듭남의 메시지이기도 했다.

헨리가 우리 가족의 삶에 뛰어들었던 방식은 우리가 공유하고 있는 인간경험의 핵심에 뛰어들고자 하는 엄청난 의지를 증명해 주었다. 그는 복잡성의 포용을 결코 회피하지 않았다. 헨리는 우리의 고통과 그에 따른 취약성의 한가운데에 초월적인 진리가 있다는 사실을 알고 있었던 것이다. 이 진리를 잘만 키운다면 하나님의 상처 입은 마음을 좀 더 잘 이해할 수 있을 것이었다.

헨리를 다시 만나기 전까지 거의 2년간은 로스쿨도 마치고 결혼도 하느라 굉장히 바쁘게 보냈다. 아니, 솔직히 말하자면 그저 고통을 지워버리고 잊어버리기 위해서 바쁘게 보냈다. 내가 가지고 다녔던 유일한 추억거리는 바로 마이클의 사망기사를 복사한 것이었다. 그것을 지갑에 갖고 다니면서도 거의 들여다보지 않았다. 늘 혼란스러운 고통이 밀려들었기 때문이다. 그것은 나만의 비밀스런 부적이 되었고, 숨어서 언제나 나의 악한 생각들을 감시하고 있었다. 따라서 나는 로펌에서 법률사무 견습생활을 하던 해에도 정말이지 열심히 일했고, 여러 가지 취미생활을 성실히 즐겼으며, 친구들과 함께 음악도 연주하였다. 너무 많은 생각을 못 하게 바빠 움직일 수 있다면 무슨 일이라도 열심히 했다.

그렇게 몹시 바쁜 한 해가 저물고 나는 여름동안 쉬게 되었다. 휴식을 고대하고 있었기에 그저 편히 쉬고 싶을 뿐이었다. 그 당시 나는 토론토에서 매주 60 내지 80시간을 일하고 있었고, 내 아내 안드레아는 오타와에 살면서 일을 하고 있었다. 때문에 나는 주말마다 아내를 만나기 위해 4시간 반씩 운전을 해야만 했다. 마침 우리 형제들 가운데 한 명이 프랑스의 라르쉬 공동체에서 한 해 동안 도우미 일을 하다가 막 돌아왔는데, 장 바니에가 인도하는 영성수련 테이프들을 가져왔다. 나는 매주 오타와까지 가는 동안 이 테이프를 들어보기로 결심했다. 테이프의 일부는 상처 입기 쉬운 우리의 마음을 보호하기 위하여 힘과 경쟁력에 집착하는 우리 사회에 관한 내용이었다. 하지만 우리 모두는 얼마나 깊이 상처 입고 있는가. 특히 그것을 부인하려고 하는 사람들의 경우. 장은 나에게 그런 단순성과 힘을 알려 주었다. 나는 터져 나오는 울음을 멈출 수가 없었고, 급기야는 북부 온타리오주 고속도로에서 도로변에 차를 대야만 했다.

그 다음주, 내 삶은 무너지고 말았다. 조심스럽게 쌓아왔던 벽과 담장, 둑, 제방이 무너지기 시작했다. 그 동안 나는 동생의 죽음으로 인한 상처를 진심으로 바라보지 못했다. 결혼생활 역시 너덜너덜해져 있었다. 우리는 주말부부라는 허울을 쓰고 있었는데, 그것은 내 문제가 지니고 있는 온갖 상처와 불안전과 불확실로부터 벗어나고 싶은 충동 때문이었다. 그 동안 나 자신을 잃어버리고 있었다는 사실을 나는 깨닫기 시작했다.

장의 테이프를 들은 뒤, 나는 내 삶을 위한 영적 토대를 다시금 발견하고 확립할 수 있도록 도와줄만한 사람을 갈구하게 되었다. 영적인 상담자와 대화를 나눠봐야 한다는 사실이 확실해졌다. 하지만 그런 사람을 만나려면 어떻게 해야 하는지 전혀 알 수 없었다. 나는 헨리라면 누군가를 추천해 줄 수 있으리라고 생각했다. 하지만 그에게 편지를 쓰기가 무척 염려스러웠다. 우리는 얼마 전에 딱 한 번 만났을 뿐이었고, 그라면 훨씬 더 다급하게 처리해야 할 문제들이 많을 게 틀림없었다. 그럼에도 불구하고, 나는 용기를 내서 내 상황을 간단히 설명하고 오타와 지역의 영성 상담자를 추천해 줄 수 있겠냐고 부탁하였다.

나흘도 못 되어 나는 백합 사진이 있는 엽서 한 장을 받았다. 헨리는 그 다음주에 오타와에 하루 머물 예정인데 그 때 만날 수 있겠냐고 물었다. 나는 시간 약속을 잡기 위해 전화를 걸었다.

때가 되자 헨리가 오타와로 날아왔다. 전 하원의원의 장례예식에서 설교를 한 다음, 국회 리셉션에 참석하기 위해서였다. 그 리셉션 장소로 내가 찾아가면 살짝 자리를 피해서 잠시 동안 대화를 나누기로 약속했다.

나는 약속시간에 도착했다. 하지만 국회 경비원들에게 내가 하원의장의 손님인 영성지도자를 만나기 위해 리셉션에 왔다는 사실을 확인시켜 주어야만 했다. 마침내 입장하게 된 나는 기세 좋게 걸어 들어갔다. 홀 안에는 삼사백 명의 인파가 차와 커피와 디저트를 즐기고 있었다. 나는 홀을 절반 정도 가로질러갔을 때 헨리를 발견했다. 그는 몇 명의 팬들과 얘기를 나누고 있었다. 회색빛 플란넬 바지와 파란색 버튼다운 셔츠, 트위드 재킷, 그리고 넥타이까지, 모든 면에서 그는 하버드 학자답게 보였다. 그는 한 손에는 커피를, 다른 손에는 디저트를 들고 있었다. 그는 큼직한 손을 넓게 움직여가면서 말하고, 마시고, 먹는 일을 동시에 하려 들었다. 확신하건대 그의 말을 듣고 있던 사람들은 대개 네덜란드 억양이 짙은 그의 영어 공세를 정확히 따라갈 수 없었을 것이다. 하지만 그 누구도 그런 걸 신경 쓰지 않는 것 같았다. 헨리 자신도 그 자리를 맘껏 즐기고 있는 게 분명했다.

내 소개를 하자 그는 나를 아주 오랜 친구처럼 포옹해 주었다. 방금 갓 만난 사람들에게도 나를 소개해 주더니, 계속해서 담소를 나누었다. 그는 둘이서 조용히 얘기할만한 장소를 찾는 것 같았다.

마침내 우리는 하원의장의 사무실에서 얘기를 나눌 수 있게 되었다. 오크장식판자가 붙은 널찍한 방에 들어가 커다란 벽난로 옆에 앉았다. 그리고는 최고로 독특한 이 네덜란드 영성지도자에게 내 영혼의 가장 깊숙한 부분을 드러내었다.

우리는 약 한 시간 정도 얘기를 나눴다. 마지막에 헨리가 함께 기도를 드리자고 했다. 그는 우리들 저마다가 스스로를 사랑하고 용서하는 방법을 배우기를 원하시는, 또 우리가 하나님의 사랑 받는 존재임을 진정으로 깨닫기를 원하시는 하나님의 지속적인 욕구에 관하여 아름다운 기도를 올렸다. 그는 또한 마이클을 위해 기도했고, 내가 치유의 길을 걷는 동안 마이클이 나를 지켜봐 주기를 기도했다. 헤어질 때 나는 헨리에게 영적인 조언자를 한 명 추천해 달라고 부탁했다. 그러자 그는 얼굴을 찌푸리며 씩 웃더니 자기가 바로 그 사람이라고 말했다.

그리하여 비교적 짧고도 강렬한 우리의 우정이 시작되었다. 헨리와 다른 많은 이들의 우정도 바로 이런 식으로 시작되었다: 도움을 요청하면 그는 단순하고도 사랑이 넘치는 포옹으로 즉시 응답해 주었던 것이다.

나는 헨리를 만나기 위해 일주일에 한 번씩, 어떨 땐 두 번씩 데이브레이크를 방문했다. 우리는 보통 한 시간 정도 대화를 나눴다. 내 맘엔 언제나 질문들이 가득했다. 그는 종종 복잡한 생각들을 간단하고도 쉬운 방법으로 전달할 수 있는 불가사의한 능력을 지니고 있었다. 우리는 세상과 반대로 하나님께 토대를 둔 정체감을 발달시킬 수 있는 방법,

고된 생애를 관상적인 영성으로 바꿀 수 있는 방법, 우리의 상처와 결점을 통하여 오히려 변화를 이룩하고 타인에 대해 좀 더 깊은 긍휼을 갖게 되는 방법에 대해서 이야기했으며, 물론 마이클에 관한 이야기도 많이 나눴다.

그 때 당시에는 잘 몰랐지만, 몇 달이 안 되어 안드레아와 나의 생활방식은 말 그대로 완전히 변화되었다. 하지만 그 일은 천천히, 한 번에 한 걸음씩 진행되었다.

애초부터 헨리는 내가 데이브레이크 공동체를 알아가도록 격려해 주었다. 그래서 나는 공동식사를 하고, 핵심 멤버와 도우미들을 만나고, 공동체의 잦은 예배와 성만찬예식에 참여하면서 많은 시간을 행복하게 보냈다. 솔직히 말하자면, 처음에는 이렇게 새로운 사람들을 만나고 지속적인 공동체 행사에 참여하는 데 그리 흥미를 못 느꼈다. 그저 헨리와 둘이서만 시간을 보내고 싶을 뿐이었다. 하지만 시간이 흐르면서 나는 헨리의 삶 속에서 통전적인 부분을 차지하고 있는 그 공동체를 이해하고 감사하게 되었으며, 그곳에서 보내는 시간을 소중히 여기기 시작했다. 이런 식으로 헨리는 내가 만일 그를 알고자 한다면, 그리고 좀 더 중요한 차원에서, 내 삶에 임재하시는 하나님을 좀 더 깊이 이해하고자 한다면, 우선 데이브레이크를 알아야만 한다고 말해 주는 것 같았다. 데이브레이크야말로 헨리의 영성이 살아 숨 쉬는 곳이기 때문이었다. 그는 여행하고, 새 친구들을 만나고, 새로운 통찰을 얻고자 하는 부단한 욕구를 절대로 놓치지 않았다. 하지만 데이브레이크는 그가 언제나 위로와 위안과 우정을 찾아 되돌아오는 집이었다.

헨리는 안드레아와도 금방 친구가 되었다. 첫 번째 만남은 그린하우스에서 핵심 멤버들, 도우미들과 함께 점심을 먹는 활기찬 자리에서 이루어졌다. 우리는 그 공동체 주변을 산책한 다음, 데이브레이크 서점에 도착했다. 그런데 불행히도 그곳은 문이 닫혀 있었다. 헨리는 주머니를 뒤지더니 열쇠 하나를 꺼냈고, 책과 테이프, 그림, 그 밖의 여러 가지 기념품들을 우리 손에 들려주었다. 짐이 너무 많아서 한꺼번에 들고 갈 수가 없을 정도였다. 우리는 이것들이 모두 없어진 이유를 그가 누군가에게 설명해야 하느냐고 물었다. 그러자 그는 순하게 웃으면서 그것 때문에 문제가 생기긴 하겠지만 걱정할 건 없다고 말했다.

아름다운 성화상과 책, 카세트플레이어, 그림, 사진으로 둘러싸인 헨리의 방에서 안드레아와 함께 셋이서 보냈던 행복한 시간들이 떠오른다. 그 방은 헨리의 단순하면서도 우아한 취향을 그대로 보여 주었다. 그는 사상과 거룩함이 넘치는 고상한 세계에서도 살 수 있었고, 현대의 문제나 최신 영화나 베스트셀러에 관해서도 이야기할 수 있었다. 헨리에게는 삶의 모든 요소가 하나님을 만날 수 있는 기회를 제공해 주는 것 같았다.

1994~95년 가을과 겨울 내내 안드레아와 나는 자주 동행하여 헨리를 만났고, 데이브레이크로 헨리를 찾아가는 길에도 함께 하였다. 1995년 초, 우리는 둘 다 좀 더 공식적으로 교회와 데이브레이크 공동체에 헌신할 수 있는 방법이 없는지 헨리와 논의하였다. 안드레아는 가톨릭 교인으로 자라났지만 견신예식을 받은 적은 없었다. 그리고 나는 세례를 받고 성공회 교인이 된 몸이었다. 그 해 겨울 몇 주 동안, 그리고 날이 따뜻해지고 만물이 소생하는 봄날까지, 안드레아와 나는 헨리와 함께 부활절을 향해 앞으로 나갔다. 우리는 매주 계속해서 만남을 가졌고, 교회가 우리 삶에서 담당하는 역할, 구원과 성육신의 의미, 우리 자신의 삶 속에 살아계실 뿐만 아니라 우리 주변사람들의 삶 속에도 살아계신 초월자 하나님의 신비로운 의미를 탐구하는 데 시간을 바쳤다.

부활절 전날인 토요일, 핵심 멤버들과 데이브레이크 도우미, 친구들, 가족들, 그리고 멀리서 온 여러 사람들이 옛 데이스프링 예배당에 모여 철야기도를 드렸다. 그것은 의미심장한 기다림의 희망으로 가득한 아름다운 예배였다. 촛불만 켜놓은 예배당은 어두컴컴하고 고요했다. 거기에서 우리는 새 생명의 약속에 관한 말씀을 들었다. 헨리는 안드레아에게 견신예식을 베풀었고, 신자가 되었다. 예배가 끝날 때 그는 우리에게 아름다운 렘브란트 부식동판화 〈병자들을 치유하시는 그리스도〉의 복제품을 건네주었다.

우리는 처음에는 "종교적인" 사람이 되는 것을 상당히 주저했었다. 하지만 헨리와 계속해서 만나고 데이브레이크 공동체를 알아가면서, 진정한 믿음과 신앙은 유레카 같은 계시를 통해서 치솟는 게 아니라, 천천히 점차적으로 우리의 마음이 변하면서 생겨나는 것이라는 확신을 갖게 되었다. 헨리는 종교적인 삶이란 "거룩한" 사람이 되는 게 아니라는 것, 오히려 종교적인 삶은 씨를 뿌리고, 묘목이 뿌리를 내리도록 돌보고, 평생토록 지속될 수도 있는 자기 자신의 영적인 문제들과 영성생활에 관한 대화를 나누도록 조장하는 것임을 알고 있었다.

종교적인 변화는 우리를 두렵게 했다. 곤란한 일들 — 이를테면 물질적인 편안함과 즐거움을 버리고 오로지 같은 생각을 지닌 "그리스도인"과만 어울려야 하는 것 — 이 너무 많아서 우리 마음이 옹색하고 불편해질 것이라 생각했기 때문이었다. 하지만 헨리는 우리가 눈을 뜨도록, 굉장히 자유롭고 폭넓은 지적·영적 삶의 총체적인 세계를 볼 수 있도록 도와주었다. 그리하여 몇 년 후 안드레아와 나는 우리가 완전히 달라졌다는 사실을 깨닫게 되었다. 우리는 달라진 결혼생활을 누렸고, 다른 사람들과의 우정도 깊어졌으며, 우리의 우선순위도 변경되었다. 나는 우리가 좀 더 의미 있고 계획적인 생활방식을 따르게 되었노라고 말하고 싶다.

우리의 새로운 시각은 일상생활의 온갖 사소하고 개인적이고 평범한 사건들 속으로도 스며들기 시작했다. 이제는 친구들과 함께 식사를 할 때마다 친교의 의미에 관한 헨리의 가르침이 떠올랐다. 우리 삶의 단순하면서도 자명한 온갖 풍요를 생각해 보지 않고 무조건 삶에 대해 불평하는 것도 점점 더 어려워졌다. 우리는 인정과 존중과 사랑이 결혼생활의 초석으로서 아주 중요하다는 것을 깨닫게 되었다. 또한 우리는 서로를 인정해 주고 꿈을 격려해 줄 수 있게 되었으며, 이따금 몰아치는 폭풍우도 이겨낼 만한 신앙 속에서 서로에게 헌신할 줄도 알게 되었다.

이 시기를 떠올려보면 생생하고도 다정한 기억들이 가득하다. 나는 이제 막 발견하기 시작한 새로운 세계에 관해 알고 싶은, 지칠 줄 모르는 열망을 품고 있었다. 특히나 데이브레이크는 ─ 늘 자극적인 환경을 제공하는 곳으로서 ─ 나에게 매혹적인 존재였다. 주말이면 헨리가 사는 집에는 방문객이 그치질 않았다. 안드레아와 나는 아주 다양한 사람들 ─ 조금만 예를 들자면, 베리건 형제와 함께 활동하던 평화운동가들, 월스트리트 변호사들, 크로아티아 수녀들, 남아메리카 성직자들, 아이비리그 학자들, 미국 공군 군종 장교들, 에이즈 운동가들, 시인들, 작가들, 조각가들, 호스피스 활동가들 ─ 과 포도주를 마시거나 식사를 하면서 자주 행복한 저녁시간을 보냈다. 그들 모두가 공통적으로 지닌 특징은 바로 헨리에 대한 깊은 애정과 그가 우리의 삶을 개인적으로, 조용히 변화시킨 방법이었다.

이렇게 슬픔의 날들이 지난 후에 헨리는 마이클의 죽음을 둘러싼 평화의 장소로 나를 인도해 주었다. 나는 동생의 생애를 좀 더 폭넓은 맥락에서 바라보게 되었고, 내가 동생에게 배웠던 모든 것들에 대하여 감사할 줄 알게 되었다. 고통과 괴로움에서 벗어난 나는 삶의 덧없음과 아름다움을 좀 더 깊이 인정하게 되었고, 이것은 마이클이 아니었다면 절대로 있을 수 없는 일이었다. 그것들을 통해서 나는 우리 자신의 삶과 우리 주변사람들의 삶에 주어지는 투쟁들을 존중하는 것이 얼마나 중요한 일인가를 깨닫게 되었다. 늘 우리에게는 확언하고, 후원하고, 사랑하고, 감사할 수 있는 기회와 반대로 숨고, 상처 입고, 도망치고, 분노할 수 있는 기회가 주어진다. 선택은 바로 우리에게 달려 있다. 헨리가 내 삶 속에 들어왔을 때, 나는 마치 마이클이 헨리의 인도와 친절과 존재 그 자체의 선물에 대해 감사할 수 있도록 나를 준비시켜 주었다는 느낌이 들었다.

물론 이 시기의 생활이 모두 순탄한 것만은 아니었다. 작은 기복이 있었다. 하지만 헨리는 늘 우리 곁에서 위로와 지혜의 원천이 되어 주었다 — 직장의 위기든지, 가족문제든지, 종교문제든지, 아니면 그저 대화상대가 필요할 때든지. 그는 안드레아가 첫 임신을 했을 때 함께 기뻐해 주었고, 유산을 했을 때도 함께 슬퍼해 주었다. 그는 새로 쓴 저서들과 함께 짤막한 편지를 부쳐 주었다. 종종 안부를 묻는 전화도 걸어 주었다. 하지만 삶은 언제나처럼 흘러갔고, 우리 모두는 다른 일들로 점점 더 바빠졌다. 1995년 9월, 헨리는 일 년의 안식년을 받아 데이브레이크를 떠났다. 나는 그가 떠나기 직전에 만났다. 그는 아주아주 피곤해 보였다. 나는 그 휴식이 헨리에게 좋은 것이기를 소망하고 기도했다.

그가 안식년을 떠났던 그 해에 나는 데이브레이크 이사회의 일원이 되었다. 우리는 공동체의 미래에 관해 논의하면서 많은 시간을 보냈는데, 모두들 헨리의 부재로 말미암아 엄청난 공허감이 느껴진다는 것과 우리가 그에게 너무 의지하고 있었다는 사실을 알고 있었다. 우리는 공동체 내에서 다른 원천과 풍요를 발달시키는 데 초점을 모으기 시작했다. 돌이켜보면 헨리의 안식년이 곧 공동체를 위한 준비의 해였다는 것은 틀림없는 사실이다. 헨리의 부재로 인해 우리 모두가 — 공동체든 개인이든 — 성숙이란 아무리 뛰어난 사람이라 할지라도 다른 사람을 배제하고 오직 그 사람에게만 의존함으로써 주어지는 게 아니라, 신뢰 가운데 모두가 조화를 이루는 데서 비롯되는 것임을 깨달았던 것이다.

 1996년 9월, 헨리가 죽었다는 전화를 받았을 때의 일을 나는 분명히 기억한다. 그 때 안드레아와 나는 부모님의 작은 별장에 있었다. 안드레아는 우리 아들 조지를 임신한 상태였는데, 임신 5개월쯤 되었었다. 헨리의 사망 소식은 우리에게 청천벽력과도 같았다. 물론 그의 심근경색에 대해서는 알고 있었지만, 금방 좋아지리라 믿고 있었다. 안드레아는 식탁의자에 앉아 고요한 가을호수를 내다보며 울고 또 울었다. 어떻게 그토록 뛰어나고, 사교적이고, 관대한 사람이 죽을 수 있단 말인가? 있을 수 없는 일이었다. 우리는 앞으로도 아주 여러 해 동안 우정을 쌓아갈 것이라고 믿고 있었다.

아직 못 다한 이야기가 너무 많았다. 헨리는 우리 아기에게 세례도 베풀어 줘야 했고, 우리가 필요로 할 때마다 곁에 있어 줘야 했다. 나는 안드레아의 손을 잡고서 망연자실한 상태로 아주 오랫동안 앉아 있었다. 안드레아는 계속해서 울기만 했다. 우리는 둘 다 깊고 깊은 공허감에 빠져버렸다.

데이브레이크는 헨리가 죽은 지 며칠 뒤에야 간신히 그를 위해 깨어났다. 온 공동체가 다함께 모였다. 헨리의 절친한 친구들도 이 친애하는 친구의 죽음을 애도하기 위해 모여들었다. 그것은 감동적인 예배였다. 나는 헨리가 내 삶과 내 주변사람들의 삶에 함께 했던 시간들을 한없이 되새겼다. 어쩌면 그렇게도 많은 사람들에게 의미 있는 존재가 되어주었을까 하는 생각이 들었다. 또한 개인이든 공동체든 우리 모두가, 그의 안식년을 통하여, 그가 우리에게 보여 준 모든 것들을 존경하면서도 동시에 우리 스스로 일어서기 위해서는 그를 더 이상 의지하지 말아야 한다고 깨달았던 게 떠올랐다.

사람들이 열려 있는 관 옆을 줄지어 지나갔다. 나는 수많은 핵심 멤버들이 개인적인 유품들을 관에 넣는 모습을 지켜보았다. 나는 헨리에게 남길 수 있는 게 무얼까 무진장 궁리했다. 그가 나에게 해준 모든 것들에 대해 얼마나 감사하고 있는지를 전할 수 있는 게 무얼까. 갑자기 떠오르는 게 있었다. 드디어 내 차례가 되자 나는 지갑을 열고 빛바랜, 찢어진 사망기사를 꺼냈다. 나는 무릎을 꿇고 영혼 깊은 곳으로부터 하나님께 감사드렸다. 헨리의 생애에 대해서. 그리고는 그 사망기사를 관 속에 두고 나왔다.

헨리는 마이클의 죽음으로 인해 겪었던 고통에서 내가 벗어나도록 도와주었다. 그리고 마이클은 내가 내 삶에 주어진 헨리의 우정이라는 선물을 감사할 수 있도록 도와주었다. 마이클이 죽었을 때 나는 그에게 말하지 않은 것들에 대한 죄책감과 후회로 괴로워했다. 그에게 얼마나 사랑하는지를 말해 주지 않은 것 때문에 괴로웠다. 그리고 그가 죽기 전에 뭔가 도움이 되어 줄만한 게 있지 않았을까 후회하면서 여러 해를 보냈다. 하지만 헨리를 통해서 나는 내 자신의 이런 결점들을 용서할 줄 알게 되었다. 용서를 통하여 나는 괴로움에서 벗어날 수 있었다. 또한 나는 예전에는 불가능했을 그런 방식으로 헨리에게 고맙다는 말을 전할 수 있었다. 다른 사람이 우리 자신의 삶에 줄 수 있는 위대한 선물을 깨닫게 된 것은 오직 마이클을 통해서였기 때문이다.

지금까지도 안드레아와 내가 얼마나 헨리를 그리워하고 있는가를 얘기하는 게 버겁다. 그에게 이야기하고 싶을 때가 얼마나 많은지 — 충고나 지도를 구하는 게 아니라 그저 소중한 친구로서. 이따금씩 포도주 한 병을 함께 마시면 얼마나 좋을까. 그가 우리 아이들을 만날 수 있다면 얼마나 좋을까. 가끔씩 런던에 있는 우리를 찾아와 준다면 얼마나 좋을까. 헨리를 떠올리지 않고 지나가는 날이 거의 없을 정도다. 하지만 마이클도 마찬가지다. 그들은 이제 둘 다 내 수호성인이 되었다. 마이클은 내게 고통과 용서의 의미를 가르쳐 주었으며, 헨리는 내게 부활과 새 생명의 의미, 그리고 사랑이 지닌 구원의 힘을 가르쳐 주었다. 어떤 이들에게는 이상하게 들릴지도 모르겠지만, 나는 정기적으로 마이클이랑, 헨리랑 대화를 나눈다. 그들에게 나와 내 가족과 사랑하는 이들을 지켜봐달라고 부탁한다. 나는 또한 그들에게 내가 빛 가운데로 걸어갈 수 있도록, 고통과 상처를 두려워하지 않고 정직과 통전과 용기의 삶을 살 수 있도록, 그리고 그들에게서 배운 대로 늘 삶이 주는 교훈을 되새길 수 있도록 지켜달라고 부탁한다.

07

| 바트 개비건, 패트리샤 개비건 |

충돌과 역설

> 영화 제작자이자 작가 겸 강사인 바트 개비건과 패트리샤 개비건은 영국 자선단체인 사우스파크 커뮤니티 트러스트의 설립자기도 하다. 헨리는 종종 브룩 플레이스에 머물면서 집필 활동을 했는데, 그곳은 이들의 초교파적 그리스도교 센터였다. 헨리는 이들과 여러 차원의 관계를 맺었다: 우정과 목회적 돌봄, 공동의 소명, 가족과 공동체 생활, 그리고 공동 집필.

우리 집에는 이탈리안 레스토랑에서 가져온 쭈글쭈글한 냅킨이 한 장 있다. 한 쪽 면에는 아이가 그린 것 같은 거친 그림이 그려져 있다. 사실 그 그림의 주인은 바로 우리 친구 헨리 나우웬이다.

한번은 잠시 데이브레이크를 방문했는데, 헨리가 캐나다

의 최신영화 〈몬트리올의 예수〉를 함께 관람하자고 토론토 시내로 횡 하니 불렀다. 그것은 전형적인 헨리식 행동방식이었다 ― 자발적이고, 유동적이고, 거의 끊임없이 자극을 갈망함으로써 이루어지는 행동. 어쨌든 헨리는 늘 다른 선택의 여지를 남겨두었다. 때때로 그는 로테르담의 빽빽한 스케줄을 취소하고 런던으로 날아와 우리와 함께 몇 시간씩 보내곤 했다. 한번은 우리 아들 ― 헨리의 대자 ― 가브리엘의 장난감을 사준다면서 우리더러 그 엄한 야외촬영장을 빠져나오라고 억지를 부리기도 했다. 헨리는 세계에서 일어나고 있는 일들을 알고 거기에 참여하고 싶은 엄청난 의욕을 지니고 있었다. 그는 드라마를 사랑했다. 런던 웨스트엔드의 〈블러드 브라더스〉같은 본격적인 뮤지컬도 좋아했고, 이스트엔드의 버려진 교회에서 공연되는 T. S. 엘리엇의 〈대성당의 살인〉도 좋아했다. 또한 유럽의 최신 자막영화들도 좋아했다. 모든 게 열정과 관심, 그리고 인간성 탐구의 무대였다.

〈몬트리올의 예수〉는 흥미로운 선택이었다. 그것을 본 뒤 우리는 밤늦도록 포도주 한 병과 파스타를 먹으며 논쟁과 토론을 벌였다. 이렇게 활기찬 대화를 나누고 있는 차에 갑자기 헨리가 펜을 쑥 빼들더니 냅킨을 움켜쥐고 힘차게 선을 그었다. 그는 짧고 불규칙한 어두운 곡선들이 폭풍우치는 바다의 물결 — 압박과 스트레스가 많은 우리의 삶 — 이라고 말했다. 그리고는 기운찬 몸짓과 함께 이렇게 주장했다. 이 휘몰아치는 물결 아래, 저 먼 해저의 캄캄한 암흑 속에는 고요와 침묵이 존재한다고. 그리고 진정한 평화, 그리스도의 평화는, 표면에서 무슨 일이 벌어지든지 간에 그저 늘 존재하며 우리에게 도움이 되는 그 영원한 평화를 찾기 위해서 우리의 일상생활을 에워싸고 있는 위기의 거센 물결 아래로 뛰어내릴 때에만 얻을 수 있는 것이라고.

파스타와 포도주와 열정적인 신학적 토론. 그런 식의 충돌은 헨리의 삶이 지닌 특색이었다. 때로는 그 결과가 우스웠고 — 충돌은 모든 코미디의 핵심이다 — 또 때로는 굉장히 감동적이었다.

우리의 결혼예식 설교에서 헨리는 자꾸만 눈썹을 치켜 올리면서 전형적인 역설의 연속을 즐겼다: "결혼생활에서는 가장 깊이 숨겨진 게 가장 잘 보입니다. 가장 친밀한 게 가장 공통적인 것이 됩니다. 가장 개인적인 게 가장 보편적인 것이 됩니다……오늘 여기 모인 여러분은 이 부부를 돌봐야 하는 가장 특별한 임무를 맡게 되었습니다. 결혼이란 아주 깨지기 쉬운 실재이기 때문입니다. 결혼은 사랑과 후원이 필요합니다. 비판적인 사랑과 후원도 필요합니다. 그리스도교 공동체란 바로 그런 것입니다. 여러분은 이 부부에게 좋은 말만 들려줘서는 안 됩니다. 저들의 삶에 비판적으로 임해야 할 것입니다!"

헨리가 우리 목회센터에서 극심한 내적 혼란과 싸우고 있을 때의 일이다. 어느 날 아침 우리는 특별히 강한 목회수업을 받았다. 그리고 수업이 끝나자마자 서둘러 집으로 돌아갔다. 정오의 가정예배를 드리기 위해서였다. 그 당시 헨리는 분명히 내적인 괴로움을 겪고 있었다. 하지만 그는 온몸을 바쳐 성실하게 준비하고, 매 순간 끊임없이, 공들여 집중하였다 – 촛불, 꽃, 독서, 과테말라산 예복까지. 그 충만한 영혼은 도망치거나 부인하지 않고 오히려 집중하였다. 헨리는 성만찬예식을 삶의 중단이 아니라 삶 그 자체로 경험했다. 성만찬예식은 그가 가장 진정으로 자기 자신이 되는 장소 – 편안하고, 개방적이고, 충만한 순간 – 였다. 성만찬예식은 숨 막히게 경직된 계급제도의 장소가 아니라 창의성과 자발성이 넘치는 자리였다. 그는 옛것과 새것을 한 데 모으고 싶어 했다: 전통과 현대적 표현은 서로를 배제해서는 안 된다. 그의 강조점은 축제와 성만찬예식에, 베푸는 것에, 분위기를 이끄는 데, 본질적인 것에 있었다.

사실 하버드에 있는 그의 집에서 우리가 처음 만났던 순간에도 바로 이런 정신이 형성되었다. 그리하여 반시간만 방문한다는 것이 그만 너댓 시간으로 연장되었다. 그는 서커스 공연이나, 새로 나온 신학서적이나, 소설이나, 시나, 혹은 자신이 현재 집필하고 있는 책에 관하여 분석하는 걸 아주 좋아했다.

하지만 그의 삶에는 내적인 결핍의 흉터가 깊이 새겨져 있었다. 헨리는 감정적 심연의 끝에서 ― 마치 깊은 채석장의 절벽 끝에서 몇 피트 안 떨어진 곳에 아름다운 캠핑카를 세워놓고 앉아 있는 사람처럼 ― 살고 있었다. 그는 관대했다. 하지만 종종 자신의 본질적인 성향은 득점 따지기 ― 베풀었는데 받지 못한 것, 지불했는데 되돌려 받지 못한 것의 횟수를 세는 것 ― 라는 사실을 잘 알고 있었다.

그는 멋진 유머감각과 지극히 주관적인 것들을 객관화시킬 수 있는 능력을 지니고 있었다. 한번은 차츰 건강을 회복해가고 있는데 목회현장을 어째서 떠났냐고 물었다. 그러자 그는 눈을 빛내면서 간단히 대답했: "사람들이 아픈 나를 더 좋아했거든요!" 하지만 그는 속 좁은 불평가, 침울하고 성마른 사람이기도 했다. 다행인 것은 이런 분위기가 오래 지속되는 일이 거의 없다는 것이었다.

심지어는 그의 신체적인 면에도 역설이 존재했다. 헨리는 성육신이라는 그리스도교의 중요한 진리에 대해서 끈질기게, 자주 설교했다. 하지만 그 자신은 몸이 아주 불편했다. 여러분도 그가 걷는 모습과 내적인 투쟁을 받아들이기 위해 물어뜯어놓은 손톱을 봤어야 했다. 헨리의 삶에는 풍요와 빈곤이 나란히 존재했다. 성만찬예식의 밝음이 자멸하는 어둠 끝에 넘쳐흘렀다. 언어 그 자체가 "상처 입은 치유자"와 "창조적 멸망" 같은 모순어법 투성이었다.

한번은 토론토의 전국가톨릭교육컨벤션에서 만오천 명의 청중이 꽉 찬 가운데 기조연설을 했는데, 그 연설이 끝난 다음, 우리는 지하주차장에 세워둔 소형차에 몸을 웅크린 채 앉았다. 헨리는 자기 연설에 대해서, 그리고 자기 저서에 대해서 비평해 주기를 원했다. 그리고 무엇보다도 다음 책을 어떻게 쓸 것인지에 대해서 얘기하고 싶어 했다. 그는 작가로서 아주 중요한 갈림길에 서 있는 것 같다고 말했다. 그는 다음 책을 공중그네에 관하여 쓰고 싶다고 했다. 그는 이제까지 한 번도 시도해보지 않은 방식으로 세속적인 청중들에게 서커스 이야기를 하고 싶어 했다. 그리고 이것이 지금까지 쓴 모든 책들보다 더 중요하다고 생각했다. 우리는 한번 시도해 보라고 격려해 주었다. 그의 말대로, 잡아 주는 사람을 믿고 "트리플"(공중제비)을 시도해 보라고!

하지만 몇 년이 지나도 공중그네 책은 출판되지 않았다. 그는 여러 차례 브룩 플레이스로 와서 머물렀다. 그 주제의 온갖 측면에 관한 연구서들을 가득 싣고, 또 플라잉 로들리히의 공중그네 공연을 찍은 깜짝 놀랄만한 확대사진들을 커다란 여행 가방에 잔뜩 넣은 채 질질 끌고서. 하지만 매번 그는 서커스 원고를 완성하지 못하고 떠났다. 대신에 전혀 다른 책을 썼다.

헨리에게는 구체적인 삶을 살려고 노력하는 영적 존재의 영웅적인 임무가 바로 신학의 핵심이었다. 그는 인간을 파괴하는 것도 그저 단순한 괴로움이 아니라, 자신이 창조주로부터 영원히 선택받고, 축복받고, 사랑받는 존재라는 사실을 알지 못하는 것이라고 보았다. 우리를 정말로 무력하게 만들고 파괴하는 것은 바로 무의미와 고독으로부터 비롯된 괴로움이라는 사실을 그는 몸소 경험하였다.

그의 삶은 너무나도 많은 열매를 맺었다. 그것은 바로 일상적인 투쟁을 포용했기 때문이다. 헨리의 삶은 — 그가 여러 권의 저서에서 무척 정확하게 열거한 것처럼 — "불합리한 삶"과의 육박전이었다. 긴급한 일들이 본질적인 일들을 가로막고, 바쁘게 사는 것이 외롭게 사는 것과 자꾸만 동시에 일어나고, 두려움의 집이 사랑의 집보다 관례적으로 우선시되고, 가득 차 있지만 만족스럽지 못하고, 신체적으로는 싫증날 만큼 충족되었지만 감정적, 영적으로는 텅 빈, 미쳐 날뛰는 세상과의 접전이었다. 그가 나눈 모든 대화의 중심에는 성육신이 있었으며, 그의 모든 탐구 목적도 바로 그것이었다. 그가 세상과 나눈 대화는 하나의 중요한 신학적 질문을 품고 있었다: 완전한 인간이 된다는 것은 무엇을 의미하는 것인가?

헨리는 자꾸만 자신이 두려움의 집에 감금되어 있는 것을 자각하였다. 그는 자신이 죽을 때 버림받는 게 아닌가 하고 자주 걱정하였다. "내 친구들이 과연 내 장례예식에 와줄까?" 하는 것이 그의 심각한 관심사였다. 한마디로 말해서, 헨리 나우웬은, 우리 모두와 마찬가지로, 자신이 가장 알고 싶은 것을 가장 잘 가르쳤다. 바로 그런 이유 때문에 그토록 많은 사람들이 그의 책을 읽으면서 자기 자신의 투쟁과 선택을 발견할 때마다 이렇게 외치는 것이다. "딱 내 이야기네!"

헨리에 관한 우리의 마지막 추억도 — 여느 때처럼 — 충돌과 역설이었다.

그렇다. 그의 친구들이 장례예식에 왔다 — 수백 명이나 참석하였다. 그의 저서를 읽어보았을 뿐 한 번도 그를 만나 보지 못했던 사람들까지 대거 참석하였다. 암스테르담에서 온 한 여인은 이혼한, 외로운 할머니였는데, 우리가 앉은 회중석에 비집고 들어와 앉더니, 신문 부고기사를 꽉 쥐고 눈물을 흘렸다. 또 어떤 변호사는 상심한 채로 이렇게 말했다: "전 그를 전혀 몰라요. 그런데도 마치 제일 절친한 친구를 잃은 것만 같네요."

나중에 방송카메라들이 모두 사라지고 나자, 헨리의 라르쉬 동료들이 그의 관 주위에 해바라기 꽃을 겹겹이 쌓았다. 그들은 즐겁게 노래하면서 영구차가 기다리는 거리로 헨리를 호송하였다. 우리는 길 건너편에서 그 광경을 바라보고 있던 사람들의 표정을 결코 잊지 못할 것이다. 마침내 한 할아버지가 불쑥 말했다. "이게 교회인가?"

그의 질문은 아마도 이런 의미였으리라. "그런 생명, 그런 소망, 그런 활기, 그런 기쁨이 어떻게 교회에서 흘러나올 수 있단 말인가?" 헨리는 분명히 아주 좋아했을 것이다!

08

| 리사 가탈도 |

현실 원칙

리사 가탈도는 뉴욕시에 있는 유니온 신학대학원에서 "심리학과 종교" 박사과정을 밟고 있다. 또 그녀는 한 남자고등학교에서 종교를 가르치고 있다. 리사는 라르쉬 데이브레이크의 친구들과 지속적인 연락을 취하고 있으며, 특히 트레이시 웨스터비와 친하게 지낸다. 둘은 1995년과 1996년 여름을 코너 하우스에서 함께 보냈다. 헨리 나우웬은 리사의 영성지도자였다.

내가 헨리를 첨 만난 것은 파크 애브뉴 은행원 일을 막 그만 둔 때였다. 회사생활에는 그만한 보수가 따랐지만, 정서적으로나 영적으로는 더 이상 아무런 의미도 없었다. 나는 새로운 길을 찾고 있었고, 동양의 영성 연구를 거쳐, 이제 막 교회로 되돌아갈 길을 발견한 참이었다. 나는 성공회 사제직을 준비할까 생각하고 있었다. 하지만 어린 시절부터 가톨릭에 애착을 갖고 있었기에 매우 고민이 되었다. 그러던 중 성공회 사제인 친구가 자신의 오랜 친구인 헨리 나우웬이 곧 강의를 할 거라며 거기에 참석해 보라고 권유했다. 헨리에 관해 내가 아는 것이라곤 〈열린 손으로〉라는 그의 저서뿐이었다. 그것도 바로 며칠 전 친구의 아내가 준 것이었다. 그 때 만일 이 열성적인 네덜란드 영성지도자와의 만남이 나를 어디로 이끌지 미리 알았더라면 틀림없이 줄행랑을 쳤을 것이다. 하지만 다행히도 나는 전혀 몰랐다.

헨리의 강연을 들은 그 순간부터 나는 홀딱 빠지고 말았다. 그러니까, 전향을 앞둔 영적 구도자가 스승에게 반했다는 말이다. 그는 뉴욕시 성바톨로미우스교회의 큼직한 설교단에서 8백 명이 넘는 청중에게 "탐욕에서 감사로" 옮기라고, 열정적으로 권유하고 있었다. 쉰 목소리로, 목구멍을 울리는 네덜란드 억양을 써가면서, 몸짓을 많이 곁들여서, 중앙 통로를 앞뒤로 뛰어다니며. 나는 그가 어떻게 보지도 않고, 걸려 넘어지는 일 없이 뛰어다니며 계단을 오르내릴 수 있는지 의아했다. 헨리가 강연 도중에(아마 어떤 문장을 채 마치기도 전이었을 것이다) 갑자기 멈추고 우리에게 함께 노래를 부르자고 조르자 나는 기쁜 맘으로 동참하였다.

그는 말뿐만 아니라 괴상하고 풍부한 몸짓으로도 청중을 완전히 압도하였다. 우리 모두는 헨리의 말을 알아듣기 위해 아주 열심히 귀를 기울였다. 특히 감사(gratitude) 같은 단어를 사용할 때는 더욱더 그랬다(이 단어는 마치 물이 바위에 부딪히는 소리와, 자갈을 슬레이트 판에 떨어뜨리는 소리, 그리고 누군가가 아주 쉰 음성으로 말하는 소리를 모두 합쳐놓은 것 같이 들렸다). 그는 우리에게 접근해서, 우리의 환심을 샀고, 매력적인 방법으로 우리를 설득하였다.

헨리는 데이브레이크 공동체에서 칼 맥밀런과 그렉 래넌을 데려왔다. 그들도 짧게 강연을 하였다. 핵심 멤버인 그렉은 데이브레이크로 오기 전 어느 시설에서 겪었던 힘든 생활에 관해 말해 주었다. 그리고 지금 한 공동체의 기여 멤버로서 누리고 있는 만족감을 감동적으로 설명해 주었다. 칼과 그렉은 헨리와 아주 가까운 친구 사이였고, 행여나 스타에게 매혹된 것 같은 느낌은 전혀 찾아볼 수가 없었다. 그런 모습에 나는 깜짝 놀랐다. 어떻게 헨리 나우웬 같이 "위대한 사람"과 그토록 친숙해질 수 있단 말인가?

헨리는 영성생활에 관해 깨달은 것들의 대부분이 바로 데이브레이크의 핵심 멤버들에게 배운 것임을 강조하였다. 그의 경험을 의심하지 않았기에, 나는 헨리가 내 스승이 되어 주었으면 좋겠다는 확신이 들었다. 바로 이 사람이라는 생각이 들었다. 나는 이 사람을 만나봐야겠다는 생각이 확고해졌고, 나의 영적인 여정에 관해 그가 뭐라고 하는지 꼭 들어봐야겠다는 결심이 섰다.

나는 헨리 환영파티에 초대받았다. 가는 길에 우연히 헨리, 칼, 그렉과 같은 엘리베이터를 타게 되었고, 내 소개를 짧게 했다. 하지만 헨리는 저녁식사 전에 자신이 집례해야 할 성만찬에 필요한 용품들을 칼이 잘 챙겨왔는지에만 완전히 몰두해 있었다. 나에게는 전혀 관심이 없는 것 같았다. 저녁식사를 하는 동안, 내 친구 성직자와 그 아내는 헨리와 만나게 해주려고 아주 열심이었다. 나는 네 번이나 각각 다른 사람들에 의해 헨리에게 소개되었다. 그럴 때마다 헨리는 "예, 벌써 리사를 만났어요."라고 말했다. 우리는 얼마 정도 대화를 나눴다. 나는 헨리의 이해심과 공감의 깊이를 얼핏 알아차렸다. 비록 서로를 알게 된 지는 몇 분밖에 안됐지만 그는 내 소명과 교회에 관한 질문의 핵심을 잘 알고 있는 것 같았다. 그리고 그는 내가 인정받고 있다는 느낌, 굉장히 소중한 존재라는 느낌이 들도록 나를 대해 주었다.

그 날 저녁 그렉은 나에게 데이브레이크 공동체로 오라고 초대해 주었고, 나는 금방 그의 초대에 응했다. 나는 9일간의 영성수련을 위해 데이스프링에 등록하였다. 헨리의 "제자가 될" 준비를 갖춘 채. 내 방은 헨리 방 바로 옆에 있는 작은 방이었다. 나는 새 스승과 함께 보내게 될 멋진 시간들을 잔뜩 기대하였다. 하지만 최대한 줄여서 말하자면, 그 방문은 내가 계획했던 것과 전혀 달랐다. 아니, 그 방문이 내 삶을 영원히 변화시켜 버렸다고 해도 전혀 과언이 아니다.

데이브레이크에서 첫 번째 영성수련을 하는 동안 헨리와 나눈 친교는 그의 이미지를 더더욱 확실하게 해준 반면에 나를 어리둥절하게 만들기도 했다. 그는 내가 만난 그 누구보다도 정력이 넘치는 사람이었다. 그는 종종 나를 몹시 놀라게 했다. 이 활동에서 저 활동으로, 이 만남에서 저 만남으로 뛰어다녔던 것이다. 공동체 사람들 몇몇은 아침 6시 30분에 모여 아침식사 전에 묵상을 하였다. 나는 요가 선생님이자 신실한 묵상가로서, 이 시간에 헨리나 그 밖의 사람들과 함께 기도할 수 있기를 기대했다. 나는 이 위대한 기도의 인물이 평온과 관상에 관하여 많은 것을 가르쳐 주리라 확신했다. 그러나 그건 완전히 잘못된 생각이었다! 묵상시간 내내 그는 이리저리 자세를 바꾸고, 안절부절못하고, 전반적으로 차분하지 못함을 내뿜었다. 적어도 평온은 헨리에게서 배울 수 없음이 확실했다.

묵상 후에 헨리는 데이스프링 사람들을 위해 아침식사를 준비하였다. 이것 역시 그가 극도로 활동적인 사람임을 증명해 주었다. 그는 빵을 썰고, 커피를 뽑고, 식탁을 차렸다. 나는 사람이 이른 아침부터 그렇게 빨리 움직일 수 있으리라고는 상상도 못했었다. 한번은 몸을 피해야 할 지경까지 이르렀다. 헨리가 빵칼을 손에 쥐고 있다는 사실도 잊은 채 극적인 몸짓으로 뭔가를 가리켰기 때문이다.

어느 날 아침, 우리가 아침식사를 준비하고 있을 때였다. 나는 헨리 맞은편에 내 과일접시를 놓았다. 식사를 하면서 그와 대화를 나누고 싶었기 때문이다. 몇 분 뒤, 헨리가 서둘러 준비를 마치더니 식탁을 보고 물었다. "이건 누구 거죠?" 내가 앉으려고 준비해 놓은 자리였다. 내가 미처 대답도 하기 전에 그는 내 접시를 식탁 반대편으로 옮기더니 자기 친구 유타 에이어의 접시를 그곳에 내려놓았다. 그는 보스턴에서 온 방문객이었다. 무뚝뚝하고 조심성 없는 헨리의 행동 때문에 나는 대경실색하고 상처 입었다. 그렇다면 나는 원치 않는 존재, 가치 없는 존재란 말인가? 상처 입은 나는 욱하고 화가 났다. 도대체 그는 무슨 생각을 하고 있는 걸까?

이 일은 헨리뿐만 아니라 나 자신에 대해서도 많은 것을 드러내 주었다. 사실 헨리는 나 자신을 폭로할 수 있도록 뭔가 조치를 취하고 있었던 것이다. 결국 나는 자신의 영웅 숭배를 있는 그대로 인정했다. 헨리를 보면서 나는 무심히 실수를 저지를 수도 있는 평범한 인간이 아니라 "완벽한" 영적 스승으로 포장해 두고 있었다. 이 일로 나는 자신이 사람들을 이상화할 수 있음을, 특히 권위적인 인물이라고 생각되는 사람을 이상화하는 경향이 있음을, 예전과는 전혀 다른 방식으로 깨달았다. 이것은 신경에 거슬리면서도 아주 중요한 깨달음이었다. 그리고 이 사건은 우리가 조만간 함께 겪게 될 영성지도에 꼭 맞는 토대를 제공해 주었다.

영성지도자로서의 헨리는 변덕스럽거나 생각이 짧은 모습을 전혀 보여 주지 않았다. 일대일로 만났을 때의 헨리는 이제까지 만나본 그 누구보다도 매력적이고 통찰력이 큰 사람이었다. 나는 하나님께서 나를 위해 마련해 두신 것을 분별해 내려고 노력하면서 그와 많은 시간을 함께 보냈다. 초기의 만남은 가톨릭과 그들의 여성차별에 대한 나의 분노에 집중되었다. 나는 신학적, 교리적 질문들 때문에 고심하였다. 내가 원하는 것은 명료함, 확실함, 뚜렷한 흑백논리였다. 하지만 나는 곧 이와 같은 양자택일의 사고방식이 헨리에 대한 우상화와 전혀 다를 바 없다는 점을 깨닫게 되었다.

헨리는 내가 종종 던지는 공격적이고도 가차 없는 질문들에 대해 한 번도 화를 내지 않았다. 나는 이런 질문을 던지곤 했다: "어떻게 가톨릭 영성지도자인 당신이 개혁전통에 서 있는 신자들에게 성만찬을 베풀 수 있죠? 교회법에 어긋나는 일이잖아요." "한 종파의 가르침이 어떻게 결정적일 수 있나요? 가톨릭의 여성관련 정책들이 부당하고 복음에 위배된 것은 틀림없는 사실이에요 — 그것에 대해 어떻게 설명하실 건가요?"

헨리의 대답은 그가 내 마음상태를 얼마나 민감하게 알아차리고 있는지, 얼마나 나를 잘 이해하고 있는지, 그리고 내가 내 상처에 귀 기울여 줄 사람을 간절히 찾음을 얼마나 잘 이해하고 있는지 보여 주었다. 그는 나의 경험을 상냥하게 긍정해 주면서 동시에 좀 덜 완고한 방식으로 세상을 이해할 수 있도록 나를 이끌어 주었다. 그는 이렇게 말했다. 교회는 독자적인 존재가 아니라 그 구성원들의 경험을 축적해 놓은 것이다. 교회는 살아서 움직인다. 헨리는 자기 양심뿐만 아니라 근본적인 성만찬 신학에 관한 자기 이해에도 부합되도록 자신과 신앙노선이 다른 사람들과도 친교를 나눌 수 있는 방법을 발견했다.

이런 식의 종교적 대화는 내게 가히 혁신적이었다. 양자택일식 사고방식을 지닌 나로서는 그 동안 교회나 그 가르침이 살아있다는 생각을 한 번도 해본 적이 없었다. 어쩌면 지금은 명확한 대답을 추구할 게 아니라 불편하면서도 꼭 필요한 불확실성의 장소에서 기다려야 할 때인지도 몰랐다. 그리고 헨리가 나를 격려해 준 것이 바로 이것이었다. 내가 여전히 존재보다는 행동의 장소에 머물러 있다는 사실을 잘 아는 헨리는, 첫 번째 주에 영적인 임무를 하나 맡겼다. 나는 성경구절이나 기도문을 외우라고 할 줄 알았다. 하지만 헨리의 조언은 전혀 다른 것이었다. 그는 이렇게 말했다: "예배당에서 시간을 좀 보내세요. 하지만 대부분의 시간은 핵심 멤버들과 보내세요. 그저 그들이 당신을 사랑하게 만드세요." 그들이 나를 사랑하게 만들라니! 이것은 내가 전혀 예상치 않은 조언이었다. 하지만 그 충고는 정말이지 나의 삶을 완전히 변화시켜 버렸다.

핵심 멤버들의 집을 찾아갈 때마다 나는 열렬한 환영을 받았다. 그들은 내게 아무런 기대도 갖지 않았고 나의 그럴싸한 성공에도 전혀 신경을 쓰지 않았다. 그들은 나와 미소를 나누거나 농담을 하고, 나와 함께 앉아서 음악을 듣고, 아니면 그저 나와 함께 있는 것만으로도 무척이나 행복해했다. 서서히 나는 헨리가 말하고자 하는 메시지의 본질을 이해하기 시작했다. 우리를 가치 있게 만드는 것은 우리의 행동이나 우리가 거둔 성공의 정도가 아니다. 우리가 사랑받는 것은 우리가 완전해서가 아니라 그저 존재하기 때문이다 — 하나님은 우리의 존재를, 우리가 함께 있다는 사실을 기뻐하셨다.

나는 몇 달 뒤 데이브레이크 공동체로 이사를 했다. 여름 도우미로서 두 번의 여름을 코너하우스에 머물렀다. 그곳에서 트레이시, 알리아, 헤더, 히시 푸와 함께 살았다. 웃음과 기쁨, 혹은 갈등과 도전 속에서, 나는 날마다 존재의 선물을 부둥켜안았다. 그리고 헨리는 계속해서 내 여정의 큰 부분을 차지했다. 두 번의 여름동안 우리는 계속해서 만남을 가졌고, 대부분의 대화는 커져가는 내 소명의식에 집중되었다. 데이브레이크에서 첫 번째 여름을 난 후 9월, 나는 헨리의 전폭적인 지지를 받으면서 신학교에 들어갔다. 신학공부를 통해서 나는 교회와 소명에 관하여 좀 더 폭넓고 유동적인 이해를 갖게 되었다. 하지만 여전히 나는 하나님이 나를 어디로 부르시는지에 관한 확신이 없었다. 헨리는 몇 번이고 반복해서 나를 핵심문제로 되돌아가게 했다. 그것은 교리나 종파의 문제가 아니라 소명 — 하나님께서 우리에게 저마다 진정한 자아로 성장하라고, 저마다 고유하게 하나님

리사 가탈도, 트레이시 웨스터비, 그리고 헨리.

의 형상을 반영하는 사람으로 성장하라고 손짓하시는 부르심 — 의 문제였다.

나를 이 장소로 불러 준 여러 가지 경험들에 관하여 헨리와 얘기를 나눴다. 때때로 나는 너무 다양한 관심사에 휘둘린 나머지, 한 군데 헌신하지 못하는 게 아닌가 하는 느낌이 들었다. 사제직의 소명을 받은 것 같다는 생각은 계속 들었지만, 나 자신과 교회에 관해 알면 알수록, 무슨 일이 있어도 가톨릭 신자만은 될 수 없다는 확신이 줄어들었다. 평소처럼 헨리는 문제의 핵심을 알아차렸다. 그는 내 모든 경험들을 영적인 여정의 "길 위의 돌들"이라고 여겼다. 그는 내가 추구하여 얻은 모든 것들이 하나가 되어 언젠가 진정한 소명으로 뛰어들 수 있게 만들어 줄 것이라고 확신했다. 그 소명이 무엇이든지.

나는 계속해서 교리의 딜레마에 빠지곤 했다. 내가 가톨릭 신자라면 그게 뜻하는 것은 무엇일까? 어느 날 헨리가 내게 교리적, 정치적 질문(그는 이 두 가지를 하나로 묶었다)과 좀 더 심오한 영적 진리의 차이점에 대해서 길게, 아름답게 말해 주었다. 그는 하나의 단계에 존재하는 상반되는 질문들이 언젠가는 하나님의 통합된 진리로 한 데 모일 것이라고 확신하였다. 얼핏 보기에 교리와 견해는 서로 떨어져 있는 것 같지만, 좀 더 깊은 곳에는 합일의 장소가 있는데, 그곳에서는 명백한 갈등도 전혀 문제가 안 된다.

나도 묵상 경험을 통해서 그러한 헨리의 신념을 이해할 수 있게 되었다. 그리고 그러한 신념을 나도 공유하고 있다는 사실을 깨달았다. 물론 나도 한때는 하나님의 사랑이 깃든 심오한 합일 속에서 모든 문제들이 해결되는 것을 체험했던 적이 있었다. 하지만 그 때가 언제였는지 아주 까마득하게 느껴졌다. 이제야말로 문제에 열중하고 그 문제들 때문에 생기는 불확실성에 열중해야 할 때라는 확신이 들었다. 헨리는 나에게 이것을 확신시켜 주었고, 더 심오한 합일의 장소를 바라보면서 언제나 진정으로 내 문제에 몰두할 수 있도록 격려해 주었다.

헨리는 내가 성직안수라는 소명과 가톨릭 전통에 대한 애착의 타당성을 확인하기 위해 투쟁하는 동안 엄청난 인내심을 보여 주었다. 나는 어떻게 해야 할지 도무지 갈피를 잡을 수가 없었다. 바로 이 문제에 대해서 헨리는 가장 심오하고도 잊을 수 없는 조언을 해주었다. 그 당시 내 마음은 오로지 "사제서품을 받을 것인가 말 것인가?"로 꽉 차 있었다. 그런데 헨리는 내가 이 문제에 집착하는 것이 아마도 좀 더 심오한 문제를 회피하고 싶은 유혹 때문인 것 같다고 지적하였다. 그는 내가 이 양자택일의 딜레마에 빠짐으로써 하나님께서 내 소명의 진정한 문제에 관하여 말씀하시려는 것을 놓칠 수도 있다고 일러 주었다. 성직안수는 정말로 중요한 문제가 아니라고 헨리는 주장했다. 나는 성직안수를 받을 수도 있고 안 받을 수도 있다. 결국 그것은 진짜로 중요한 문제가 아니다.

헨리는 내 소명의식이 진짜라고 말했다. 설교하고, 가르치고, 성만찬예식을 베풀고 싶은 열망이 아주 강하다는 것이 그 증거라고 했다. 그 어떤 교회관계자의 말도 내가 신앙공동체의 영성지도자가 되는 것을 막을 수는 없었다 — 내가 화이트칼라냐 아니냐는 상관이 없었다. 이 말은 내게 커다란 위안이 되었다. 하지만 여전히 나는 어떤 게 진짜인지를 알아야 할 필요가 있다고 생각했다. 헨리는 내 눈을 들여다보면서 말했다. 그의 눈빛은 나를 진심으로 바라보고 있다고, 내 존재 자체와, 나의 불안과 그 밖의 모든 것을 다 받아들인다고 말하고 있었다. "당신이 아는 것들을 실행에 옮기세요. 모르는 것들에 관해서는 걱정하지 말아요. 지금 모르는 것은 나중에 분명해질 수도 있고, 안 그럴 수도 있어요. 하지만 그것을 변화시키는 것은 결코 당신 능력이 아니에요. 모르는 것들은 다 하나님께 맡깁시다." 계속해서 그는 말했다. 영적으로 성장하면 할수록 먼 미래를 내다볼 수 있는 능력은 줄어드는 대신 바로 다음에 무엇을 할 것인가는 점점 더 확실해진다고. "그런 사람들은 평생토록 무슨 일을 할 것인지에 대해서는 전혀 모르지만, 바로 다음에 해야 할 일이 뭔가는 항상 잘 알지요."

헨리를 알게 되면서부터 나는 심리학 연구를 통해 관계에 관하여 좀 더 깊은 통찰을 할 수 있게 되었다. 심리학의 가장 기본적인 개념들 가운데 하나가 바로 "현실원칙"이다. 현실원칙 하에 우리는 사람들, 사건들, 대상들, 그리고 조직들을 우리가 원하는 대로가 아니라 있는 그대로 바라볼 수 있도록 성장한다. 우리는 ― 종종 엄청난 투쟁을 겪으면서 ― 우리의 인식에 영향을 미치는 내면의 공포와 희망, 기대에 관한 무수히 많은 투사들을 철회한다. 우리는 각 개인을 저마다 나름대로의 공포, 희망, 기대를 지닌 사람, 그러기에 진정한 관계를 맺을 수 있는 사람으로 보기 시작한다. 교회 같은 제도에 관한 경험에도 이와 똑같은 사고방식을 적용시킬 수 있다. 현실원칙 하에서 우리는 그 어떤 사람이나 사건이나 제도도 우리의 환상에 통제받지 않는다는 사실을 깨닫는다. 현실원칙과의 만남은 일회성 사건이 아니라 우리 생애를 통틀어 지속되는 과정이다. 그것을 포용하기만 하면 우리 삶도 좀 더 풍요롭고 진지하게 포용할 수 있을 것이다.

나와 헨리의 관계는 그 동안 내가 경험한 현실원칙과의 만남들 가운데 가장 중요한 만남이었다. 그와의 관계를 통해서 나는 내가 선택한 연구 분야로 나아갈 수 있었고, 그것은 확실히 투사를 초월하여 진정한 인격을 바라본다고 하는 손해와 보상이 따르는 삶의 교훈이었다. 내가 교회와 내 소명에 관해 좀 더 현실적인 사람이 될 수 있었던 것은 순전히 헨리라는 현실을 인정한 것 덕분이었다.

그렇다면 "진정한" 헨리는 누구였을까? 이 책은 영성지도자 헨리, 공동체 멤버 헨리, 작가 헨리, 친구 헨리, 이렇게 다양한 그를 알고 지냈던 사람들의 여러 가지 이야기를 담고 있다. 우리 모두가 과연 똑같은 사람을 알고 있었을까? 그럴 수도 있고 아닐 수도 있다. 현대 심리학의 또 다른 개념이 이러한 역설을 증명하도록 도와준다. 이 개념은 우리 모두가 다양한 자기를 지니고 있다고 주장한다. 우리는 저마다 "나"라는 이미지를 가지고 있다. 우리가 자기라고 부르는 것은 아주 광범위해서, 각각의 만남마다 서로 다른 차원을 보여 준다. 친구들이 아는 리사, 부모님이 아는 리사, 회사 동료들이 아는 리사, 내가 가르치는 십대들이 아는 리사가 전혀 동일한 인물이 아닌 것처럼. 자기 자신에 대한 지식을 더 많이 갖게 될수록 우리는 자신이 여러 개의 자기를 지니고 있으며 그 자기들이 가장 진실하고 가장 심오한 자기, 아마도 하나님 한분만이 완전히 알고 계실 그 자기의 중심점 주변을 맴돌고 있다는 사실을 깨닫게 된다.

마찬가지로, 내가 아는 헨리는 수잔이 아는 헨리나 고든이 아는 헨리, 샐리가 아는 헨리나 네이선이 아는 헨리와 모두 다르다. 그는 리사와 함께 한 헨리였다. 우리 관계에서 내가 헨리와 함께 한 리사였던 것처럼. 이 두 사람의 만남은 다른 사람과의 만남과 결코 똑같을 수 없다. 어떤 면에서 나는 "총체적인" 헨리를 알았다고 꼭 말하고 싶다. 하지만 이것은 결코 사실이 아님을 나도 잘 안다. 나는 우리의 관계가 그 고유성으로 인해 축복받은 관계임을 인정한다. 우리는 서로 저마다 열망하는 보석의 측면을 찾아내고, 최상의 경우 그것을 연마하고 빛내는 만남을 가졌던 것이다. 헨리와 만남을 가질 때마다 나는 삶에 직면하였다 — 다각적인 자기, 그리고 다각적인 타인과의 즐겁고도 고통스러운 관계의 현실에 대한 나의 이해도 점점 더 깊어졌다.

헨리가 죽었다는 칼의 전화를 받았을 때 나는 그와 접촉한 삶을 살았던 다른 수천 명과 함께 마음 아파했다. 그리고 그 날 저녁 데이스프링 식당에 있는데 갑자기 화가 났다. 나는 헨리와의 관계를 통해 너무나도 많은 성장을 하였다. 두드러질 정도의 흠이 있으면서도 엄청난 재능을 지닌 그 사람을 나는 잘 알게 되었다. 그는 나의 가장 깊숙한 곳에 있는 투사에 도전을 해왔고, 완벽하게 자기 자신을 주장함으로써, 나 역시 그의 완벽함과 나 자신의 완벽함을 받아들이게 만들었다. 그는 나를 데이브레이크 공동체로 데려와 주었다. 나는 그들을 내 가족이라고 생각한다. 그런데 이제 그가 가버렸다. 이건 정말이지 너무나도 헨리다운 행동이 아닌가? 나는 아직도 그의 충고와 지도를 절실히 필요로 하는데 이토록 무심하게 나를 버리다니! 나는 전화기 옆에 앉아서 그에게 소리 질렀다. "헨리, 도대체 무슨 생각을 한 거예요?"

헨리의 장례예식에서 나는 성가대석에 앉았다. 이 복잡하고 눈부신 사람의 열정적이고, 극적이고, 너무나도 짧은 생애를 기리기 위해 모인 사람들을 둘러보았다. 그저 저서를 통해서만 그를 알았던 사람들도 많았다. 또한 다각적으로 그의 은혜를 입은 사람들도 많았다. 그의 상처와 깊은 슬픔은 넘치는 활력, 기쁨의 능력과 언제나 함께 존재했다. 내가 알고 지냈던 헨리는 내 이상화에 용감히 맞섰던 사람, 그의 진짜 색깔을 이루고 있는 스펙트럼의 일부를 보여 주었던 사람이라고 나는 생각한다. 리사와 함께 했던 헨리는 아주 아름다운 존재였다. 그는 내가 예전보다 더 개방적이고, 더 현실적인 인격을 키워나갈 수 있도록 인내와 사랑을 베풀어 준 사람이었다.

헨리와의 경험을 통해 배운 현실원칙은 확실히 그 대가를 치렀지만 — 위대한 현인에 대해 이상화했던 이미지를 잃었을 뿐만 아니라, 실제로 친구를 잃기까지 했다 — 그에 따른 보상은 이루 말할 수 없을 정도로 값진 것이었다. 이 보상은 바로 헨리와 내가 맺은 진정한 관계의 열매였다. 나는 헨리와 함께 한 리사가 될 수 있는 기회를 얻었다. 그 덕분에 정확한 해답과 완벽한 사람들의 세계는 현실세계가 아니라 그저 환상일 뿐이라는 사실을 이해할 수 있게 되었다. 그것은 절대로 획득할 수도 없고, 결코 바람직하지도 않다. 진정한 보물은, 헨리의 말처럼, "마음과 마음이 서로 통할 때" 발견할 수 있다.

요즘 나는 "심리학과 종교" 박사논문을 준비하고 있다. 우리의 하나님 예배에서 놀이가 차지하는 심리적, 영성적 기능을 강조하는 논문이다. 또한 나는 고등학교에서 파트타임으로 종교를 가르치고 있다. 이제는 신자라는 사실도 편안해졌다. 비록 나의 영성은 여전히 매우 초교파적이지만 말이다. 성직안수 문제는 언젠가 여성이 예식에 완전히 참여하는 것을 환영할 만큼 교회 지도자들 간의 이해가 성장하도록 교육하고 기도하는 데 헌신하는 것으로 변화하였다. 나는 성직안수라는 내 소명의 "단념"이 가톨릭에서 내 목소리를 유지하기 위해, 그리고 모든 가톨릭 여성들과의 결속을 다지기 위해 꼭 필요한 희생이었다고 생각한다. 여전히 나는 하나님의 부르심에 개방되어 있다. 그 부르심이 나를 새롭고도 놀라운 방향으로 이끌어 주실 것을 잘 알고 있다.

나와 헨리의 관계는 그의 죽음에도 불구하고 아직 끝나지 않았다. 나는 종종 내 길이 혼란스럽게 여겨지거나 특별한 도전이 감지될 때마다 그의 조언을 구한다. 언제나처럼 나는 네덜란드 색깔이 짙은 영어로 목구멍을 울리면서 말하는 그의 음성을 듣는다. "남은 생애에 무슨 일을 할 것인지는 전혀 걱정하지 말아요. 그저 당신 자신이 되세요. 하나님이 당신을 사랑할 수 있게요." 그리고 언제나, 그것만으로 족하다.

09

| 고든 헨리 |

나의 훌륭한 선생님

> 고든 헨리는 1972년에 라르쉬 데이브레이크로 왔다. 지난 15년 동안 그는 우더리 나무세공소에서 일했다. 헨리 나우웬은 고든의 영성지도자였다. 그는 강의를 하거나 특별강연을 할 때 종종 고든에게 동행해 달라고 초청했다.

존: 헨리와 함께 강의했던 내용에 대해 말씀 좀 해주세요.

고든: 우린 돌아온 탕자에 관해, 아버지가 어떻게 아들을 붙드는지에 관해 얘기했어요. 나는 사람들에게 이렇게 말했죠. "여러분 마음을 열도록 노력하세요."

존: 헨리와는 어떤 관계였나요?

고든: 그는 나의 훌륭한 선생님이었어요. 나는 일하러 가기 전에 그를 만나러 갔어요. 거의 언제나요. 헨리는 이렇게 말했어요. "그저 마음 문만 열면 된다네." 내가 감정을 드러낼 수 있도록 도와주었죠.

헨리는 나를 돌봐 주었어요. 유혹에서 지켜 주었죠. 헨리는 내게 이렇게 말했어요. "저기 지갑이 보이나? 어떻게 할 생각인가? 누군가에게 말하게. 훔치면 안 돼." 또 이런 말도 했어요. "고든, 자네답게 행동하게. 자넨 사람들을 잘 돌보잖아." 내가 아주 강한 사람처럼 느껴졌어요. 친절하게도 헨리는 밖에 나가서 맥주를 마시자고 했어요. "취하지는 말게나, 고든." 헨리와 얘기를 나누고 나면 아주 평화로운 자신을 발견할 수 있었어요. 헨리는 병원에 있는 나를 위문오기도 했어요. 네덜란드에서는 기차도 태워 주

공식 만찬장에서 고든, 헨리, 그리고 칼 맥밀런.

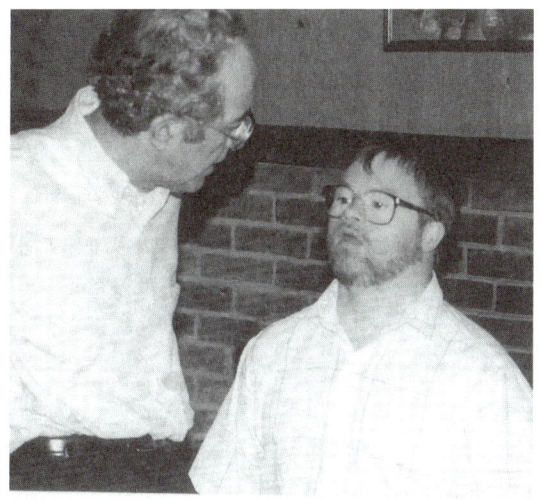

대화를 나누고 있는 헨리 나우웬과 고든 헨리.

었어요. 자기 친구들을 만나러 갈 때도 나를 데려가 주었죠. 헨리의 가족과 정말로 친해졌어요.

헨리는 좋은 말을 많이 해줬어요. 분노를 쫓는 법, 하나님께 이야기하는 법도 가르쳐 줬어요. 헨리는 정말로 좋은 친구였어요. 그는 내 가족을 돌봐 줬어요.

존: 헨리는 어떤 사람이었어요?

고든: 그는 언제나 평화로웠어요. 귀가 조금 안 들렸는데

— 많이는 아니고요. "크게 얘기해 보게, 고든, 자네답게 행동해." 나는 헨리의 생일이 1월이었던 걸 기억해요. 헨리는 어릿광대였어요. 손님이 아주 많았고, 그는 아주 행복했죠.

    요즘은 조금 힘든 것 같아요. 헨리가 곁에서 나에 관한 이야기를 들려줬으면 좋겠어요. 아시다시피 헨리는 멋있는 사람이었어요. 그야말로 굉장했죠.

|환대에 관하여|

환대란 기본적으로 낯선 사람이 들어와 적이 아닌 친구가 될 수 있는 자유로운 공간의 창조를 의미한다. 환대는 사람을 바꾸는 게 아니라, 변화가 일어날 수 있는 공간을 제공해 주는 것이다. 환대는 남자나 여자를 우리 편으로 끌어오는 게 아니라, 경계선을 그음으로써 방해받지 않을 수 있는 자유를 선사하는 것이다. 환대는 우리 이웃을 아무런 대안도 없는 코너로 몰고 가는 것이 아니라, 선택과 책임의 폭넓은 기회를 제공하는 것이다. 환대는 좋은 책이나 좋은 이야기, 좋은 행동으로 교양 있게 협박하는 것이 아니라, 언어가 뿌리를 내리고 넉넉한 열매를 맺을 수 있도록 두려운 마음을 해방시켜 주는 것이다. 환대는 우리 하나님이나 우리 길을 행복의 기준이 되게 하는 방법이 아니라, 다른 사람들이 그들의 하나님과 그들의 길을 발견할 수 있도록 기회를 제공해 주는 것이다. 환대의 역설은 그것이 빈 공간을 만들어낸다는 데 있다. 두려운 공간이 아니라, 낯선 사람들이 들어와 자유롭게 창조된 ― 자신의 노래를 부를 수 있도록, 자신의 언어를 말할 수 있도록, 자신의 춤을 출 수 있도록, 그리고 자신의 소명을 찾아 떠날 수 있도록 창조된 ― 자신을 발견할 수 있는 다정한 공간 말이다. 환대는 주인의 생활방식을 그대로 받아들이라는 미묘한 초대가 아니라, 손님이 스스로 자신의 생활방식을 발견할 수 있는 기회를 선사하는 것이다.

〈영적 발돋움〉 중에서

10

| 존 프레이저 |

헨리와 메이미, 그리고 우리

> 존 프레이저와 그의 아내 엘리자베스 맥컬럼은, 프랑스에 있는 최초의 라르쉬 공동체에서 은퇴생활을 하던 장 바니에의 어머니, 마담 폴린느 바니에를 통해서 헨리와 만나게 되었다. 라르쉬에 널리 알려져 있는 것처럼, 메이미는 캐나다의 전 총독 부인이었다(그녀의 남편 조지는 캐나다의 전 총독이었다). 헨리가 데이브레이크로 왔을 당시 존과 엘리자베스는 토론토로 돌아와 있었다. 캐나다의 저명한 작가이자 편집자인 존은 토론토대학교 매시대학의 학장이기도 하다.

엘리자베스와 내가 처음으로 헨리를 만난 것은 1985년 8월, 프랑스 트로슬리 브레윌의 라르쉬 공동체에서 사는 메이미 바니에의 거실에서였다. 그는 당시 메이미의 편안한 가정에서 머무르고 있었다. 메이미는 몇 년 전 우리에게 그랬던 것처럼 헨리도 금세 전심으로 환영해 주었다. 헨리는 하버드대학교의 교수직을 이제 막 관둔 상태였고, 삶의 방향을 모색하고 있는 중이었다. 라르쉬는 그가 두고 온 대학교 문화와 거의 정반대의 것이었다. 읽을 줄도 모르고 말할 줄도 모르는 사람들과 관계 맺는 법을 배우는 가운데, 그는 불안한 상황에 처해 있었다. 하지만 그와 메이미는 비슷한 영혼을 지닌 사람들이었다: 읽는 걸 좋아하고, 지성적이고, 굉장히 외향적이었다. 그들은 종종 식사를 하면서도 격의 없이 대화를 나눴다 ― 라르쉬에서 헨리가 경험한 것들, 국제적인 사건들, 그들 자신의 인간적인 투쟁들에 관하여. 메이미는 성만찬예식을 아주 좋아했고, 자기 집에서 헨리가 성만찬예식을 집례했을 때에는 무척이나 기뻐했다. 그들은 이 친밀한 친교시간에 동참할 수 있도록 매일 저마다 여러 사람을 초대하였다.

메이미의 집은 그 당시 헨리에게 방주와도 같았다. 그 이후로 여러 번 트로슬리를 방문했을 때도 마찬가지였다. 언젠가 그는 우리에게 이런 말을 한 적이 있었다. 메이미를 떠날 때마다 조금씩 행복해지는 것 같다고. 나는 메이미가 헨리에게 일종의 시금석과도 같은 존재였다고 생각한다. 메이미도 나름대로는 나이를 먹는 것에 따른 쓰라림, 분주한 공동체 속에서 느끼는 고독감과 투쟁하고 있었다. 따라서 그들은 서로를 북돋워 주는 관계에 있었다. 메이미는 항상 말하기를 헨리로부터 너무도 많은 것을 받았다고 했다. 하지만 사실 메이미가 베푼 차 한 잔과 공감이야 말로 헨리에게 엄청난 행복감을 안겨 주었다.

우리가 서로 첫 대면을 하기 전에 메이미는 헨리를 "매우 영적인 사람"이라고 소개하였다. 그 말을 듣자마자 나는 굉장한 호기심을 느꼈다. 그리고 어쩌면 어느 정도의 질투심도 느꼈을 것이다. 나우웬이라는 덫에 빠져버리다니! 한참이 지나서야 나는 헨리에게 털어놓았다. 그가 메이미의 영적 지표에 미친 것 같은 영향 때문에 안 좋은 감정을 품고 있었다고. 그러자 그는 나를 꽉 안으면서 큰 소리로 웃었다. 결국 우리도 따라 웃고 말았다. 사실 이런 이기적이고 인색한 내 성격을 솔직히 털어놓은 이후로 우리는 정말로 절친한 친구가 되었다.

첫 번째 만남에서 헨리는 엘리자베스와 나와 메이미가 국제적인 사건들과 전에 근무했던 중국에 관한 소문을 이야기하는 동안 귀 기울여 듣고 있었다. 우리는 앞으로의 전망에 대해 이야기하고 나서, 잠깐 동안 지정학적인 국가정책에 관해 이야기했다. 그리고는 곧 우리 아이들 이야기로 넘어갔다. 우리가 큰 딸 제시에 관해, 그리고 그 애가 무시무시한 보복으로 하나님을 협박하는 기도문을 작성한 것에 관해 이야기하자, 그는 호기심과 놀라움을 금치 못했다.

갑자기 그는 리포터의 자세를 취했다. 무슨 사건이 있었나요? 그가 물었다. 우리 가족 별장에서 다섯 살짜리 제시가 죽은 제비를 발견하고는 보자기에 싸서 관에 묻은 다음 십자가 행진도 하고 완전한 장례예식 절차를 다 진행하였다. 그리고는 무덤 앞에서 단조로운 음조로 이렇게 읊었다. "하나님, 우리가 이 작은 참새를 묻었습니다. 이제 아무쪼록 참새에게 잘해 주세요. 안 그러면 제가 당신을 죽일 거예요. 아멘." 이 기도를 듣고 엘리자베스가 말했다. "제시, 하나님을 협박해서는 안 돼." 그러자 제시가 대답했다. 자기는 그저 하나님이 그 새를 "확실히" 돌봐 주시길 바랄 뿐이라고.

헨리는 이것을 유쾌한 영성지도의 영적 통찰력으로 변화시켰다. 우리 집 서재에 꽂혀 있는 〈새벽의 영성〉을 보면, 헨리가 그 일화를 소개한 페이지에 어린 제시의 사진이 실려 있다. 이제 제시는 활기가 넘치는 청년이 되었다. 하지만 우리에게는 여전히 이 이야기 속 어린 소녀로 남아 있다. 마찬가지로 헨리 역시 아직도 수많은 사람들에게 정다운 친구로 남아 있다.

첫 대면 이후로 우리는 헨리를 아주 여러 번 만났다. 리치몬드힐에 있는 데이브레이크를 찾아가는 일은 언제나 기쁘기 그지없었다. 헨리와 함께 성만찬을 베풀면 더없이 행복했다. 우리는 결혼 이후 죽 예배를 함께 드려온 사람들에게 헨리를 꼭 소개해 주고 싶었다. 불가능할 것 같았지만, 그 일은 실제로 이루어졌다. 아주 실질적인 방식으로 그는 우리 교회까지 여행을 거듭 하였다 — 언제나 두 팔을 벌리고 밝은 미소로 세상을 비춰 주었다.

1991년 퀘벡시의 교회에서 메이미의 장례예식이 치러졌다. 그 때가 헨리와의 마지막 만남은 아니었다. 하지만 내 생각에 그 때야말로 가장 의미심장한 만남이었다. 우리 모두에게 너무나도 소중했던 여인을 묻었기에, 그리고 이별의 아픔이 너무나도 컸기에. 메이미의 아들 장이 인사말을 하였고, 국장이었기에 현 캐나다 총독이 참석하였다. 그 날이 저물어갈 무렵 우리는 헨리와 함께 메이미에 관한 추억을 얘기했다. 그는 트로슬리에 있는 메이미의 작은 거실과 식당이 정말로 특별한 성소였다는 우리의 말에 동의하였다. 그녀의 담배와 생강케이크와 차 한 잔이야말로 가정친교의 모체였던 것이다.

우리는 이제 곧 사랑하는 남편 조지의 곁에 묻히게 될 메이미 옆으로 모였다. 우리 모두 손에 손을 잡고 메이미 주변을 에워쌌다. 헨리가 "유비 카리타스" — 사랑이 있는 곳에 하나님이 계신다 — 라는 떼제노래를 부르자고 했다. 우리는 메이미의 따뜻하고 친절한 영혼이 우리를 감싸고 있음을 느낄 수 있었다. 그리고 곧 깨달았다. 우리 가운데 메이미의 존재를 일깨운 사람은 바로 헨리라는 사실을. 그는 메이미를 구하러 왔으며 — 메이미 자신이 그렇게 말했었다 — 메이미가 그를 필요로 할 때에 그녀의 집에 함께 있어 주고 성만찬예식을 베풀어 주었다. 그는 우리에게 작별인사의 기회를 제공해 주었다. 그리고 그것은 이 멋지고 친절하고 하나님의 영이 가득한 남자가 우리에게 준 셀 수 없이 많은 선물들 가운데 극히 일부분에 불과했다.

우리가 그를 얼마나 그리워하고 있는지! 그를 추억할 때마다 얼마나 감사한지!

|성만찬예식에 관하여|

성만찬예식은 행복한 순간뿐만 아니라 슬픈 순간까지도 고양시켜 준다……성만찬예식은 특별한 일이 생겼을 때 벌이는 파티가 아니라, 모든 순간이 특별하며 따라서 모든 순간을 고양시키고 위로부터의 축복으로 받아들여야 한다는 지속적인 자각이다……

성만찬예식은 그저 잠시 동안 기분 좋게 만들어 주기 위한 방법이 아니다. 성만찬예식은 생명의 하나님에 대한 믿음이 웃음과 눈물을 통해 살아 숨쉬는 방법이다. 그러므로 성만찬예식은 의식과 관습, 전통을 초월한다. 성만찬예식은 삶의 기복 이면에 기쁨이 끝없이 솟아나는 지속적인 확언이다. 라르쉬의 장애우들은 그 무엇보다도 더 중요한 과정에서 나의 스승이 되고 있다: 하나님의 집에서 사는 것. 기쁨은 언제나 새로운 삶을 출발할 수 있도록 단단한 토대를 제공해 준다. 기쁨은 어떤 감정이나 느낌, 혹은 의식이나 관습에서 우러나는 것이 아니다. 기쁨은 언제나 우리의 기대 이상이며, 언제나 놀랍다. 그러므로 기쁨은 언제나 우리가 생명의 주님 앞에 서 있다는 사실을 증명해 주는 것이다.

〈라이프싸인〉 중에서

11

| 피터 나우스 |
창의적 모순의 인물

피터 나우스와 헨리는 네덜란드에서 심리학을 공부하던 시절 서로 친구가 되었다. 나중에 피터는 인디애나주 사우스벤드의 노트르담대학교에서 심리학을 가르치기 위해 미국으로 건너갔고, 그 당시 헨리도 거기에서 가르치고 있었다. 후에 그는 온타리오주 워털루의 세인트제롬대학교에서 가르쳤으며, 지금은 명예교수이다. 현재 그는 온타리오주 키치너에서 아내 인케와 함께 살고 있다.

나는 거의 사십 년간 헨리와 알고 지냈다. 우리는 1957년에 처음 만났다. 둘 다 네덜란드 네이메헌 가톨릭대학교의 심리학과 학생이었다. 헨리는 오랫동안 우리 가족과 친밀한 관계를 맺어왔다. 그는 우리 부부의 결혼예식을 집례해 주었고, 우리 큰 아들에게 세례를 베풀어 주었다. 또 그는 우리 막내아들의 결혼예식을 집례해 주었으며, 큰아들 결혼예식도 도와주었다. 만일 헨리가 없었더라면 우리 가족이 북아메리카로 이사하는 일도 절대 없었을 것이다. 노트르담대학교에 갓 신설된 심리학 학부에서 교수직을 맡고 있던 그가 학장에게 일 년간 나를 교환교수로 초청하면 어떻겠냐고 제안했던 것이다. 박사학위를 취득한 뒤에 나는 미국으로, 노트르담으로 돌아갔다.

처음에는 헨리와 내가 함께 할 기회가 그리 많지 않았다. 헨리는 나보다 몇 살 더 많은데다가 영성지도자였다. 그는 훌륭한 교육을 받았으며, 나보다 훨씬 유복한 가정에서 자랐고, 나는 육체노동자 가정에서 자랐다. 나는 우리 가족 중에서 처음으로 대학교에 들어간 사람이었다. 헨리는 고상하고 세련된 사람이었다. 반대로 작은 마을에서 자라난 나는 너무나도 낯선 환경에 적응하느라 고전하고 있었다. 고등학교에서 고전음악과 그 밖의 예술형식을 소개해 주었던 스승과의 만남은 내게 엄청난 행운이었다. 그리고 그 과정을 헨리가 지속시켜 주었다. 그는 또 자기 부모님과의 저녁식사에 나를 여러 번 초대해 주었다. 우리는 이것에 대해 한 번도 노골적인 대화를 나눠본 적이 없다. 하지만 내 생각에,

헨리는 내가 성장기의 사회적 배경과 대학교 환경의 충돌 때문에 무척 힘들어하고 있다는 사실을 눈치 챘던 것 같다. 그래서 내가 그 변화를 좀 더 쉽게 받아들일 수 있도록 그렇게 앞장서서 도와주었으리라. 이런 식의 도움은 내가 그에게 입은 많은 은혜들 가운데 극히 일부일 뿐이다.

 헨리는 내 신앙이 성숙하는 데에도 도움을 주었다. 그는 신자가 되고 싶어 하는 내 약혼자 안케에게도 기꺼이 교육을 시켜 주었다. 우리 셋은 1958년 한 해 동안 거의 계속해서 만났다. 그 만남은 나에게 지속적인 영향을 미쳤다. 헨리는 교회 교리나 교회법, 관행에는 거의 신경을 쓰지 않았다. 대신 그리스도의 가르침에 초점을 맞췄다. 그는 지극히 보수적인 종교교육을 받고 자라난 나의 신앙을 다시금 검토해 보도록 만들었다. 나는 내가 믿도록 배운 것과 헨리가 전해주는 것이 서로 모순된다고 생각할 때마다 번번이 그에게 도전을 하였다. 그러면 그는 온화하고 참을성 있게 나의 경직되고 완고한 신앙자세를 완화시켜 주었고, 내가 교리적 신앙에 기초한 외적 실제의 편견에서 벗어나 그리스도와의 개인적인 관계를 탐험할 수 있도록 도와주었다. 우리의 만남은 본디 안케의 영성적 전향을 지도하기 위한 것이었지만, 여러 모로 볼 때 결국은 내 자신의 영성적 전향까지 도와

준 셈이었다.

나는 헨리의 교육이 그 당시의 교육과 아주 달랐다고 확신한다. 그는 좀 더 참신했고, 덜 관습적이었으며, 내가 알던 모든 성직자들보다 더 성직자다웠다. 그는 언제나 나를 놀라게 했다. 특히나 그가 교회의 가르침에서 벗어나는 것, 교회의 의식을 바꾸는 것에 대해 끔찍한 공포를 안고 있다는 사실을 알았을 때는 정말이지 깜짝 놀랐다. 몇 년 후에는 이 공포가 많이 줄어들긴 했지만.

그렇게 자주 만났음에도 불구하고 나는 헨리를 친밀하게 알지 못했다. 종교적 신앙에 관한 논의 말고는 개인적인 대화를 거의 하지 않았다. 우리는 우리가 배우고 있는 공부, 그가 하고 있는 여러 가지 과외활동에 관하여 대화를 나눴다. 언제나 바쁘게 활동하고 정열적인 헨리의 인상은 초기의 만남에서 형성된 것이었다. 그는 참여하는 프로젝트마다 항상 중심무대에 섰다. 그의 동료학생들이나 교수들 중에는 이런 그를 거부하는 사람도 있었다. 비록 일반화하기는 좀 위험스럽고 국민적인 특성이라고 보기에는 모호한 개념이지만, 그래도 네덜란드인이 남에 눈에 띄지 않는 것을 미덕으로 삼는다는 건 맞는 말이다. 남의 눈에 띄는 사람은 자꾸만 조롱의 대상이 된다. 물론 직접적으로 그런 대우를 받는 것은 아니지만. 사실 나는 헨리가 공개적으로 비판 받는 것을 본 적이 없다. 그는 단지 합당한 대우를 받지 못했을 뿐이다.

많은 사람들을 특히나 자극했던 것은 헨리가 권력층과 사귀는 성향이 짙었다는 것이다. 어떤 사람들은 헨리를 사회적 출세주의자라고 생각할 정도였다. 나는 그런 비판에 대해 헨리를 옹호하려 들었다. 노골적인 질투심 때문에 사람들이 헨리의 동기를 잘못 판단하는 것 같았던 것이다. 헨리는 평범하지 않은 것이면 뭐든지 호기심이 동하는 사람이었다. 또 그는 사람들에 대해서도 굉장한 호기심을 갖고 있었다. 권력과 특권을 지닌 사람들이라고 해서 예외가 될 수는 없었다. 나는 그가 이런 사람들과 어울림으로써 자신의 지위를 향상시키고 싶어 했다고는 절대 생각하지 않는다. 하지만 그 당시에는 그에게 쏟아지는 오해와 비판이 얼마나 많은 상처가 되는지 잘 몰랐다. 한참 후에야 비로소 인정받고 존경받는 게 그에게 얼마나 중요한 일인지를 깨달았기 때문이다.

헨리가 학생 때 접한 반응과 느낌은 그로부터 수년간 고국에서 그의 강의와 저서가 받았던 대우의 전조가 되었다. 그 당시에는 물론 미적지근한 반응의 이유가 좀 더 복잡하긴 했지만 말이다. 그것은 네덜란드의 교회에 일었던 변화의 바람과 관련이 있다. 그리고 기본적으로는 이 변화에 관한 헨리의 입장과 연결되어 있다. 그는 교회의 계급제도를 공개적으로 비판하는 데 찬성하지 않았고, 이 일로 여러 사람과 마찰을 일으켰다. 그의 영성은 지나치게 단순하고 경건해 보였다.

그의 강의형태 역시 네덜란드의 청중들에게는 아주 낯선 것이었다. 표정이 풍부하고 종종 연극적이기까지 한 몸짓과 열정적인 에너지가 풍기는 강연은 네덜란드 사람들, 특히 스스로가 교육을 많이 받았다고 자처하는 사람들의 마음을 불편하게 만들었다. 당시 학자들 사이에서는 감정 억제와 꼼꼼함, 논리적 발달, 이론의 신중한 설명이 훌륭한 강의의 특징으로 여겨졌다. 자연스러움과 충만함이 들어설 여지는 거의 없었다. 최근에는 네덜란드에도 많은 변화가 일어났다. 젊은 세대는 좀 더 개방적이고, 남의 이목을 덜 의식하며, 관습도 덜 중요시한다. 네덜란드 사회의 지속적인 세속화에도 불구하고(아니, 오히려 그것 때문에) 영성에 대한 관심은 ― 종교성에 대한 관심과는 달리 ― 점점 더 증가하였다. 이런 이유 때문에 나중에는 헨리의 고국에서도 그의 업적을 점점 더 인정하게 된 듯하다. 비록 북아메리카, 특히 미국에서 누렸던 인기에는 절대로 미치지 못하겠지만.

나와 헨리의 관계는 노트르담에서 동료교수로 지내는 동안 좀 더 개인적이고 진짜 친구 같은 관계가 되었다. 나는 더 이상 헨리를 영성지도자로 보지 않게 되었다. 이제는 함께 즐기고 생각을 공유할 수 있는 사람으로 여기게 되었다. 사실, 그와는 함께 즐기기보다 생각을 나누는 게 훨씬 더 쉬운 일이었다. 그만큼 헨리가 무엇을 편안하게 즐길 수 있도록 만드는 일은 어려웠던 것이다.

그 후 15년 내지는 20년 동안 우리는, 전화 통화를 하든지 직접 만나든지, 정기적인 만남을 가졌다. 헨리는 기쁜 일, 만족스러운 일들뿐만 아니라 괴로운 일, 실망스러운 일들까지 다 말해 주었다. 매번 나의 조언을 청한 것은 아니지만, 어쨌든 중요한 결정을 내려야 할 경우엔 언제나 나에게 알려 주었다. 예일대학교를 떠날 때도 그랬고, 어쩌면 그의 생애에서 가장 중요한 결정이었을, 학계를 완전히 떠나 데이브레이크의 라르쉬 공동체로 들어갈 때에도 그랬다.

그가 나의 경력과 신앙에 미친 영향 외에도, 그의 교육관과 교수법 역시 많은 영향을 미쳤다. 적어도 나의 발달 개념에 많은 도움을 주었던 것만은 틀림없는 사실이다. 그는 교육이란 비경쟁적이고 상호적이어야 한다고 주장했다. 그는 내게 강의를 할 때는 나 자신의 통찰과 경험에 더 의지하라고, 그리고 청중의 반응에 좀 더 민감하게 반응하려면 미리 준비된 강의록에 의존하지 말라고 가르쳤다. 우정과 부모의 역할, 고독과 용서, 그리고 인간 조건의 여러 가지 측면들에 관한 그의 이해와 설명은 나의 교육관과 연구에 매우 귀중한 자산이 되었다. 그에게 처음 배우고 난 이후로 나는 줄곧 친밀한 관계란 개방적이고 포괄적이어야 한다는 생각을 품어왔다. 아마도 그런 이유 때문에 내 막내아들 결혼예식 때에도 신랑신부의 관계를 개방적인 관계로 묘사하는 그의 설교를 듣고 그토록 많은 감동을 받았으리라. '상처 입은 치유자'라고 하는 그의 개념은 돌봄에 관한 내 입장의 중심 개념이 되었고, 나이 든 사람들과 죽어가는 사람들, 그리고 죽은 사람들에 관한 내 가르침의 핵심이 되었다. 헨리는 끊임없이 나를 격려해 주었다. 글을 쓰라고. 그의 의견은 아주 꼼꼼했고, 매우 큰 도움이 되었다.

나는 언제나 헨리의 변증법적인 사고를 굉장히 좋아했다. 그의 저서에서 그 예를 많이 찾아볼 수 있다. 그의 초기 저서들 가운데 하나인 〈나 홀로 주님과 함께〉에서 발췌한 다음의 인용문을 한 번 들여다보자:

> 절대적인 기쁨은 없는 것 같다. 우리 실존의 가장 행복

한 순간이라 할지라도 우리는 희미한 슬픔을 느낀다. 아무리 만족스럽다 하더라도 그 한계가 느껴진다. 아무리 성공을 거둔다 할지라도 시기심에 대한 두려움이 따른다. 미소 뒤에는 언제나 눈물이 존재한다. 포옹의 뒤에도 항상 외로움이 존재한다. 우정 뒤에는 거리감이 존재한다. 그리고 모든 빛의 형태 뒤에는 주변의 어둠에 대한 자각이 따른다.

여기에서 그가 동일시하고 있는 변증법적 반대는 바람직하지 않은 것들과 바람직한 것들 간의 대립일 경우가 많다. 예를 들면, 폭력적인 과정의 교육과 해방적인 과정의 교육, 활동적인 삶과 고독한 삶, 경쟁과 동정 간의 대립처럼.

헨리에 따르면, 경쟁 결과에 따라 보상을 지급하는 상황, 교사와 학생 간의 상호작용이 주로 일방적이기만 한 상황, 그리고 학생들이 학교가 지금 여기의 경험을 탐구하기 위한 무대가 하니라 그저 나중의 삶을 준비하기 위한 예비과정이라고 여김으로써 자기 자신과 타인으로부터 소외되는 상황에서는, 교육이 그만 폭력적인 과정으로 변해버린다. 반대로, 생각을 환기시키고 잠재력을 발휘하게 하는 쌍무적 교육은 해방적인 교육이 된다. 다시 말해서, 교육은 교사와 학생의 경험과 재능을 이끌어내는 것을 목표로 해야 한다. 교사도 학생에게서 배울 게 있다는 사실을 인정해야 한다. 그리고 미래를 위한 학습은 지금 여기에서의 상호작용을 이해하고 인정하는 데 근거한 것이어야 한다.

헨리 자신의 삶은 활동적인 삶과 고독한 삶의 변증법적인 대립을 몸소 증명해 주었다. 활동적인 삶이란 직장에서든, 사회적 상호작용에서든, 혹은 영성생활에서든, 성취와 성공에 열중하는 삶을 의미한다. 반대로 고독한 삶은 ― 헨리의 말을 그대로 인용하자면 ― "우리의 자아 한가운데서, 우리가 정복할 수 있는 게 아니라 그저 우리에게 주어진 것을 발견해내는 것"을 의미한다. 그것은 우리가 성취를 초월한 존재임을 인정하는 것이다.

헨리는 우리 세계에 경쟁이 얼마나 많이 존재하는가를 여러 번 지적하였다. 사람들은 불안하고 걱정스럽고 상처받기 쉽다고 느끼기 때문에, 어느 정도의 자존심을 지키기 위해 당연히 자기 자신을 다른 사람과 구별하려 든다. 하지만 헨리는 차이를 만들고 싶은 유혹에 맞서 싸우라고, 그 대신 우리의 공통적인 인간성을 소중하게 여기라고 주장하였다. 동정심을 갖는 것 ― 함께 괴로워하는 것 ― 이 차이를 만들고 남을 능가하는 것보다 훨씬 바람직하다.

헨리는 극에서 극으로 변증법적으로 이동하는 것은 양자택일이나 완전한 성취와 다르다고 보았다. 그는 우리가 능히 변화할 수 있지만, 변화에는 언제나 투쟁과 옛 방식으로 돌아가고픈 지속적인 유혹이 뒤따른다고 믿었다. 헨리는 자신의 경험을 통해서 이것을 깨달았다. 예를 들면, 처음부터 그는 성공과 인정을 추구하는 데 따르는 위험을 자세히 이야기해 주었지만, 그러면서도 한편으로는 자신의 저서가 인정을 받지 못할까봐 끊임없이 걱정하였고, 다른 사람들로부터 인정을 받는 일에도 매우 민감한 반응을 보였다. 〈나 홀로 주님과 함께〉에는 다음과 같이 의미심장한 본문이 들어 있다:

> 때때로 누군가는 친밀한 순간에 이렇게 고백할 것이다. "모두들 내가 아주 조용하고 침착하다고 생각하지만, 진짜로 내가 어떤 사람인지 알고 나면……" 이렇게 누그러지지 않는 자기 불신이야말로 우리의 경쟁사회에서 투쟁하고 있는 수많은 사람들의 삶 속에 그토록 많은 우울증이 존재하는 이유다. 더욱이, 우리를 좀먹고 있는 약점 노출에 대한 공포는 공동체와 창의적 공유를 가로막는다. 우리의 정체성을 이 세계의 판단에 맡길 경우, 우리는 분명히 쉴 수 없게

될 것이다. 확언과 칭찬을 받아야 할 필요가 점점 더 커질 것이기 때문이다. 사실 우리는 지속적인 자기 거부 때문에 스스로를 평가절하하려는 유혹에 빠진다. 그리고 우리는 홀로 있고 싶은 심각한 위험에 빠지게 된다. 우정과 사랑은 상호적인 취약성 없이는 절대 불가능한 것이기 때문이다.

얼마나 옳은 말인가! 또한 그 고백하는 "누군가"가 바로 헨리 자신이라는 게 너무나도 확실하지 않은가!

헨리의 삶은 긴장과 대립과 모순으로 꽉 차 있었다. 그 중 가장 비극적이면서도 가장 창의적인 대립은 그가 책에 쓴 대로 실천할 수 있는 능력이 없었다는 것이다. 이것은 그에게 엄청난 슬픔을 안겨 주었다. 일각에서 그의 사상의 타당성과 영성지도자로서의 진정성을 문제 삼은 것도 바로 이 때문이었다. 하지만 역설은 바로 여기에 있다. 만일 그가 자신의 글대로 실천하였다면 그토록 영감을 불러일으키는 영성작가가 절대로 되지 못했을 것이다. 따라서 그의 개인적인 비극은 다른 사람들에게 오히려 선물인 셈이었다.

헨리가 자신의 영성지도에 맞도록 사는 게 그토록 힘들었던 것은 무엇 때문이었을까? 확실히는 모르겠지만, 어쩌면 확언에 대한 그의 강렬한 의욕이 주요 요인이었을 것 같다.

광범위한 인정과 사랑과 애정이 그에게 쏟아졌는데도 불구하고, 이 욕구는 어째서 한 번도 제대로 만족되지 않았을까? 몇몇 사람들에게 그 대답은 아주 빤하다: 헨리가 동성애자였는데도 다른 남자와 감정적·성적 관계를 맺는 것을 스스로 거부하였기에, 감정적인 욕구나 성적인 욕구가 결코 채워질 수 없었다는 둥. 하지만 나는 언제나 믿었다. 그 밑바닥에 깔려 있는 역동은 너무나도 복잡해서 결코 확실히 알 수 없다고. 내가 알기로는, 헨리의 경우 근본적인 문제는 그의 성적인 성향이 아니라 깊숙이 자리 잡은 불안감이었다. 자기 삶에서 중요한 사람들을 모두 포함하여, 자기 주변 사람들과 안전하게 관계를 맺을 수 없다고 하는 느낌이 늘 문제였다. 나는 종종 이 불안감의 원인이 무엇일까 궁금했다. 하지만 확실한 대답을 결코 찾을 수 없었다. 내가 확신할 수 있는 건 그저 먼 과거의 일 때문이라는 것뿐이었다.

헨리는 평생토록 이 불안감과 싸웠다. 그 때문에 이따금씩 친구들에게 터무니없는 요구를 하기도 하고 전혀 불가능한 형태의 특별한 우정을 기대하기도 했다. 십대 때 고향을 떠나온 이후로 계속해서 찾고 있었던 가정을 데이브레이크에서 이윽고 발견하게 되었을 때조차, 그는 철저한 고독감과 버림받은 느낌에 사로잡혀 있었다. 그는 그 공동체 멤버들 가운데 한 사람과 우정을 쌓음으로써 그토록 오랫동안 추구해 왔던 관계를 비로소 확립하게 되었다고 생각했다. 그리고 이 우정이 깨져 버린 순간 헨리는 산산이 부서져 버렸다. 이성적으로는 이런 우정이나 다른 어떤 것도 관계에 대한 자신의 열망을 충족시켜 줄 수 없다는 사실을 잘 알고 있었지만, 감정적으로는 그 사실을 받아들이기가 힘들었다. 헨리는 그의 일생에서 가장 어두웠던 그 순간에 나를 찾아왔다. 우리의 대화가 그가 처한 상황에 대해 어떤 통찰을 던져 주었을지는 몰라도, 그의 고통과 절망감을 덜어 줄 수는 없었다. 그가 원하고 있는 치료가 부디 효과적이기를 바라고 기도할 뿐이었다. 결국 그는 절망감을 극복하고 다시 우정을 회복하였다. 비록 그의 불안감과 상처입기 쉬운 상태가 사라진 것은 아니었지만, 심리치료와 영성치유의 강력한 혼합을 통해서 그는 이 상처입기 쉬운 상태를 좀 더 분명히 인식할 수 있게 되었다. 그리고 그보다 중요한 것은 그가 그 약점들과 더불어 건설적으로, 창의적으로 살아갈 수 있는 방법을 배웠다는 것이다.

헨리의 차분하지 못함과 내적인 긴장, 그리고 가난은 우리의 우정에 관하여 내가 간직하고 있는 이미지나 추억의 일부다. 우리는 우정을 나눴지만, 그렇게 두드러지지는 않았다. 헨리의 삶은 그리 가볍지 않았을 게 틀림없다. 항상 괴로워하거나 불행했기 때문이 아니라, 지나치게 성실하고 진지했기 때문에. 그가 편안히 쉬는 것을 보면 무척 좋았던 게 생각난다. 그런 일이 별로 흔치 않았기 때문이다. 초반의 기억을 더듬어보면, 그가 대학교를 졸업할 때 벌였던 파티가 생각난다. 그 순간을 너무나도 확실히 즐기는 모습이 참으로 좋았다. 그 파티는 "라밤바" 춤으로 끝을 맺었다. 헨리의 연출은 그야말로 놀라웠다! 또 나는 그의 60번째 생일을 축하하기 위해 데이브레이크에서 열렸던 파티를 기억한다. 그는 모든 이들의 관심과 사랑을 즐기는 것 같았다. 바로 헨리의 귀엽고 어린애 같은 특성이 표면화된 순간이었다.

아이들과 놀 때, 혹은 맘에 드는 선물을 받을 때에도 이런 특성이 전면에 나타났다. 여러 해 동안 나와 아내는 그의 생일날 스웨터를 선물하곤 했다. 안케가 직접 뜬 것도 있었고, 가게에서 구입한 것도 있었다. 그는 스웨터를 받은 즉시 입고선 의기양양하게 걸어 다니곤 했다. 약간 텁수룩해 보일 때도 있었지만, 그는 아름다운 옷을 입는 걸 좋아했다. 모양새를 가꾸기 위해서라기보다는, 관능적으로나 심미적으로 맘에 들었기 때문이다. 그리고 그것은 헨리와 나의 공통점 가운데 하나였다! 진지함이 어린애 같은 특성과 짝을 이루는 것, 이것은 헨리의 인성이 지닌 수많은 역설들 가운데 하나였다.

  헨리는 뛰어난 이야기꾼이었다. 특히 그는 극적인 느낌과 완벽한 타이밍을 갖추고 있었다. 그의 여행담이나 그가 만난 흥미로운 인물들에 관하여 이야기하는 걸 들을 때면 무척이나 즐거웠다. 그는 종종 이 이야기들에 우스운 사건들을 자세히 덧붙임으로써 재미를 더하곤 했다. 그는 웃는 걸 참으로 좋아했다. 한번은 헨리와 우리 부부가 네덜란드 코미디언의 테이프를 듣고 있었는데, 헨리는 어릿광대들에게 마음을 빼앗겼다. 그들은 스스로도 웃을 줄 알고 남들에게도 웃음을 선사할 줄 아는 꾸밈없는 사람들이었다. 그러한 능력은 인간 실존의 비극적인 면을 민감하게 들여다보고 자기 자신의 상처를 예리하게 감지할 줄 아는 데서 비롯된 것이었다. 헨리에게는 "어릿광대다운" 면이 있었다. 〈로마의 어릿광대〉에서 그가 어릿광대에 관해 묘사한 것과 일치하는 면이 있었다:

> 어릿광대들은 자기 일을 훌륭히 해내지 못한다. 그들은 노력하는 일을 성공하지 못한다. 균형을 잃고 서투르게 행동한다. 하지만……그들은 우리 편이다. 우리는 그들을 보고 감탄하는 게 아니라 동정한다. 깜짝 놀라는 게 아니라

> 이해한다. 긴장하는 게 아니라 미소를 짓는다. 우리는 거장을 보면 "어떻게 그런 걸 할 수 있지?"라고 말하지만, 어릿광대를 보고는 "우리랑 똑같네"라고 말한다.

헨리는 마음이 넓은 사람이었다. 그는 언제나 다른 사람들에게 자신을 내주었고, 물질적인 소유도 값없이 나눠 주었다. 그는 자신의 호의나 선물을 단순하게 인정해 주는 것 외에는 아무것도 되돌려 받기를 원하지 않았다.

나는 지금도 헨리를 자주 떠올린다. 가끔씩은 우리의 우정에 좀 더 신실하지 못했던 데 대해서 죄책감이 들기도 한다. 하지만 대개는 헨리를 알게 된 데 대해서 감사하게 생각한다. 나를 지도해 주고 영감을 불어넣어 준 그에게 감사드린다. 가르침과 솔선수범을 통해서 인간의 조건에 대해, 수많은 모순에 대해, 순수하게 기쁜 순간과 가장 깊은 절망의 순간에 대해, 그리고 극도로 상처입기 쉬운 상태와 강인한 회복력에 대해 알려 준 그에게 감사드린다. 하나님의 임재가 종종 확실하지 않다 할지라도 하나님에 대한 신앙은 늘 가능하다는 사실을 몸소 증명해 준 그에게 감사드린다. 무엇보다도 감사한 것은 내 장점을 강화하고 약점을 인정할 수 있도록 도와준 헨리와 나의 관계다.

|개인적 변화와 공동체에 관하여|

타인 안에서의 성장 없이는 여러분 자신의 성장도 불가능하다. 여러분은 한 몸의 지체다. 여러분이 바뀌면 몸 전체가 바뀐다. 여러분에게 중요한 것은 여러분이 속해 있는 좀 더 큰 공동체와 깊은 관계를 유지하는 것이다.

여러분과 함께 한 몸의 지체를 담당하고 있는 다른 사람들이 여러분의 여정을 신뢰하는 것 역시 중요하다. 여러분은 여전히 가야 할 길이 있고, 여러분에게 일어나는 일들 때문에 친구들이 혼란스러워하거나, 심지어는 환멸을 느끼는 순간도 있을 것이다. 어떤 때에는 그 어느 때보다 더 힘든 것 같은 순간이 닥칠 것이다. 처음 시작한 때보다 더 힘겨워 보일 수도 있다. 하지만 그래도 여러분은 그 순간들을 통과해야 하며, 그럴 때마다 새로운 고민과 두려움이 생겨날 것이다. 이 모든 것에도 불구하고, 중요한 것은 여러분이 좀 더 큰 몸에 여전히 연합되어 있는 것, 여러분의 여정이 여러분 혼자만을 위한 것이 아니라 그 몸에 속한 모든 이들을 위한 것임을 아는 것이다.

예수님의 경우를 생각해 보자. 그는 자신의 인생행로를 가고 있었으며, 제자들에게도 자신을 따르라고 명령했다. 여러분이 선택한 길은 예수님의 여정이다. 그리고 여러분이 완전히 깨닫고 있든지 아니든지 간에, 여러분은 형제자매들에게도 여러분을 따르라고 부탁하고 있다. 어디선가 여러분은 자신의 현재 삶이 공동체의 나머지 멤버들과 접촉하게 되리라는 사실을 이미 알고 있다. 여러분의 선택은 또한 친구들까지도 새로운 선택을 하라고 부르고 있다.

〈마음에서 들려오는 사랑의 소리〉 중에서

12

| 네이션 볼 |

우정의 서약

> 네이션 볼은 1985년, 프랑스 트로슬리 브레윌의 라르쉬 공동체
> 에서 헨리를 첨 만났다. 그들은 금방 친밀한 친구 사이가 되었
> 다. 이듬해에는 둘 다 라르쉬 데이브레이크로 왔다. 그곳에서
> 네이선은 신학석사학위를 취득하였고, 1990년에는 공동체의 리
> 더가 되었다. 그와 아내인 폴라 킬코인은 딸 엠마뉴엘, 그리고
> 안나 클레어와 함께 온타리오주 리치몬드힐에서 살고 있다.

나는 지금 펜실베이니아주 이리의 베네딕트 수도원에서 이 글을 쓰고 있다. 아내 폴라, 어린 딸 엠마뉴엘과 함께 일주일간 영성수련을 하기 위해 이곳에 온 것이다. 혼자서 여러 번 영성수련을 오긴 했지만, 이번 주에는 가족과 함께 오고 싶었다. 나는 이번이 개인적 회복과 가족 회복의 기회가 되기를 바란다. 그리고 우리가 함께 있는 시간을 통해서 부부와 가족의 영성에 관한 새로운 통찰을 얻게 되기를 소망한다.

나는 이번 영성수련 동안 헨리와 가깝게 생활하고 있다. 여러모로 그는 내 영성생활의 비전과 실제를 형성해 주었다. 영성생활에 대한 그의 열정, 신실해지려는 끊임없는 욕구, 자신의 괴로움을 대면하고 타인의 괴로움에 반응하는 용감하고도 창의적인 방법, 그리고 영적 우정에 대한 그의 비전과 능력 ― 이 모두가 나에게 영속적인 기준을 제시해 주었다. 기본적인 삶의 선택을 위해 탐구하고 투쟁하는, 그러면서도 내 안과 주변의 서로 다른 음성들 때문에 혼란스러워하던 젊은이로서, 나는 헨리에게서 친구와 영성지도자와 스승과 동료를 발견하였다. 그리고 그 누구보다도 나를 가장 사랑해 주는 사람을 찾아냈다.

헨리의 사랑은 결코 완벽한 게 아니었다. 그로 하여금 언제나 관계를 맺기 위해 도전하도록 만드는 정신적·영성적 에너지의 특별한 배합에 관해서는 그 자신도, 그리고 다른 사람들도 기록한 바 있다. 하지만 우리의 우정 속에서 나에게 일어난 변화는, 헨리의 연약함과 투쟁에도 불구하고 일어난 변화가 아니라, 그야말로 그가 자신의 전 존재를 걸고 직접적이고도 태연한 방법으로 나에게 열중했기 때문에 가능한 것이었다. 삶에 대한 현재의 내 비전도, 열매 맺는 삶을 살기 위한 투쟁을 계속해 나갈 수 있는 내 능력도, 헨리가 없었다면 결코 불가능했을 것이다.

내가 이번 영성수련 동안 헨리와 가깝게 생활하고 있는 또 하나의 이유는 그의 삶, 그의 우정, 그리고 그의 죽음이 나에게 미친 영향을 여전히 통합시키고 있기 때문이다. 우리의 우정이 그러했듯이, 어떤 우정은 정화의 고통을 이겨낸 뒤에야 비로소 상대방의 개인적·영성적 발달에 좀 더 상호적이고 이타적인 헌신을 제공할 수 있게 된다. 우리도 개인적인 한계들이 합해져서 우정을 위기에 빠뜨린 때가 있었다. 처음에는 끝장이 났다고 생각했다. 하지만 서서히, 때로는 몹시 마음 아프게, 고통스러운 과정을 거치면서 ― 나는 여전히 이 과정을 완성하지 못하고 있다 ― 우리 둘 다 중요한 개인적 변화를 맞이하였다. 헨리는 아주 다양한 방식으로 우리의 우정에 관해 언급하였다. 이 글을 통해서 나는 헨리가 어떻게 내 삶을 형성해 주었는지 증거하고 싶다. 그렇다고 해서 우리의 관계를 낭만적이거나 이상적인 것으로 미화하려는 게 아니다. 내가 원하는 것은 헨리의 삶이 나에게 준 커다란 선물을 의도적으로 집중조명해 보는 것이다.

우리가 처음 만난 것은 1985년 가을이었다. 네덜란드인에 가톨릭 신자인 그는 55살이었고, 캐나다인에 집안 대대로 개신교 신자인 나는 28살이었다. 그는 외향적인 사람이었고, 나는 극도로 내향적인 사람이었다. 우린 둘 다 고향을 떠나와 프랑스에 있는 최초의 라르쉬 공동체에 머무르고 있었다. 거기로 오기 직전에 내 삶에는 암시적인 사건들이 자꾸만 일어났다. 소규모 초교파주의 공동체의 설립을 도와주었고, 캘거리에서 라르쉬 공동체를 알게 되었으며, 우리 형 팀이 죽었다. 그러고 나서 가톨릭에 들어가게 되었다. 나는 라르쉬의 발달장애우들과 형의 삶, 그리고 뇌종양으로 너무 일찍 죽음을 맞이한 형 때문에 너무나도 마음이 아팠다. 그 당시 나는 서점 매니저로 일하고 있었지만, 이것이 내 소명은 아니라는 사실을 알고 있었다. 프랑스의 라르쉬에서 보낸 시간은 이 모든 것들이 나에게 무슨 의미가 있는지를 알아보고 방향을 모색할 수 있는 좋은 기회였다.

헨리와 나는 프랑스에 머무는 것이 일시적인 것임을 알고 있었다. 하지만 다시 이곳으로 돌아오리라는 사실은 둘 다 몰랐다. 우리가 아는 것이라곤 내적인 소명에 따라 라르쉬에 왔다는 것, 그리고 삶의 다음 국면을 저마다 인식하고 있다는 것뿐이었다. 그 뒤 12년 동안이나 우리의 내적, 외적 삶이 모호하게 뒤섞이게 될 줄은 둘 다 꿈에도 몰랐다. 우리는 개인적으로, 그리고 둘이서 더불어, 우정으로의 소명을 발견했고, 라르쉬 선교의 일부가 되어야 하는, 그러니까 라르쉬 데이브레이크 새벽공동체에서 함께 생활해야 하는 소명을 발견했다.

이성애자인 나는 헨리에게 마음 푹 놓고 깊이 사랑할 수 있는 안전한 인물이었다. 나 역시 그의 우정과 교제를 간절히 원했다. 돌이켜보면, 우리가 서로를 필요로 했다는 게 확실하다. 우리는 구체적인 방식으로 서로를 후원해 줄 수 있었다: 헨리는 영성지도자로서 금욕서원을 신실하게 지키고픈 욕구를 지니고 있었고, 나는 친밀과 헌신의 능력을 키워서 언젠가는 결혼을 하고 싶었다.

우리는 마음과 정신이 직접적으로 연결되는 것을 경험했다. 비록 맨 나중에 만난 장소에서 가장 많은 시간을 함께하긴 했지만, 침착하지 못하고 종종 불안하기까지 한 두 사람의 마음이 서로를 잠재적 친구이자 영혼의 짝꿍으로 인정했던 것이다. 나는 20세기 수도사 성 티에리의 윌리엄이 쓴 글을 함께 읽고 난 뒤의 여운을 아직도 기억한다. 인간 경험의 중심에 자리한 역동에 관하여 다음과 같이 묘사한 글이었다: "그 무엇도 내 마음보다 더 차분하지 못하고 덧없지는 않을 것이다 ― 내 본성의 어떤 부분도 내 마음보다 더 변덕스럽지는 않을 것이다. 이 방랑자야말로 얼마나 공허하고, 부질없고, 종잡을 수 없고, 불안정한 것인가!"

우리는 둘 다 개방적인 사람이었다. 예수님을 따르기로, 사랑과 봉사를 실천하기로 굳게 맹세한 사람이었다. 또 우리는 저마다 알고 있었다. 차분하지 못한 마음의 실재를 직접적으로 다루는 것이 이 영적인 여정의 통합적인 부분이라는 사실을. 하지만 서로의 경험에 관해 대화를 나누기 시작했을 때 우리는 깜짝 놀랐다. 불가능해 보였던 이 우정을 통해, 우리 둘 다 관계와 일의 세계에서 잘 살 수 있는 능력과 성령 안에서의 삶에 대한 신뢰를 키워나갔던 것이다.

나는 처음부터 무작정, 급속하게 헨리에게 끌렸다. 그는 매우 활동적이고 생기가 넘치는 영혼이었다. 경이로운 속도로 기민하게 사람들과 생각들의 안팎을, 주변을 돌아다녔다. 나는 그에 관해 아는 게 별로 없었다. 그를 처음 만난 것은 영어 성만찬예식에서였다. 얼마 후에 그는 내가 살고 있는 라르쉬 가정을 방문하였고, 그리하여 곧 서로를 잘 알게 되었다. 아직도 콩피에뉴시 근처의 작은 레스토랑에서 아주 천천히 저녁식사를 하면서 우리의 우정이 시작되었던 순간이 눈에 선하다. 정말이지 꼭 손에 잡힐 것만 같다. 그가 두 눈을 어린애처럼 빛내면서 재미있는 이야기를 들려준다. 그리고 굉장히 관심 있게 내 말에 귀를 기울인다. 우리는 함께 적포도주를 음미한다. 나는 그의 큼직한 손이 마치 담요처럼 포도주 잔을 감싸 쥐는 모습을 지켜본다. 그 손을 보면서 나는 그의 영혼을 재는 척도라고 철석같이 믿어버린다 — 따뜻하게 안아 주는 손, 등을 토닥거리며 안심시켜 주는 손, 성배를 꽉 쥐고 들어 올리면서 찬미와 감사를 드리는 손, 때로는 긁히거나 찢겨서 피를 흘리는 손, 내면의 고통을 그대로 드러내 주는 손. 신실하고 지극히 개인적인 방식으로 그는 아주 오랫동안 나를 위해 편안한 대화를 이끌어 준다.

다른 사람과 함께 영성수련을 하는 것이 얼마나 많은 성장을 가져오는지 깨닫게 된 것도 바로 헨리를 통해서였다. 우리가 함께 영성수련을 갔던 때의 일이 생각난다. 나는 4일간의 휴가를 맞았고, 헨리가 림스에 가자고 제안했다. 우리는 교회 근처의 한 수도원에 머물렀다. 그곳에는 마르크 샤갈의 인상적인 스테인드글라스 창문이 있었다. 헨리는 그런 영성수련을 어떻게 진행해야 하는지에 대해서 적당한 비전을 지니고 있었다. 우선 아침 설교와 저녁 기도로 하루를 계획하였다. 친구 간의 믿음 형성 시간이 침묵과 고독한 기도의 시간을 지탱해 주었다. 조용히 함께 걷는 시간은 종종 늦은 오후에 끼워 넣었다. 헨리와 마찬가지로 나도 언제나 이 시간에 열심히 임했다. 혼자만의 시간에 대한 그의 열망과 매일의 성만찬예식을 포함한 적극적인 기도생활에 대한 그의 갈증은 나를, 혼자 힘으로는 쉽사리 접근할 수 없었던 영적 친밀감의 장소로 이끌어 주었다.

우리의 우정이 커갈수록 공통적인 관심사도 많이 발견되었다. 그 중에서도 특히 공동체의 삶, 공동체 생활의 확립, 그리스도교 공동체에서의 리더십 훈련이라는 프로젝트가 압권이었다. 우리가 서로에게 끌렸던 또 하나의 이유는 바로 영성생활을 적극적으로 후원해 줄만한 우정에 대한 상호적 욕구 때문이었다. 혼자서는 결코 영성생활을 할 수 없다는 헨리의 주장은 내가 혼자만의 소극적인 장소에서 빠져나와 사람들과, 그리고 하나님과 관계를 맺을 수 있도록 도와주었다. 보통 친구들이 그러하듯이, 우리 역시 영적인 우정을 발달시키려는 이 공통적인 노력을 통해서 서로 유대감을 느꼈다.

우리는 둘 다 의미의 문제에 관심이 많았다. 우리는 이 시대에 어떻게 하면 적절한 영성생활을 영위하도록 도와줄 후원적인 우정을 유지할 수 있을지에 대해 이야기를 나누곤 했다. 나는 라르쉬에 그대로 머물 경우 일종의 리더 지위를 맡게 될 것을 알고 있었다. 인간이 감정적으로나 정서적으로 섬김의 삶을 잘 유지할 수 있게 해주는 요소는 무엇일까? 나는 앞으로 결혼하게 될지 어떨지 확신할 수 없었다. 하지만 과연 독신으로 잘 살 수 있을지 어떨지도 전혀 알 수가 없었다. 나는 헨리와의 우정을 하나의 닻으로, 곧 사랑이 깃든 격려를 받고, 도전을 받아들이고, 통찰을 함께 나누는 장소로 경험하였다. 그리고는 내 자신의 시험과 유혹에 좀 더 용기 있게 반응할 수 있다는 느낌이 들기 시작했다.

우리의 우정은 서로의 닮은 점 못지않게 차이점에도 근거를 둔 것이었다. 나는 헨리가 삶에 대해 품고 있던 막대한 에너지에 매료되었다. 그는 모든 사람, 모든 사물에 흥미를 보였다. 그리고 그가 나보다 훨씬 더 감정적이라는 사실은 내가 자신의 내면세계에 좀 더 의도적으로 열중할 수 있게 해주는, 반가운 등대와도 같았다. 이렇게 우정을 점점 쌓아가면서 나는 내 마음 속 깊은 곳에 있던 희망과 꿈을 새롭게 표출하기 시작하였다. 슬픔과 실망, 그리고 수치의 경험들이 사랑이 깃든 성스러운 장소로 옮겨졌다. 그야말로 치유의 순간이었다. 그 일에 대하여 나는 항상 감사드린다. 헨리가 성심성의껏 나에게 보여 준 열정적인 반응, 다른 많은 사람들에게도 똑같이 보여 주었던 그 반응이, 나에게 타인과의 관계에 대한 새로운 영감을 불어넣어 주었다.

나의 내적인 삶과 영적인 욕구가 헨리의 영향을 얼마나 많이 받았는가를 생각할 때마다, 두 개의 단어가 맨 먼저 떠오른다: 신실함과 괴로움. 헨리는 아주 여러 번, 아주 다양한 방법으로, 신실하고 싶다는 열망을 표출하였다 — 하나님께, 자기 자신의 내적인 삶에, 사랑의 요구에, 우정에, 그리고 영성지도자로서 선택된 소명에. 그는 나에게도 이 신실함의 비전을 함께 붙들자고 격려하고 요청하였다. 나의 모든 행동에 이 비전이 스며들게 하라고 부탁하였다. 물론 내가 항상 신실하게 행동할 수는 없었다. 그 역시 마찬가지였다. 당연히 믿음이 깨지기도 하고, 단절이 생기기도 했다. 하지만 헨리의 경우 신실해지고 싶다는 열망은 언제나 비판적인 출발점이 되었다.

그 시기에 우리가 절대로 예측할 수 없었던 것 한 가지는, 두 사람이 데이브레이크에 오고 일 년 정도 되었을 때 그만 우정이 깨져 버렸다는 것이다. 우리는 서로에게 어떤 기대도 할 수 없었기에 아주 긴 침묵의 시기로 들어갔다. 그리고 한참 후에야 서서히 신뢰와 우정을 다시 쌓기 시작하였다. 예전에는 그렇게도 명백하고 효과적으로 보였던 신뢰와 우정을. 그 침묵의 시기는 내 안에 심각한 질문들을 불러일으키는 아주 고통스러운 시간이었다. 어떤 게 정말로 옳고 어떤 게 정말로 그른 것일까? 우리는 저마다 다른 사람들과의 관계를 통해서 증명한 것처럼, 우정을 유지시킬 수 있는 능력을 지닌 사람들이었다. 그렇다면 우리 두 사람의 우정은, 삶 속에서 하나님의 부르심에 신실히 응답할 수 있을 정도로 탄탄하지는 못했던 것일까? 하나님은 지금 어디에 계신단 말인가?

나는 다른 사람들과의 우정에서 위로를 얻었고, 이 고통스러운 단절에서 내 부분을 더 잘 이해할 수 있도록 상담을 받았다. 하지만 헨리에게서 온 편지를 읽고 나는 깊은 감명을 받았다. 그는 나처럼 우리가 결코 우정을 회복할 수 없을 것이라고 생각하고 있는 그 순간조차도 하나님에 대한 신뢰와 의지를 재확인하고 있었다. 우리가 처한 위기 한가운데서 하나님의 영에 충실하고자 애쓰는 그의 열망은 그 무엇보다도 컸다: "괴로움과 고통이 수없이 밀려드는 가운데 나는 하나님께 깊은 감사를 드리고 있네……또 나는 자네가 알아주길 바라네. 예수님께서는 정말로 우리를 서로에게 주셨으며, 예수님이 하신 일은 우리 둘 다에게 지속적인 의미를 지니고 있다는 것을, 내가 진심으로 믿고 있다는 사실을 말이네."

헨리는 데이브레이크를 떠난 지 몇 달만에 다시 돌아왔다. 그리고 다른 사람들의 도움을 받아, 서서히, 몸부림치면서, 우리 둘 사이의 신뢰가 다시 싹트기 시작했다. 서로에 대한 기대의 새롭고, 좀 더 명확하고, 좀 더 현실적인 체계화가 가능해졌다. 그리하여 우리는 우정을 되찾을 수 있었다. 돌이켜보면, 공동체 리더가 된 뒤로, 만일 우리의 우정이 다시금 깨져 버린다면 결정적인 단절이 생길 테고 그러면 공동체에도 엄청난 파장이 미칠 거라는 사실을 생각할 때마다 나는 가끔씩 불안해졌다. 하지만 우리는 여전히 고군분투하였고, 그런 행동은 다른 사람들에게도 본보기가 되었다. 1990년대 초, 우리의 우정은 훨씬 더 단단히 뿌리를 내리게 되었다.

데이브레이크 새벽공동체의 영성지도자로서 헨리가 맡은 역할은 나에게 무척 중요했다. 우리는 6년간 동료로서 함께 일했다. 우리는 라르쉬가 우리 사회에서 지니는 중요성에 관해 공통적인 확신을 품고 있었다. 그리고 우리는 그 공동체의 관리적 측면과 영성적 측면을 이어주는 통합적인 비전을 확보하고자 노력하였다. 우리는 그 공동체가 필요로 하는 일종의 리더십을 제공해 주도록 서로에게 요청하고 또 후원해 줄 수 있었다. 그리고 공동체 생활의 피할 수 없는 위기가 닥쳤을 때, 우리는 서로에게 도움을 줄 수 있었다. 데이브레이크의 발전에 무척 결실이 많은 시기였다. 양적으로나 질적으로 좀 더 성장하고, 영적인 뿌리를 좀 더 깊이 내린 시기였다.

우리는 정기적으로 짧은 영성수련을 함께 하는 습관을 계속해서 지켜나갔다. 나는 혼자가 아닐 때 좀 더 나은 영성수련을 할 수 있다는 사실을 알았다. 그리고 헨리는 이 시간을 나보다 더 간절히 갈망했기에, 영성수련 기간을 유익하게 보내는 방법을 아주 잘 알고 있었다. 때때로 우리는 하루나 이틀 정도 가까운 영성수련센터에 살짝 다녀오곤 했다. 저마다 일거리를 가져가기도 했지만, 함께 기도하고, 대화하고, 성만찬을 나누면서 시간을 보내곤 했다.

특별한 우정의 문제는 공동체 내에서 언제나 말썽의 소지가 있으며, 이것은 라르쉬에서도 마찬가지였다. 하지만 우리는 공동체 안에서 우정과 더불어 책임감 있는 리더십 훈련까지, 이중의 소명을 충실하게 지키고 싶은 열정이 무척이나 강했다. 다른 사람들의 도움을 받아 우리는 창의적인 긴장 속에서 함께 이 두 가지 소명을 실천할 수 있는 능력을 키워나갔다.

어느 시기를 거치면서 나는 헨리가 나에게 성직자-영성상

칸쿤 해변에서, 네이선 볼(가운데), 조 보스터만즈, 그리고 헨리.

담가, 그리고 영성지도자로서 매우 중요하다는 사실을 좀 더 분명히 깨닫게 되었다. 가톨릭에 들어갈 당시, 나는 아직 견신예식(역자주: 어린 시절 부모의 신앙으로 받은 유아세례를 커서 자신의 신앙으로 재확인하는 예식)을 받지 못한 상태였다. 헨리가 나를 위해 견신예식을 준비해 주었고, 우리는 1994년 성령강림절에 이 예식을 베풀었다. 한 번은 그가 8일간의 개인적인 영성수련에 데려가 주었는데, 나를 만나기 위해 근처 영성수련센터까지 날마다 차를 몰고 왔다. 또 나는 공동체 예배에서 그의 설교를 듣고 자주 감동을 받곤 했다.

우리는 함께 멋진 여행도 자주 했다 — 우리 가족을 만나러 캘거리까지 가기도 했고, 한 자선협의회에 참석하기 위해 조 보스터만즈와 함께 멕시코 칸쿤까지 다녀온 적도 있다. 그곳에서 나는 헨리에게 패러세일 비행을 해보라고 권했다. 그런데 그는 다함께 비행을 해야 한다고 주장했다 — 길이 남을 유쾌한 경험이었다. 헨리는 매우 모험심이 강하고 종종 삶을 열광적으로 즐길 줄 아는 사람이었다. 그가 죽기 2년 전에 우리는 네덜란드를 한가롭게 여행하기 위해 만난 적이 있었다. 헨리가 자기 가족과 친구들, 그리고 어렸을 적에 중요한 의미가 있었던 장소들을 나에게 소개해 주었다. 가슴에 사무치는 순간이 몇 번 있었는데, 그의 어머니 묘를 방문했을 때도 그 중 하나였다.

나는 언제까지나 헨리를 고통의 종으로 기억할 것이다. 영성지도자라는 소명을 품은 그의 커다란 마음은 타인의 고통을 향해 언제나 열려 있었다. 종종 거부감이나 고독감, 버림받은 느낌이 불러일으키는 그 자신의 개인적인 고통 역시 매우 심각했다. 나는 고통스러워할 줄 아는 그의 능력을 비범한 능력으로 여겼고, 그러한 발견 때문에 나 자신의 투쟁과 관계를 맺는 것, 그리고 새로운 소명의식이 현저히 성장하였다. 헨리는 계약관계 — 깊은 헌신의 관계 — 의 성장을 통해 하나님과 맺은 서약을 무척 충실히 지키고 싶어 했다. 그에게 고통의 실재 속에 머물러 있을 수 있는 능력은 가장 중요한 문제였다. 그렇게 오랜 세월을 헨리와 가깝게 지냈는데도 나는 여전히 이 모델이 정말 매력적이라고 생각한다. 어떻게 하면 인간 실존의 실재와 조화를 이룰 수 있는지에 대해 헨리로부터 강력하고 생생한 본보기를 제공받은 덕분에 나는 좀 더 온화하고, 좀 더 친절한 사람이 될 수 있었다.

헨리가 개인적으로 내게 보여 준 지속적인 헌신, 우리의 우정 때문에 그가 감수해야 했던 위험, 그리고 우리 두 사람의 새로운 성장을 후원하기 위해 그가 기울였던 엄청난 노력, 이것들은 나에게도 똑같은 것을 요구하였다. 하지만 나에게 그것은 너무나도 요원한 일이었다. 이 관계와 그것이 나에게 준 영감은 서서히, 그러나 꾸준히, 나 자신과 욕구를 신뢰할 수 있는 능력, 그리고 무엇보다도 사랑할 수 있는 능력을 성장시켜 주는 비판적 요인이 되었다. 나에 대한 헨리의 신뢰는 내가 내 삶을 신뢰하는 길을 택할 수 있도록 도와주었다. 그가 자신과 주변사람들의 고통에 관계를 맺는 모습을 지켜보면서, 나는 점점 더 개방적인 사람이 될 수 있었고, 나 자신의 투쟁이나 내 주변사람들의 투쟁을 덜 두려워하게 되었다.

처음부터 나에게 헨리는 연락망, 사람들을 한 데 모아 주는 이, 하나님과의 연결로 인도해 주는 사람, 그리고 하나님의 사랑과 인간 경험을 연결 짓는 통찰을 무척이나 발달시키고 싶어 하는 사람이었다. 나는 헨리 덕분에 열려진 내 마음의 공간에 대해 언제까지고 감사를 드릴 것이다. 헨리의 삶과 죽음과 증거를 통해 하나님께서 나를 찾아와 주신 신비에 대해 감사드린다.

13

| 패시 램지 |

헨리와 함께 한 크리스마스

> 패시 램지는 1974년부터 라르쉬 데이브레이크의 핵심 멤버였다. 그녀는 연극 그룹과 주간 프로그램에 참여하는 것을 좋아한다. 헨리 나우웬은 패시의 기억 속에 매우 강한 인물로 남아 있다. 그리고 패시는 헨리와 함께 했던 특별한 순간들을 많이 기억한다. 패시는 이 모음집 원고 준비를 도와달라고 쉐릴 징크에게 부탁하였다.

패시는 세 번의 크리스마스를 헨리, 수 모스텔러, 엘리자베스 버클리와 함께 보냈다. 데이브레이크의 크리스마스 때마다 패시는 헨리 맞은편에 앉아 그에게 "아름답고 멋진"

패시(가운데), 수, 엘리자베스, 그리고 헨리

사람이라고 말했다. 그러면 헨리는 기뻐 웃으면서 이렇게 말하곤 했다. "지금까지 그 누구도 나를 그런 식으로 부른 적이 없어요!" 패시는 1990년 데이스프링에서 찍었던 위의 사진에 관하여 다음과 같이 회상하였다.

    패시: 와! 헨리랑 나랑 수, 엘리자베스가 여기 있네요.

    쉐릴: 뭘 하고 있는 모습이에요?

    패시: 크리스마스에……식사를 하고……둘러앉아서, 선물을 열어요.

쉐릴: 헨리와 함께 시간을 보내는 게 좋았어요?

패시: 아, 그는 참 잘 생겼어요.

쉐릴: 헨리가 패시를 좋아했나요?

패시: 그럼요! 그는 절 많이 좋아했어요. 그는 귀엽고 부드러워요. 난 그를 좋아했어요. 그는 참 좋은 사람이에요.

그런 다음 패시는 크리스마스트리 옆에 있는 자신과 헨리의 그림을 그렸다.

크리스모스, 헨리, 패시

14

| 스티브 엘리스, 카르멘 엘리스 |

코니와 헨리: 영적 화합

스티브 엘리스는 라르쉬 데이브레이크에서 헨리 나우웬의 초대 비서로 일하면서 1994년 죽는 순간까지 좋은 친구로 지냈던 코니 엘리스의 아들이고, 카르멘 엘리스는 코니의 며느리다. 스티브와 카르멘은 여러 해 동안 라르쉬에 연루되어 있었다. 이 모음집 원고는 필립 쿨터와 나눈 대화를 녹음하여 정리한 것이다. 카르멘은 스티브처럼 코니를 "엄마"라고 부른다.

필립: 일단은 코니에 대해서 조금만 이야기해 주세요. 종교적인 분이었나요?

스티브: 엄마는 아주 단순한 신앙을 지니셨죠. 그분께는

하나님이 진짜로 계신다는 것을 증명할 필요도 없었어요. 그것에 대해 많은 말씀은 안 하셨지만, 그냥 알고 계셨어요. 날마다, 주변의 모든 것들을 통해서 하나님을 볼 수 있었죠.

카르멘: 스티브와 전 1972년에 프랑스의 라르쉬에서 만났어요. 캐나다로 돌아와서 결혼예식을 올렸죠. 그 당시 엄마는 절 만나보지도 못한 상태였어요. 그런데도 저에게 맨 먼저 하신 말씀이 "사랑한다"였어요. 저는 "어떻게 그런 말씀을 하실 수 있어요?"하고 물었죠. 그러자 이렇게 대답하셨어요. "글쎄다, 스티브가 널 사랑한다면, 나도 널 사랑할 수 있으니까." 엄마는 그런 분이셨어요: 아들이 저를 사랑한다는 사실만으로도 그분은 충분했던 거예요.

필립: 코니가 어떻게 헨리를 만나게 되었나요?

스티브: 80년대 초 우리는 모두 데이브레이크에 있었어요. 엄마는 교직을 은퇴하고 데이브레이크 공동체 리더의 비서가 되셨죠. 당시 엄마는 프랑스어를 더 배우고 싶어 하셨어요. 또 장애를 지닌 사람들과 함께 라르쉬 가정에서 사는 건 어떨지 알고 싶어 하셨죠. 그래서 일을 그만두고 프랑스

트로슬리의 라르쉬로 가셨어요. 결국은 그곳에서도 역시 비서직을 맡게 되셨지요. 그렇게 해서 헨리와 만나게 된 거고요. 헨리가 트로슬리에 머물고 있던 1985~86년의 일이였죠.

카르멘: 엄마가 편지에 이런 얘기를 쓰셨어요. "여기에서 위대한 영성지도자를 만났는데 무척 재미있단다. 그는 네덜란드사람인데, 참 정이 많은 분이야." 애초부터 엄마는 그 사실을 알고 계셨어요. 비록 헨리 나우웬이 누군지도 몰랐지만 ― 그의 저서를 한 번도 읽어본 적이 없었으니까요 ― 엄마는 일주일도 안 되어 그분이 정말로 특별한 사람이라는 확신을 갖게 되었죠.

스티브: 그 해는 두 사람 모두에게 아주 중요한 인생의 전환점이 되었어요 ― 헨리는 라르쉬를 경험한 다음, 학계를 떠나 데이브레이크로 와서 살게 되었고, 우리 엄마는 아무리 여행이 좋고 사람 만나는 게 좋아도 너무 오랫동안 가족과 절친한 친구들을 떠나는 건 원치 않는다는 사실을 깨닫게 되었죠. 나는 그 때가 바로 두 분 생애의 마지막 단계가 시작된 순간이라고 생각해요. 어디에서 살고 싶은지, 무엇을 하고 싶은지를 확실히 결정하게 된 순간이요. 결국 엄마

코니 엘리스와 헨리

는 데이브레이크로 돌아왔고, 헨리는 그 공동체의 영성지도자가 되었죠. 그리고 엄마는 그분의 비서가 되었어요.

필립: 코니가 비서로서 한 일은 무엇이었나요?

스티브: 일단은 헨리의 경리를 맡았고, 대부분의 연락을 담당했어요. 또 엄마는 헨리의 저서를 위해 우수한 편집자를 찾아내려고 애썼어요. 가끔씩 헨리의 원고를 읽고 이런 식으로 비평을 하기도 했죠: "여기에서 진짜로 하고자 한 말이 뭔지 모르겠어요." "이 부분을 좀 더 강조해야 해요."

카르멘: 엄마는 아주 뛰어난 영어 구사능력을 지녔어요. 엄마는 헨리가 아주 영리하다고 생각하셨죠. 헨리 역시 엄마가 매우 영리하다고 생각하셨고요. 엄마는 헨리가 중요한 은사를 지니고 있다는 사실을 잘 알았어요. 자주 이런 말씀을 하셨어요. "하나님께서 당신에게 명령하신 일들을 모두 해낼 수 있도록 내가 세세한 것까지 모두 보살펴 줄 생각이에요. 그건 바로 글을 쓰고 강연을 하는 거예요." 엄마는 헨리가 글을 쓸 여유를 갖도록 정말이지 많은 노력을 기울였어요. 데이브레이크 사람들이 헨리 방문을 두드릴 때마다 엄마는 이렇게 말하곤 했죠. "내버려두세요. 지금 집필 중이니까요." 나는 그 당시 헨리 사무실 바로 건너편에서 일을 하고 있었는데, 나 역시 이런 말을 자주 들었어요.

헨리는 항상 바빴어요. 때로는 다음 모임장소로 뛰어가곤 했는데, 그럴 때마다 엄마는 이렇게 말했어요. "천천히 가세요. 심장발작으로 죽을 거예요." 그러면 헨리는 이렇게 대답했어요. "심장발작으로 죽기엔 너무 날씬한데요." 그럼 엄마는 이렇게 말했죠. "아이고, 그렇다면, 당신 때문에 내가 심장발작을 일으킬 거예요!" 두 분은 그런 농담을 자주 주고받았어요. 하지만 그 와중에도 엄마는 헨리가 심장발작으로 죽게 되리라고 확신하고 있었죠.

필립: 두 분의 관계는 어떤 것 같았어요?

스티브: 엄마는 헨리와 비슷한 점이 아주 많은 분이었어요. 두 분 사이에는 영적 화합 같은 게 존재했지요. 바로 그 영적 화합 때문에 두 분이 서로에게 진정한 매력을 느꼈고, 두 분의 관계가 그토록 아름다울 수 있었다고 생각해요. 두 분은 사전준비 같은 걸 전혀 거치지 않았어요. 단도직입적으로 일을 처리하실 수 있었지요.

카르멘: 하지만 내 생각에, 정말은 모자관계였던 것 같아요. 헨리의 어머니가 코니와 무척 닮았다는 생각을 했어요. 그의 사무실에는 아름다운 어머니의 사진이 놓여 있었고, 또 어머니가 그에게 그려 준 어릿광대 그림도 있었어요. 엄마는 이렇게 말했어요. "어딘가에 그 그림을 항상 걸어두어야 해요. 당신 어머니가 주신 것이니까요."

오후 네 시가 되면 헨리는 사무실 문을 닫고 코니와 포도주 한 잔씩 마시면서 담배를 피웠어요. 자기 어머니랑 그랬던 것처럼요. 신학교에 다니던 젊은 시절, 밤중에 집에 돌아오면 어머니와 포도주 한 잔과 담배를 즐기면서 그 날 있었던 일들을 얘기했다고 하더군요.

스티브: 그가 멀리 떠나있을 때에도 엄마는 계속 연락을 취하면서 책이나 꽃을 보내곤 했어요. 헨리가 그런 걸 원한다는 걸 잘 알았거든요. 엄마는 헨리가 공동체 생활에 더 잘 적응할 수 있도록 도와주었어요. 아마도 엄마가 없었더라면 조금 어려웠을걸요. 헨리는 엄마가 쉬는 수요일마다 글을 쓸 만한 조용한 장소를 찾아 엄마에게 가곤 했어요. 그러면 엄마는 그를 보살펴 주었고요.

필립: 헨리와의 우정을 통해서 코니가 얻은 것은 무엇이었죠?

카르멘: 헨리와 함께 일함으로써 엄마가 얻은 것 중의 하나는 이 세상이 얼마나 복잡한 곳인가에 대한 이해였을 거예요. 엄마는 굉장히 보호 받고 자라났는데, 갑자기 미국의 사형수 수감동에 있는 사람을 다루게 되었어요. 20년 동안 헨리에게 편지를 보내온 사형수를요. 정말로 고통당하고 있는 사람들의 끔찍한 운명을 갑작스레 접하게 되었던 거예요.

스티브: 그건 이미 뿌려진 씨앗을 자라게 해준 거나 마찬가지였지요. 엄마는 교사 시절에도 언제나 문제아들에게 가

장 마음을 쓰셨어요. 그러기에 헨리의 세계에서 그 모든 사람들과 관계를 맺을 수 있는 기회가 찾아왔을 때, 이제껏 다른 일을 통해서 아주 미미하게 실천해 왔던 개인적인 섬김이 드디어 꽃을 피우게 된 것이지요.

카르멘: 엄마는 헨리의 친구들과 금방 친해졌어요. 친구들은 헨리가 없다는 걸 알면서도 전화를 걸곤 했어요. 코니와 얘기하면 되니까요. 코니는 자진해서 사람들을 섬겼어요.

헨리는 때로 밑바닥까지 내려가곤 했어요. 자기 자신을 의심하면서요. 그러면 엄마는 이렇게 말했어요. "멋대로 자신을 의심하지 말아요." 엄마는 우리 모두에게 그렇게 말하곤 했어요. 나는 헨리가 성직자들의 연차대회에서 강연을 해달라는 초청을 받았을 때의 일을 기억해요. 그가 주최 측에 말했지요. "우리 공동체에서 함께 생활하고 있는 장애우들을 몇 명 데려가도 됩니까? 그렇다면 가겠습니다." 그가 들은 대답은 "안 됩니다"였어요. 그러자 헨리는 자신이 한 일에 대해 회의를 품기 시작했어요. 그가 엄마에게 물었죠. "내가 너무 과한 것 같다고 생각해요?" 그러자 엄마가 대답했어요. "아뇨, 절대로 아니에요. 당신이 그렇게 믿는다면 정말로 그런 거예요." 그 이듬해에도 헨리는 다시금 초청을 받았어요. 그 초청장에는 이런 조건이 첨부되어 있었죠. "당신이 원한다면 누구라도 다 데려오십시오." 그걸 보고 엄마가 말했어요. "당신이 해낼 줄 알았어요!" 그런 순간이 여러 번 더 있었어요. 내 생각에, 헨리는 언제나 한계에 도전하고 싶어 했고, 우리 엄마는 그런 헨리를 언제나 격려해 주었던 것 같아요.

필립: 헨리의 목회적 관계들 중에서 어떤 것이 코니에게 가장 깊은 감동을 주었을까요?

스티브: 어떤 젊은이가 혼자서 죽어가고 있다는 편지를 보내온 일에 대해서 엄마가 말했던 게 떠올라요. 가족들은 아무도 그를 가까이 하려 하지 않았어요. 에이즈에 걸렸기 때문이죠. 그런데 헨리는 즉시 그를 후원해 주었어요. 전화로, 편지로, 그리고 직접 방문하여, 그가 필요로 할 때면 언제나 곁에 있어 줬어요. 헨리의 사명은 장례예식에서 성만찬을 집례하는 것이 결코 아니었어요. 그의 사명은 사람들과 함께 전 생애를 여행하는 것, 같은 순례의 길을 걸어가는 것이었지요. 코니가 병들어 죽어갈 때에도 그는 코니와 우리에게 바로 그런 존재가 되어 주었어요.

필립: 어머니의 병에 관해 말해 줄 수 있나요?

카르멘: 1992년에 우리는 엄마가 악성뇌종양을 앓고 있다는 사실을 알게 되었어요. 수술 후 엄마는 모든 걸 포기해 버릴 것 같았어요. 그 때 헨리는 다른 곳에 있었는데, 나는 이렇게 생각했어요. "하나님, 헨리만 여기에 있다면, 지금 이 순간 엄마께 뭐라고 얘기해야 할지 알 텐데요." 그러자 아무런 예고도 없이 헨리가 도착했어요. 그는 곧바로 집중치료실로 쳐들어가더니 모두를 방해했어요. "코니는 어디 있어요? 어디 있냐고요?"

스티브: 우린 헨리가 엄마에게 무슨 말을 했는지 몰라요. 헨리는 사람들의 사고방식을 뒤집을 수 있었어요. 그는 우리가 처한 입장을 전혀 다른 관점에서 받아들일 수 있도록 도와주었어요.

카르멘: 헨리가 가고 난 다음에 간호사가 묻더군요. "그 괴상한 수도사는 누구예요?" 그리고는 이렇게 말했어요. "뭘 어떻게 했는지는 모르겠지만, 이제는 '그녀가 죽어가고 있다'에서 '싸우고 있다'로 우리들 생각이 바뀌었어요."

스티브: 그 후로 엄마는 2년이나 더 사셨죠.

헨리가 지닌 가장 큰 은사들 가운데 하나는 죽어가는 것과 죽음과 슬픔에 관해 이야기할 수 있다는 것이었어요. 하지만 그 은사는 그저 사람들이 떠나는 걸 도와줄 뿐만 아니라 때때로 매달리도록 도와줄 수도 있었지요. 헨리는 〈죽음, 가장 큰 선물〉에서 이 시기의 우리 엄마에 대해 이렇게 기록했어요. 그의 글을 읽어드릴게요:

나는 코니가 그 동안 남을 위해 한 일이나 지금 할 수 있는 일도 물론 중요하지만 병을 지닌 채 앞으로 어떻게 살아갈 것인가도 매우 중요하다는 — 아니 어쩌면 이것이 훨씬 더 중요하다는 — 사실을 믿기를 바랐다. 나는 그녀가 남에게 점점 더 의지함으로써, 손자손녀를 학교까지, 쇼핑센터까지, 운동경기장까지 태워다 줄 수 있었던 때보다 오히려 더 많은 것들을 그 아이들에게 베풀고 있음을 깨닫게 되길 바랐다. 나는 그녀가 손자손녀를 필요로 하고 있는 지금이 그 아이들이 그녀를 필요로 했던 때만큼 중요하다는 사실을 알기를 바랐다. 사실, 병에 걸리고 나서야 그녀는 손자손녀의 진짜 선생님이 되었다. 그녀는 삶에 대한 감사와 하나님에 대한 믿음, 그리고 죽음 저 너머의 삶에 대한 희망을 아이들에게 이야기해 주었다.

카르멘: 그리고 그것은 정말 옳았어요. 정확하게 그런 일이 발생했으니까요. 우리는 그 2년 동안 엄마를 후원할 수 있는 축복을 받았어요. 우리 아이들, 사라와 찰스도 할머니를 많이 도와드렸어요. 물론 쉬운 일은 아니었지요. 하지만 엄마는 늘 무척 감사하게 여겼어요. 그리고 예전에는 하나님과의 관계에 대해서 진지하게 말씀해 주신 적이 없었는데, 그때는 자신의 신앙에 대해 자주 말씀하셨어요. 대단한 분이었죠.

필립: 결국에는 어떻게 되었나요?

스티브: 엄마는 점점 더 약해지셨고, 결국은 다시 입원을 하게 되었어요. 헨리는 집필을 위해 독일로 갈 예정이었는데, 자기가 곁에 없다는 사실을 무척 걱정했어요. 엄마가 그리 오래 살지 못하리라는 사실을 아마도 눈치 챘던 것 같아요. 그가 엄마에게 이렇게 말했어요. "카르멘에게 말해 두었어요. 상황이 바뀌면 전화하라고. 그러면 곧바로 달려오마고."

카르멘: 하지만 엄마는 이렇게 말씀하셨죠. "아니, 아니에요. 시간을 바쳐서 책을 써야죠. 나중에 돌아와서 내 장례예식을 치러 줘요." 두 분은 서로 그런 말들을 주고받았어요. 엄마가 혼수상태에 빠지자 우리는 헨리에게 전화를 걸었어요. 그가 돌아왔을 때에는 반혼수상태였어요. 사람들을 알아볼 수도 있고, 한쪽 팔을 움직일 수도 있었어요. 하지만 말은 거의 못했죠. 겨우 입을 오물거릴 정도였어요. 엄마가 헨리에게 물었어요. "당신이 왜 여기 있는 거예요?" 그러자 헨리가 대답했어요. "이번이 마지막인 것 같아서요. 여기 당신 곁에 있고 싶어요." 엄마는 조용히 헨리에게 키스했어요.

엄마의 피부는 금방 말라버렸어요. 그래서 제가 크림을 발라드리곤 했죠. 헨리가 말했어요. "어떻게 하는 거예요? 가르쳐 줘요. 내가 코니를 위해 발라 주고 싶어요. 내가 해주고 싶어요." 헨리는 엄마의 머리를 빗겨 주곤 했어요. 얼마 남지 않은 엄마의 머리카락을.

스티브: 떠나보낸다는 게 뭔지를 우리가 이해할 수 있도록 도와준 것도 바로 헨리였어요. 엄마는 생애 마지막 16일 동안을 반혼수상태로 지냈어요. 우리는 너무나도 혼란스러워서 이렇게 물었어요: "왜 이렇게 시간이 오래 걸리죠?" 그

러자 헨리가 이렇게 대답했죠. "그것은 당신이 그녀를 떠나보낼 준비가 되었다는 말을 아직 안 해드렸기 때문이에요."

카르멘: 엄마가 떠나시던 날 저는 엄마께 이렇게 말씀드렸어요. "전 괜찮아요. 이제 가셔도 돼요." 그러자 엄마가 돌아가셨어요.

헨리의 죽음에 관해 엄마는 늘 이렇게 말했죠. 데이브레이크를 떠나, 혼자서, 심장발작을 일으켜 죽게 될 것이라고. 엄마는 헨리가 하나님과 무척 친밀한 사람이기 때문에, 하나님이 틀림없이 헨리 홀로, 주님과 함께 있을 때 데려가실 거라고 말했어요.

스티브: 나는 라르쉬가 헨리와 우리 엄마에게 기회를 제공했다고 생각해요. 어떻게 살아야 하는지에 대해서 두 분이 평소에 믿었던 대로, 다른 사람을 위해 사는 것이 자기 자신을 위해 사는 것보다 더 중요하다는 것을 아주 구체적으로 실천하며 살 수 있는 기회를 말이죠.

15

| 팀 브루너 |

아빠를 기리며

> 팀 브루너는 갓난아기 때부터 12살 때까지 라르쉬 브레이크에서 살았다. 그의 어머니 캐시는 공동체의 일원이었고, 헨리 나우웬은 그 가족의 좋은 친구였다. 현재 캐시와 팀, 그리고 여동생 사라는 인디아나 블루밍턴에서 살고 있다. 팀은 그곳에서 고등학교를 다니고 있다.

그 일이 일어난 것은 내가 겨우 세 살 때였다. 엄마가 중요한 이야기가 있다고 하더니 나를 무릎에 앉혔다. 그리곤 이렇게 말씀하셨다: "넌 이제까지 한 번도 아빠를 못 만났잖아. 엄마가 아빤 편찮으시다고 말했었지. 이제는 사실을 말해야겠다. 아빤 돌아가셨어."

"아빠 이름은 뭐였어요?" 하고 내가 물었다.

"존"이라고 엄마는 대답했다.

나에게 아빠가 있었다. 아빠 이름은 존이었다. 그리고 아빠는 죽었다.

이듬해 봄, 부활절 주말에, 엄마와 나는 차를 타고 묘지를 지나갔다. 마지막 순간에 엄마가 뒤를 돌아보았다. 엄마는 어쩌면 아빠도 오스트레일리아의 저런 곳에 묻혔을 거라고 말했다.

공기가 서늘하고 차갑고 축축했다. 나는 새로 구멍을 파고 흙을 덮어놓은 땅 위를 뛰어다니기 시작했다. 그러자 엄마가 말했다. "그쪽으로 가지 마라, 티미!" 엄마는 거기가 새로운 무덤이며, 누군가가 방금 그곳에 묻혔다는 사실을 가르쳐 주었다. 꼭 우리 아빠 같았다. 땅 속에 묻히다니. 흙 속에. 아빠의 몸은 이제 흙 속 상자 안에 있었다. 아빠의 대부분은 하나님과 함께 있었다.

그 뒤 나는 바위를 발견했다. 납작한 바위 위에 글자들이 새겨져 있었다. 엄마는 그것이 묘비라고 하는 특별한 바위라고, 죽은 사람에 관해 말해 주는 바위라고 했다. "우리 아빠도 저런 바위를 갖고 있어요?" 엄마는 잘 모르겠다고 했다. 나는 엄마 곁을 떠나 몇 분 동안 혼자서 돌아다녔다. 나중에 엄마 차를 따라잡은 후 헨리의 집으로 가면 안 되냐고 물었다. 내 주머니는 꽉 차 있었다. 엄마가 주머니 속에 뭐를 집어넣었냐고 물었다. 나는 아빠를 위해 바위를 몇 개 발견했다고 말했다. 아빠가 이미 바위를 갖고 있는지 아닌지 엄마도 확실히 모르겠다고 했으니까.

헨리는 데이스프링에서 살고 있었다. 우리는 자주 그곳에 갔다. 헨리는 늘 내 친구가 되어 주었다. 우리는 같은 해에 데이브레이크로 왔고, 내 생각에 그는 언제나 나를 좋아했던 것 같다. 그는 저녁식사 시간에 자주 들렀는데, 언제나 내게 재미있는 이야기들을 들려주었다. 자기가 갔던 곳들에 관하여, 그리고 그곳에서 했던 일들에 관하여. 그 해 여름 우리는 엄마까지 합세해서 다함께 케이프코드 바다로 놀러 갔다. 그는 나와 함께 모래성을 쌓았고, 함께 물놀이도 했다. 멀리 떨어져 있을 때면 자주 나에게 편지를 보내 주고 전화도 걸어 주었다. 그는 여행에서 돌아올 때 장난감이나 맛있는 요리를 가져오곤 했다. 헨리는 내 친구였고, 따라서 그도 바위에 대해 알아야 한다고 난 생각했다. 우리는 곧장 헨리의 집으로 차를 몰았다.

세상에, 그곳은 너무나도 바쁘게 돌아가고 있었다. 모두가 십자가의 길 예배를 준비하느라 바쁘게 움직이고 있었다. 나는 곧장 예배실로 들어가 코너 테이블 바로 옆에 앉았다. 그곳에는 이미 작은 촛불 한 개가 켜져 있었다. 나는 엄마에게 받은 사진을 꺼냈다. 우리 아빠, 존. 그 다음 조용히 주머니에서 바위들을 꺼내 우리 아빠 사진 주변에 내려놓았다. 정말이지 슬픈 날이었다. 하지만 이렇게 하고 나니 기분이 좀 나아졌다. 헨리가 와서 내 옆에 앉았다. 그가 사진에 관해 물었다(그는 예전에도 이 사진을 여러 번 봤다). 그리고 바위에 관해서도 물었다. 그는 내가 아빠만을 위한 돌들을 준비한 방법이 정말 맘에 든다고 말했다. 그리고 다음 예배를 위해 테이블을 옮기려고 사람들이 들어왔을 때, 그는 테이블을 이미 옮겼다고 그들에게 말했다. 그들이 헨리의 말을 곧이듣고 나갔다. 헨리는 내가 원한다면 언제까지나 내 돌들을 그곳에 둬도 된다고 말했다.

엄마와 나는 그 해 여름 워싱턴디시에 사는 케빈 삼촌과 글로리아 숙모를 방문할 계획이었다. 엄마는 그분들이 우리 아빠를 잘 알았다고, 그리고 아빠를 많이 사랑했던 사람들과 함께 있으면 기분이 좋을 거라고 말했다. 그 무렵부터 내가 아빠를 만난 이야기를 자주 했다고 한다. 그곳에 가면 아빠가 두 팔을 벌려 나를 꼭 안아 준 뒤 사랑한다고 말해 주었다. 우리가 동물원에 가면 아빠도 동물원에 갔고, 우리가 바다에 가면 아빠도 바다에 갔다. 이런 내 행동에 관하여 엄마와 헨리는 함께 얘기를 나눴다. 그리고 헨리가 와서 우리 아빠를 위해 정말로 특별한 예배를 드리고 싶지 않냐고 물었다. 그는 아빠에 관한 이야기를 적을 수 있도록 특별한 책을 찾아보라고 했다. 그는 오늘이 아주 특별한 날이며, 아마도 우리 아빠 사진과 바위가 놓여있는 예배실의 테이블을 찾아가봐야 할 때 같다고 말했다.

우리는 아주 작은 책을 발견했다. 나는 아빠와 나를 그렸다. 아빠가 내 손을 잡고 있는 그림이었다. 엄마와 나는 상자를 만들었다. 하얀 종이로 그 상자를 싸고, 우리 집에서 아름다운 양초를 가져왔다. 우리는 가장 가까운 친구들에게 그 날 예배실로 와달라고 부탁했다: 수와 네이선, 엘리자베스, 로렌조, 그리고 크리스틴. 그들은 모두 나의 좋은 친구들이었다.

헨리는 예배시간 내내 나를 향해 이야기했다. 때로는 나를 그의 무릎에 앉히기도 했다. 그는 모두에게 우리 아빠에 관해 이야기해 달라고 부탁했다. 내 친구들은 우리 아빠에 대해 중요한 것들을 이야기해 줬다. 그들은 아빠가 내 속에 살아있다고 말했다 — 내 곱슬머리 속에! 내 파란 눈 속에! 우리 둘 다 책 읽기를 좋아하는 것처럼! 우리 둘 다 사랑이 넘치는 마음을 가진 것처럼! 내 친구들은 내가 이제 더 이상 동물원이나 바다에서 아빠를 보지 않게 될 것이라고 했다. 이제 더 이상은 아빠 어깨에 올라타지도 않을 것이고, 아빠가 나를 꼭 안고 키스해 주는 일도 없을 것이라고 말했다. 그들 모두가 나를 아주 많이 사랑한다고 말했다. 정말로 슬픈 시간이었다. 그런 다음, 우리는 모두 정원으로 나가서 내가 특별히 준비한 하얀 상자를 꺼냈다. 상자 안에 나는 아빠의 사진과 돌들을 모두 담았다. 또 나는 아빠와 나를 그린 특별한 그림도 함께 넣었다. 헨리는 우리 아빠가 하나님 가까이 계시다는 것을 보여 주는 카드 한 장을 넣었다. 그런 다음, 우리는 하얀 상자를 닫았다. 내 작은 모종삽으로 정원에 구멍을 판 다음, 그 하얀 상자를 땅 속에, 흙 속에 묻었다. 묘 꼭대기에 우리는 정말로 큰 돌을 올리고, 십자가를 꽂은 다음, 작고 예쁜 꽃나무들을 심었다. 그리고 우리 모두는 손을 잡고 기도했다.

예배실로 돌아오자 헨리가 내 책에 축복하고 맨 앞에 아빠의 이름을 써넣었다: 존. 그리고는 다음과 같이 적었다:

> 사랑하는 캐시와 티미에게,
> 1990년 4월 29일, 데이스프링 정원에서, 그대들과 함께

존의 생애와 죽음을 기념하고 존을 위해 작은 추모예식을 베풀게 되어 아주 기쁩니다. 티미, 네가 좀 더 자라고 나면, 아빠를 생각할 때마다 네 마음에 기쁨과 평화가 넘치기를, 그리고 아빠의 장점과 강점을 네 삶 속에서 실현해 나가길 바란다.

네 아빠는 하나님의 사랑 안에서 안전하게 있다는 사실, 네 삶은 하나님과 네 엄마, 모든 친구들, 특히 헨리의 큰 사랑에 둘러싸여 있다는 사실을 명심하거라.

우리는 해마다 그 예배실에서 아빠의 생애를 기념하였다. 해마다 옛 친구들과 새 친구들이 우리와 함께 얘기를 나누고 아빠를 추억하였다. 해마다 점점 더 많은 사람들이 내 작은 책에 글을 썼고, 우리 아빠를 어떻게 알게 되었는지에 관한 이야기를 적었다. 엄마는 내 책을 오스트레일리아, 인도, 영국, 그리고 미국에까지 보냈다. 아빠를 알고 아빠를 사랑했던 사람들로부터 더 많은 이야기들을 모으기 위해서였다. 우리 아빠가 죽었다는 걸 알고서 정말로 슬펐다. 그 사실은 어떻게 해도 바뀌지 않는다. 하지만 나는 헨리 같은 친구를 둬서 정말 행운아였다. 그는 나를 사랑할 필요가 없을 때조차도 여전히 사랑해 줬다. 그는 자신이 나를 얼마나 사랑하고 있는지 알기를 원했다. 그는 나를 무척이나 사랑했다. 이제는 나도 그것을 잘 안다.

그밖에도 할 얘기가 참 많다 — 헨리와 나는 여러 해 동안 데이브레이크에서 함께 살았으니까! 성탄절이나 부활절 예배, 또는 함께 식사를 했던 미국 추수감사절 축제 때 마지막 몇 분을 이용하여 나를 끌어들이곤 했던 촌극에 대해서도 말할 수 있다. 여러분은 헨리가 생일파티 때 커다란 달걀에서 어릿광대로 태어났던 이야기를 이미 들어봤을 것이다. 서커스에 대한 그의 남다른 애정에 관해서도. 그는 때때로 우습기도 하고 이상하기도 한 사람이었다. 물론 나는 헨리가 집필 활동 때문에 세계적인 명성을 날리고 있다는 사실을 잘 알았다. 하지만 한 번도 그의 책을 읽어본 적이 없다. 나에게 헨리는 그저 좋은 친구였을 뿐이다. 그는 야채를 먹지 않겠다고 나와 함께 거부한 친구였!

헨리가 죽었을 때 나는 또다시 슬픔에 빠졌다. 하지만

어릿광대로 태어나고 있는 헨리

죽음이 무엇을 뜻하는지, 헨리는 이미 나를 준비시켜 놓았다. 나는 그가 하나님을 얼마나 많이 사랑했는지 잘 안다. 헨리와 우리 아빠 존은 가끔씩 함께 앉아 내 이야기를 할 것이다! 헨리의 장례예식에 초청받아, 헨리의 좋은 친구 프레드 로저스와 함께 추모기도를 올린 것은 나에게 행운이었다. 장례예식이 끝난 다음 로저스 씨가 말하기를, 헨리가 우리를 서로에게 준 것 같다고 했다. 그리고 지금도 우리는 여전히 친구다.

헨리는 내 삶에서 아주 큰 부분을 차지했다. 그는 우리 아빠가 돌아가셨을 때 생긴 일들을 내가 받아들일 수 있도록 도와주었고, 아빠가 해줘야 할 많은 일들을 내게 베풀어 주었다. 그 점에 대해서 감사드린다. 아무쪼록, 도움이 필요한 사람들이 헨리처럼 후원해 주고 보살펴 주는 사람을 만나게 되길 바랄 뿐이다.

죽어가는 사람들을
돌보는 것에 관하여

우리 모두가 인류라는 가정의 형제자매고, 문화나 언어, 종교, 생활방식, 직업은 서로 다를지라도, 우리 모두가 사랑 많으신 하나님의 손에 삶을 맡기도록 부름 받은, 죽을 운명의 존재라는 사실을 깊이 깨닫는 것은 얼마나 큰 선물인가. 또 죽은 사람들과의 연결을 느끼고, 그 연결로부터 흘러나오는 기쁨과 평화를 발견하는 것은 얼마나 큰 선물인가. 나는 그 선물을 경험할 때, 죽어가는 사람들을 돌보는 것이 과연 무엇을 뜻하는지 새롭게 깨닫는다. 그것은 죽어가는 사람들이나 이미 죽은 사람들과 관계를 맺는 것, 그리고 그들이 짧은 삶의 경계선을 초월하는 친밀한 유대감을 발견하도록 만들어 주는 것을 의미한다……우리는 형제자매다. 그리고 우리의 죽음은 사실 서로의 교제 속에서 죽어가는 것이다……

우리가 돌봄의 은사를 주장할 때마다, 그리고 자기 자신의 죽음뿐만 아니라 다른 사람들의 죽음까지도 포용하기로 작정할 때마다, 우리는 치유와 희망의 진정한 출처가 될 수 있다. 치유를 위해 우리의 욕구를 버릴만한 용기를 갖게 될 때, 우리의 돌봄은 진실로 치유를 일으킬 수 있다. 우리 자신의 꿈이나 기대를 완전히 초월하는 방식으로. 돌봄의 은사를 가지고 우리는 죽어가는 형제자매들을 하나님과 하나님의 우주 중심으로 좀 더 깊숙이 인도할 수 있다.

〈죽음, 가장 큰 선물〉 중에서

16

| 샐리 터커 |
밥의 묘를 방문하고

> 샐리 터커는 온타리오주 리치몬드힐에서 가족과 함께 살고 있
> 다. 그녀는 라르쉬 데이브레이크 새벽공동체의 친구다. 딸 린제
> 이는 지금 대학생이고, 아들 미첼은 고등학교 3학년이다. 둘 다
> 기숙사 상담자 역할을 맡고 있으며, 린제이는 발달장애아들의
> 보조교사도 겸해 왔다.

  헨리는 우리 가족과 여러 모로 관계를 맺어왔다. 그 중에서도 가장 깊은 관계는 바로 친구였다.
  나는 헨리의 비서 코니 엘리스가 아플 때 데이브레이크 사무실에서 헨리의 일을 도와주고 있었다. 내 남편의 다섯 번째 기일인 7월 2일이 다가오자 나는 점점 초조해졌다. 그

팀 브루너, 헨리, 린제이 터커, 폴라 켈러허, 샐리, 그리고 미첼 터커.

의 묘를 찾아가 보고 싶었지만, 지난날 아이들과 함께 그곳을 찾아갔을 때마다 다들 너무나도 슬프고 힘들었기 때문이다. 그 당시 딸 린제이가 10살, 아들 미첼이 9살이었다. 이제는 더 이상 아이들을 아빠 무덤에 데려가고 싶지 않았다. 하지만 마음속으로는 이것이 우리 삶의 중요한 이정표라는 사실을 알고 있었다.

어느 날 나는 헨리에게 새로운 방식으로 밥의 묘를 방문할 수 있게 좀 도와달라고 부탁했다. 그는 꼭 그러마고 열정적으로 대답했다. 나는 커다란 안도감을 느꼈다. 헨리의 사랑과 우리를 도와주고 싶다는 열정 때문에 내 두려움이 줄어들었던 것이다.

드디어 7월 2일이 되었다. 헨리가 우리 집 뒷문으로 들어와 현관 계단을 뛰어올라 왔다. 작은 물병에 여름 꽃들을 한 다발 꽂아가지고. 린제이는 우리와 함께 묘지에 가려고 하지 않았다. 헨리는 출발하기 전에 린제이와 조용히 얘기를 나눴다. 나는 그가 뭐라고 얘기했는지 모른다. 어쨌든 린제이는 생각을 바꾸지 않았다. 헨리는 모종삽을 찾아낼 때까지 마당을 뒤적거렸다. 우리 ― 헨리와 미첼과 나 ― 는 조용히 경건하게가 아니라 허둥지둥 집을 나섰다. 헨리는 바로 그런 사람이었다!

묘지에 도착하자 미첼과 나는 조용해졌다. 어떻게 해야 할지 알 수가 없었다. 헨리가 우리에게 길을 보여 주었다. 아름답고 화창한 날이었다. 우리는 잔디에 앉았고, 헨리는 꽃병을 꽂기 위해 작은 구멍을 파기 시작했다. 우리도 조금씩 도와주기 시작했다. 그는 우리에게 밥에 관해 이야기해 달라고 부탁했다. 미첼은 내가 아빠의 묘비명에 뭐라고 새기면 좋겠냐고 물었던 일에 관해 이야기했다. 그리고 당시 다섯 살이었던 린제이가 전혀 주저함이 없이 "친절하고 부드러운 남자"라고 대답했던 일도 기억하고 있었다. 정말로 우리는 묘비명에 그렇게 새겨 넣었다.

처음에는 이런 식으로 이야기하는 게 무척 이상하게 여겨졌다. 하지만 헨리가 너무나도 편안해 보였기에, 미첼도 금방 아빠에 관해 기억하고 있는 일들을 이야기하기 시작했다. 헨리는 미첼에게 물었다. 아빠가 돌아가셨을 당시 겨우 네 살밖에 안 되었던 아이가 누군지, 아빠가 무슨 일을 좋아했는지. 그러자 미첼은 아빠가 낚시를 좋아했다고 대답했다. 때로는 혼자서, 하지만 대개는 친구들과 함께. 헨리는 제1차 세계대전 당시 네덜란드에서 살았던 한 젊은 낚시꾼의 이야기를 들려주었다. 그는 가족을 위해 고기를 몇 마리 잡을 수 있게 해달라고 하루 종일 기도했다. 하지만 한 마리도 잡지 못할까봐 걱정이 되기 시작했다. 그 때 갑자기 엄청난 양의 물이 튀기더니, 이크! 배에 물고기가 가득 찼다. 젊은이는 소형 폭탄이 근처에서 터진 것을 전혀 몰랐다. 그는 물고기가 잡힌 것이 하나님의 축복이라고 믿었다.

우리는 헨리가 어렸을 때의 이야기들을 몇 가지 더 들으면서 함께 웃었다. 헨리가 미첼에게 얼마나 다정했는지를 나는 기억한다. 우리 세 사람 모두에게 아주 편안한 시간이었다. 그리고 나는 그 동안 내가 그토록 갈망했던 것 — 나와 아이들을 위해 새로이 밥과 함께 할 수 있는 방법 — 을 비로소 발견했다는 사실을 깨달았다.

헨리는 남아메리카 사람들은 가족끼리 함께 사랑하는 사람의 묘를 찾아간다고 말해 주었다. 때로는 도시락을 싸가지고 나눠 먹으면서 사랑하는 사람의 생애를 함께 기리기도 한다고 했다. 처음에는 참 이상하게 들렸다. 하지만 결국 우리는 밥의 묘에서 가끔씩 도시락을 먹을 수 있게 되었다.

　그 날 미첼과 내가 집에 돌아오자, 린제이가 무슨 일이 있었는지 궁금해 했다. 남동생이 너무나도 밝아졌기 때문이었다. 미첼은 그 날의 일을 회상하며, 아빠에 관해 이야기하고 헨리의 재미난 이야기를 듣는 게 얼마나 즐거웠는지 모른다고 말했다. 헨리는 심지어 집으로 돌아오는 길에 아이스크림까지 사주었다! 그 날 밤에 린제이가 자기도 묘지에 데려가 달라고 부탁했다. 나는 헨리가 나와 미첼을 인도해 주었던 것처럼, 이제 내가 린제이를 묘지로 인도해 줄 수 있다는 사실을 깨달았다.

　요즘도 묘지에 갈 때마다 약간의 상실감을 느끼곤 한다. 하지만 동시에 우리는 지난날의 삶에 대하여, 그리고 친절하고 부드러웠던 남자, 여전히 우리 삶 속에 살아있는 것처럼 여겨지는 남자에 대하여 깊은 감사를 느낀다. 헨리는 유머와 긍휼로 우리를 어둠과 공포가 아닌 평화의 세계로 이끌어 주었다. 그는 우리에게 새로운 방법으로, 웃음과 기쁨과 열린 마음을 가지고 밥을 추억할 수 있는 방법을 가르쳐 주었다. 이제는 밥의 묘를 찾아갈 때마다 헨리를 동시에 떠올리게 된다. 친절하고 부드러웠던 우리의 친구 헨리를.

17

| 폴라 켈러허 |

헨리의 가정을 꾸미며

폴라 켈러허는 몇 년간 라르쉬 데이브레이크에서 살았다. 한때는 데이스프링을 관리하였는데, 그곳은 헨리 나우웬이 기거하는 곳, 다른 사람들이 영성수련을 하는 장소였다. 1999년에 폴라는 고향인 오스트레일리아로 돌아가 캔버라의 라르쉬 공동체 리더가 되었다.

헨리가 주방에 들어온 날은 금방 알 수 있었다: 치즈 샌드위치를 만든다거나, 스프 캔을 데운다거나 하고 나면, 필요한 것보다 훨씬 더 많은 접시가 나와 있었고, 접시들이 마술처럼 깨끗해지거나 사라지기라도 할 것처럼 싱크대에 쌓여 있었기 때문이다.

헨리와 함께 데이스프링에 머물면서 그곳이 헨리의 가정이 될 수 있도록 도와주었을 당시, 재미있었던 순간, 절망스러웠던 순간, 특권을 누렸던 순간들을 떠올려본다. 아침 7시 30분이면 나는 주방으로 들어가곤 했다. 그러면 헨리가 수 모스텔러나 웬디 리우드나 다른 친구 혹은 영성수련 참가자와 함께 대화에 열중하고 있는 모습을 볼 수 있었다. 대화주제는 아마도 하나님의 신비나, 교회와 세계 각지에서 벌어지고 있는 사건들, 최근에 있었던 세미나나 영성수련, 혹은 그가 읽은 책들이었던 것 같다. 그렇게 이른 아침에 나누는 대화주제로서는 조금 무겁고 강한 것이었지만, 나는 그 아침식사 시간을 무척 소중하게 여겼다. 나를 풍요롭게 해 주고 도전의식을 심어 줄만한 지혜로운 말들을 아주 많이 들을 수 있기 때문이었다.

데이스프링을 책임져 달라는 부탁을 처음 받았을 때, 나는 불안한 마음에 약간 겁을 집어먹었다. 그가 하는 이야기들을 그렇게나 많이 들었고, 그가 쓴 책들을 그렇게나 많이 읽었으며, 그가 예배시간에 설교할 때마다 그토록 존경스럽게 들었던 내가, 어떻게 감히 그를 위한 가정을 꾸밀 수 있단 말인가? 그는 나와 전혀 다른 경험과 지식을 소유하고 있었다. 하지만 나는 헨리의 인간됨을 발견하게 되었다. 그는 집에서는 편안하게 농담도 하고, 그 날 있었던 일을 이야기하기도 하고, 어떤 일을 좀 도와달라고 부탁하기도 했다. 헨리와 나는 친구가 되었다. 그리고 정말로 서로를 인정하게 되었다.

언제나 나를 웃게 만들었던 것은, 아침 8시에 어떻게 하면 헨리처럼 그렇게 민첩하게 벌떡 일어서서 컵과 접시를 싱크대에 가져갈 수 있는가, 혹은 문밖으로 뛰어나가 파란색 혼다를 끌고 골목들을 달려 사무실로 출근할 수 있는가 하는 것이었다. 분명히 30분가량은 그에게서 시사성이 짙은 의견들을 듣곤 했다. 그런데 바로 다음 순간에는 헨리 안에 있는 아이가 아무런 생각도 없는 사람처럼 부리나케 달려나가는 모습을 지켜보곤 했다. 다시 30분 정도가 지나면 헨리가 올라오는 소리, 예배실 문이 급히 열리는 소리, 그리고는 성구보관소에서 다급하게 예복을 걸치는 소리가 들리곤 했다. 그는 정신없이 옷매무새를 고치면서 오전예배에 참석하러 온 사람들을 맞는가 하면, 말씀선포의 놀라운 은사를 지닌 조용하고도 현명한 존재로 돌아가기도 했다.

헨리는 마치 멈추거나 나아가거나 둘 중에 한 가지만 있는 사람 같았다. 그 중간은 결코 없었다. 그에게는 천천히 간다는 것이 없었다. 하루는 헨리와 함께 데이스프링 거실에서 데크의 새 덮개에 관해 이야기하고 있었다. 거실과 데크 사이에는 스크린도어와 슬라이딩 유리문이 달려 있었다. 한낮의 태양이 유리문 너머로 빛나고 있었다. 헨리에게 새 덮개의 모양을 말로 설명하기가 어려웠기에, 나는 그에게 직접 보여 주기 위해 데크로 나가자고 했다. 나가는 동안 나는 반쯤 헨리를 향해 있었고, 햇빛 때문에 앞이 잘 안 보였다. 슬라이딩 유리문은 열려 있었고 스크린도어는 닫혀 있었다. 데크가 나타날 걸로 생각한 나는 곧장 스크린도어를 향해 걸어갔다. 쾅! 당황한 나는 헨리의 얼굴을 돌아보았다. 기절할 정도로 놀란 모양이었다. "어떻게 그럴 수가 있어!" 그가 물었다. 바로 두 달 전, 공항에서 판유리 창문을 향해 걸어간 사람이 바로 헨리였다. 나는 대답했다. "아주 쉬워요. 저한테는 전문가 선생님이 계시잖아요!" 우린 둘 다 웃음을 터뜨렸다.

18

| 크리스 글래이저 |
헨리의 가장 큰 선물

크리스 글레이저는 〈말씀이 선포되다〉, 〈성례전으로서 공표하기〉 등 일곱 권의 책을 쓴 작가다. 특히 〈성례전으로서 공표하기〉는 헨리 나우웬에게 바친 책이다. 크리스는 〈두 손을 펴고〉의 편집 인인데, 이것은 성적 성향에 상관없이 누구나 환영하는 신앙인을 위한 계간지다. 또 그는 헨리의 생애와 저서를 토대로 하는 일간 묵상지를 만들고 있다. 현재 그는 조지아 애틀란타에서 살고 있다. 헨리와는 예일에서 처음 만났다.

나는 헨리가 1973년 가을 예일대학교 신학대학원에서 첫 번째로 강연했던 외로움에 관한 녹음테이프를 통해서 그를 알게 되었다. "우리는 자신의 외로움을 멀리 하기 위해 어떤 사람이나 사물을 찾습니다." 짙은 네덜란드식 억양이었다.

"하지만 나중에는 그 누구도, 그 어떤 것도 우리의 외로움을 떼어낼 수 없다는 사실을 깨닫게 됩니다." 그는 외로움을 창의적 고독으로 변화시켜 주는 영성생활에 관하여 이야기하였다. 헨리의 말을 듣고 있자니, 그의 외로움이 나의 외로움을 건드렸다. 당시 나는 신학대학원 때문에 고향을 멀리 떠나와 있었다. 캘리포니아에 가족과 지인들과 첫사랑을 남겨두고.

두 번째로 헨리를 접한 건 그가 학생들에게 가르쳤던 두 개의 작품을 통해서였다. 애슐리 몬태규의 〈코끼리 인간〉은 아직까지도 글로만 소개될 뿐이지, 연극이나 영화로 제작된 적은 한 번도 없었다. 그리고 헨리의 수필 "동성애자의 자기-유용성"은 〈동성애자도 괜찮은가?〉라는 제목의 책으로 출간되었다. 첫 번째 작품은 다른 사람들과 같아지고 싶은 사람으로서 쓴 것이었다. 사실 신체기형인 주인공은 다른 사람들처럼 수평으로 자려고 애쓰다가 사망했다. 두 번째 이야기는 온갖 상황에서도 나 자신이고 싶은 욕구에 관한 것이었다. 헨리는 동성애자들도 그들 자신의 감정적, 영성적 건강을 위해 그들 자신이 될 필요가 있다고 주장하였다.

나는 교회사 수업을 그만 두고 헨리의 강좌에 등록했다. 그 강의는 나중에 〈영적 발돋움: 영성생활로 나아가는 세 가지 움직임〉이라는 책으로 엮어졌다. 헨리는 그 책이 자신의 그리스도교 경험과 가장 가까운 것이라고 말한 바 있다.

헨리는 다른 교수들과 달랐다. 그는 캠퍼스에 머물렀는데, 아파트 문을 잠그지 않아 누구나 늘 들를 수 있는 안전한 장소였다. 그는 사무실에 책이 너무 많다는 한 학생의 의견을 듣고 위협적인 서재를 치워 버리기도 했다. 그는 자신이 매우 박식한 사람임에도 불구하고 학생들에게서 배울 게 많다는 사실을 학생들이 알기 원했다. 헨리는 캠퍼스의 작은 기도실과 자신의 집에서 기도와 성만찬예식의 기회를 제공하였다. 그리고 학생들의 행사에도 참석하였다. 게이와 레즈비언을 위한 유니버설 펠로우십 오브 메트로폴리탄 커뮤너티 처치스의 설립자, 레버렌드 트로이 페리의 강연에도 참석했다. 예일대학교 신학대학원 최초의 공개적인 동성애자 강연에 얼굴을 비추는 것은 나의 가장 공적인 "커밍아웃"으로 작용했다.

나는 헨리에게 페리의 말을 어떻게 생각하느냐고 물었다. 그는 조금 머뭇거리면서 말하길, 그 문제에 대해 전혀 문외한인 청중들에게는 적합한 유머와 긍휼을 잘 제시해 주었다고 했다. 하지만 헨리는 좀 더 심오한 것을 찾고 있었다. 그는 페리의 커밍아웃을 뒷받침해 준 영성의 특징, 그리고 동성애에 반대하는 이 세상에서 동성애 관계가 지니는 감정적 복잡성에 대해 궁금해 했다. 돌이켜보면, 그 당시 헨리는 자신에 대해 좀 더 많은 정보를 찾고 있었지 않나 싶다.

나는 헨리의 부드러운 비평을 듣고서, 성적 소수자들에 대한 교회의 학대를 개혁하기 위해 노력해야겠다는 결심을 굳히게 되었다. 나의 영성은 나의 성적 성향과 더불어 공개되어야만 했다.

헨리의 강의를 마지막으로 들은 것은 빈센트 반 고흐의 생애와 사명에 관한 강의였다. 헨리가 이 특별 세미나를 개최하겠다고 했을 때 다른 교수들은 이렇게 질문했다: 웬 사명? 그는 자살하지 않았는가? 하지만 헨리는 동료 네덜란드인의 그림을 보고 그리스도교의 긍휼을 발견했다. 반 고흐는 칼빈주의 성직자였다. 하지만 가난한 소교구민들과의 결속은 교회와 마찰을 일으켰고, 결국은 파면을 당했다. 그 후 얼마동안 아무것도 안 하고 있다가 그는 그림을 통해 설교해야겠다는 결심을 하게 되었다. 종교가 주는 것과 똑같은 위로를 그리스도인들에게 줄 수 있는 그런 그림을 그리기로 한 것이다. 헨리는 빈센트의 삶과 자신의 삶 사이에 유사한 점이 있다고 생각했던 것 같다. 반 고흐가 그림에 빈센트라고 서명한 것도 닮은 점들 가운데 하나다. (헨리는 자기 이름 가운데 J. M.을 붙여서 서명한 적이 있는데, 그것은 "바로 나, just me"를 뜻하는 것이었다.)

내가 예일을 졸업한 다음에는 서로 만날 기회가 그리 많지 않았음에도 불구하고, 가끔씩 연락도 취하고 종종 우연히 만나기도 함으로써 우리의 우정은 점점

엘살바도르에서 가져온 십자가를 크리스 글래이저에게 주고 있는 헨리

더 깊어갔다. 그는 무척 초조한 사람처럼, 긴 편지를 써달라고 하고 나서, "바쁜" 일에 대해, 내 "느낌"에 대해 물은 다음, 나중에 좀 더 긴 답장을 보내 주겠다고 약속하는 짧은 편지를 보내놓고선 절대로 긴 편지를 주지 않았다. 그는 신속한 조언을 해주었고, 찬성인지 반대인지를 자주 물었다. 처음 몇 년 동안, 장기적인 관계를 확립하는 데 어려움을 겪는 나에 대한 그의 한결같은 반응은 내가 이것을 독신생활에 대한 부르심으로 받아들여야 하느냐 마느냐 하는 질문이었

다. 그는 학생들에게 독신생활은 은사이며, 따라서 실패한 관계가 독신생활을 고려할만한 최고의 이유는 아니라는 사실을 잊지 말아야 한다고 가르쳤다.

우리의 우정이 막 시작되었을 무렵, 나는 내가 개신교 신자이기 때문에 헨리가 나의 동성애 성향을 받아들이기가 좀 더 쉬울 것이라고 생각했다. 가톨릭의 가르침이 내게는 적용되지 않았기 때문이다. 하지만 내가 어떤 성직자와 데이트를 하기 시작하자, 헨리는 이것이 문제가 될 수 있다는 사실을 발견했다. 비단 성직자의 독신서원 때문만은 아니었다. 그는 이 성직자가 자신의 소명과의 접촉을 상실할까봐 두려워하고 있었다. 사실 우리의 관계는 성직에 봉사하고 싶은 서로의 욕구를 더욱 강화시켜 주었는데도.

헨리가 금욕생활을 하고 있다는 사실을 처음으로 알게 된 것은, 그가 미국인들을 설득하여 중앙아메리카에 대한 미국 정부의 정책을 그만 두게 하려고 왔을 때였다. 나는 신문에서 로스앤젤레스 지역의 한 교회에서 헨리가 설교를 할 것이라는 기사를 읽었다. 그 당시 나는 신학대학원을 졸업한 뒤 로스앤젤레스로 돌아와 있었다. 졸업식 때 헨리를 본 적 있는 부모님과 그 교회에서 만났다. 우리는 혼잡한 성만찬상 주변의 발코니에 앉았다. 그곳에는 천 명이 넘는 청중이 들어차 있었다. 사람들은 큰 기대를 갖고 있는 것 같았다. 헨리가 갑자기 나타나자 흥분의 물결이 일었다("저기 있다!"고 헐떡거리면서 외치는 소리가 가득했다). 마치 록 스타가 무대에 등장했을 때의 반응과도 같았다. 그는 원고도 없이, 그의 트레이드마크인 두 손을 도리깨처럼 휘두르면서, 또 하느님께로 막 날아오르려는 새처럼 퍼덕거리면서, 자신이 중앙아메리카에서 경험한 일들에 대해 극적으로, 매력적으로 이야기하였다. 그는 그것이 그리스도께서 다시 한 번 십자가에 못 박히신 새 십자가의 대들보라고 묘사하였다.

강연을 마친 후에, 헨리는 자신과 악수를 하기 위해, 그리고 자신의 저서에 사인을 받기 위해 몰려드는 손들의 바다 너머로 나를 발견하였다. 그는 나를 향해 손을 흔들더니 마치 구조요청을 하는 것처럼 소리쳤다. "가지 말고 기다리게!" 이윽고 그와 함께 있게 되었을 때 그가 말했다. "자네가 생활하고 일하는 곳에 날 좀 데려가 주게. 보고 싶어." 마지막 사람에게 사인을 해주고 나서 함께 나온 것은 거의 자정 무렵이었다. 팬들이 들을 수 없는 곳에 당도하자 그가 화를 내면서 말했다. "이런 행사 때는 내 책을 팔지 말라고 해야겠어. 책에 사인하느라 꽉 붙잡혀서 사람들을 만날 수가 없잖아."

그 당시 나는 아직 성직을 받지 못한 채, 웨스트 홀리우드의 레즈비언, 게이, 양성애자, 트렌스젠더 공동체들과 교회 사이를 중재해 주는 장로교 선교단체에서 일하고 있었다. 생활도 거기에서 하였다. 헨리는 내 이웃을 만나보길 원했고, 내가 자주 가는 술집이나 관심 있는 장소들을 둘러보고 싶어 했다. 나는 맨 먼저 그를 스튜디오 원이라는 요란한 게이 디스코장으로 데려갔다. 헨리는 커다랗고 어두컴컴한 방을 둘러보았다. 이렇게 "이른" 시간이라 그런지 춤추는 남자들과 여자들 몇 명밖에 없었다. 스트로보스코프 조명이 간헐적으로 빛났다. 언제나처럼 거울이 달린 볼에서 빛이 반사되고 있었다. 헨리가 음악이 활기차다고 찬사를 보냈다: "여긴 정말 쾅쾅 울리네!" 나는 신학대학원 파티 때 헨리가 모두들 동그랗게 모여 춤을 추도록 유도했던 일을 떠올렸다 — 그 때도 교수진 중에서 거기에 참석한 사람은 헨리 혼자뿐이었다.

다음으로 우리가 간 곳은 리볼버라고 하는 게이 비디오바였다. 2백 명의 남자들이 서서 술을 마시며 실내 구석구석에 설치된 뮤직비디오 모니터를 올려다보고 있었다. 여러 영화에서 동성애와 관련된 흐릿한 장면들을 군데군데 따온 것이었다. 헨리의 눈이 동그래졌다: "사람들이 이런 걸 실제로 즐기다니 믿을 수가 없군!" 이 말이 의미하는 것은 그가 남자들과 접촉한 적이 거의 없다는 사실이었다. 그는 스크린에서 눈을 떼지 못했다.

집이 가까워지자 마약 판매로 악명이 높은 핫도그 거리가 나타났다. 헨리에게 그 사실을 말해 주자 그는 즉시 이렇게 말했다. "그럼 멈춰서 보고 가세!" 우리는 주차를 하고 차에서 내렸다. 헨리는 동물원에 온 것처럼 사람들을 자세히 들여다보았다. 그리곤 마약에 취해 지나가는 한 쌍을 가리키면서 물었다. "자네는 이 사람들이 마약을 하고 있다고 생각하나?" 나는 얼른 그의 의심을 확인해 주었다. 그의 반응은 판단이라기보다는 놀라움 자체였다.

우리는 내 아파트에서 잠깐 함께 있었다. 그가 묵는 모텔에 데려다 주고 온 시각이 새벽 3시였다. 며칠 후에 그가 내 집을 다시 찾아왔다. 그 날 저녁 그는 매주 있는 나의 성경공부를 인도해 주었다. 그 자리에 모인 사람들이 그가 누군지를 알아보고는 깜짝 놀랐다. 그는 대체로 사람들의 말을 듣기만 했고, 질문을 많이 던졌다.

헨리는 언제나 열성적이었다. 그 날 오후 나는 산타모니카 해안선 ― 생각을 하거나 기도할 때, 혹은 절친한 친구와 이야기를 나눌 때, 내가 제일 좋아하는 곳 ― 을 따라 함께 산책하자고 제안했다. 그런데 그는 내 소파에 털썩 앉더니 이렇게 말했다. "오, 아냐. 여기 앉아서 진짜로 좋은 얘기를 나누자고." 그는 해안을 올려다보면서 절벽을 따라 걷는 것이 진짜로 좋은 얘기를 나누기에 안성맞춤이라는 사실을 전혀 모르고 있었다. "진짜로 좋은 얘기"를 나누자고 딱 꼬집어 말하는 것처럼 억지스러운 것도 없다.

한 번은 '헨리의 스피드웨이'를 따라 걸으면서 "진짜로 좋은 얘기"를 나눈 적이 있었다. 그 길은 공동체 멤버들에게 유명한 길이었다 ─ 라르쉬 데이브레이크의 사유지를 따라 난 비공식적인 길이었다. 당시 나는 토론토의 초교파주의 에이즈협의회에 참석하러 갔다가 헨리와 함께 머물고 있었다. 나는 인체면역결핍바이러스/에이즈를 앓고 있는 사람들의 모임에서 아주 강한 인상을 받았다고 말했다. 그 동안은 교회에서 나의 동성애 성향에 관해 너무 공개적인 자세를 취했기 때문에 상처를 많이 받아왔다고 설명하고, 이제는 생명을 위협하는 이 질병에 걸릴 경우 더 이상 교회에 나를 노출시키고 싶지 않다고 말했다. 헨리는 내 말을 이해해 주었다. 하지만 그는 그리스도인의 삶이 다른 사람들을 위한 삶이라는 사실을 일깨워 주었다: 따라서 질병과 죽음을 함께 공유하는 것도 삶의 다른 부분들을 공유하는 것만큼이나 중요한 일이라고 했다. 물론 그는 〈거울 너머의 세계〉에서 문자 그대로 자기 죽음과의 가벼운 접촉에 관하여 성찰하면서 바로 그런 일을 할 기회를 포착하였다.

그 방문 기간에 우리는 한 번 더 의미심장한 대화를 나눴는데, 그 지역의 싸구려 식당에서였다. 우리는 독신생활에 관해 이야기하였다. 헨리는 그것을 소명으로 여기고 헌신적으로 지키고 있었다. 하지만 시련이 없는 것은 아니라고 했다. 그는 성직자였던 안톤 삼촌의 장례예식에 참석했던 때의 일을 설명해 주었다. 장례예식 후 모두가 조촐한 사교모임을 위해 나갔다. 사람들은 슬퍼했다. 하지만 헨리 기억에, 아주 많이 슬퍼하진 않았다. 그는 이렇게 결론을 내렸다. "내가 죽으면 누군가가 내 묘 앞에 서서 나 때문에 자기 삶이 완전히 변했다고 말해 줬으면 좋겠네." 말하자면 헨리는 친밀한 관계를 그리워했다. 자기를 잃고 나면 정말로 슬퍼해 줄 그런 인생의 동반자를. 물론 나는 확신에 차서 말했다. "헨리, 당신이 죽으면 수천 명이 달려와 슬퍼할 거예요." 하지만 그는 독자들을 염두에 두고 한 말이 아니었다.

그 방문 기간 동안 나는 애덤 아넷도 만났다. 그는 헨리에게 도와달라는 부탁을 받은 데이브레이크 핵심 멤버였다. 나는 그들의 아침 일과에 깃들인 친밀감과 온화함이 어떤 의미에서는 배우자나 자녀가 있는 사람과 친밀한 관계를 맺고 싶어 하는 헨리의 욕구를 채워 주고 있다는 것을 깨달았다.

하지만 정작 헨리가 심오한 감정적 관계를 맺기 위해 온 힘을 기울이고 있는 대상은 공동체의 다른 멤버 — 다른 도우미 — 였다. 그 사람은 뒤로 움츠러들었는데, 틀림없이 헨리의 의욕 때문에 당황한 것 같았다. 헨리는 깊은 절망감을 느꼈고, 공동체는 치유의 장소에서 시간을 좀 보내고 오라고 제안했다. 그 기간 동안 헨리는 나에게 전화를 여러 차례 걸었다. 나는 그 때 구름이 낮게 걸려 있는 황량하고 쓸쓸한 지평선을 떠올렸다 — 아마도 헨리의 기분을 반영한 것이었으리라. 그로부터 8년 후, 그 시기의 상처에 관해 쓴 글이 〈마음에서 들려오는 사랑의 소리〉로 출판되었다.

그 사이에 헨리는 자기 정체성을 좀 더 확립하게 되었다. 전형적인 '상처 입은 치유자'는 〈마음에서 들려오는 사랑의 소리〉에서 경고하기를, 사람들은 하나님께서 우리를 통해 말씀하시고 있는 것을 잊어버리기 위해 우리의 상처 입은 자아를 붙잡으려고 애쓸 수 있다고 하였다. 초기의 논문 "동성애자의 자기-유용성"을 썼던 사람이 이제는 자기 자신의 충고를 받아들여 줄 친구, 나아가 자신의 갈망과 희망을 숨길 필요가 없는 친구를 찾고 있었다. 그는 비록 독신생활이 자신의 소명이라는 강한 확신을 갖고 있었지만, 게이 가정에서 포옹으로 맞아 주는 것, 그리고 남자들과 본질적인 친교를 돈독히 하는 걸 진심으로 즐겼다.

생애 마지막 일 년 동안, 그리고 마지막 안식년 동안, 나는 새로 이사한 애틀란타로 나와 파트너를 방문하러 와달라고 헨리를 설득했다. 그는 우리 집으로 꽃을 가져왔다. 나는 몇 년 전 내 파트너와의 서약식을 기념하는 의미에서 그가 보내온 풍성한 꽃바구니를 가리켰다. 나는 치즈와 과일, 빵을 잘라서 준비했다. 그리고는 고급 포도주 병을 땄다. 셋이서 데크에 앉아 백 년 된 나무들이 늘어선 골짜기를 건너다보았다. 다음날 아침, 헨리가 그곳에서 기도회를 이끌었다. 그리고 그 날 저녁에는 우리를 데리고 저녁식사를 하러 나갔다. 우리는 함께 방을 빌렸고, 내 파트너가 문제를 지적한 영화 〈휴거〉에 관하여 토론을 벌였다. 그 영화의 여주인공은 아주 무자비한 하나님을 믿는 종교에서 삶의 의미를 발견한다.

넉 달 후, 헨리는 죽었다. 나는 완전히 절망하였다. 아버지가 돌아가신 이후로 그렇게 슬펐던 적은 없었다. 하지만 그는 아직도 내 삶의 통전적인 부분으로 남아 있다. 〈죽음, 가장 큰 선물〉이 헨리 자신의 죽음에 대해 나를 위로해 주었다. 그 책에서 헨리는 우리 삶의 열매를 추수할 수 있는 것은 오로지 우리 생명이 끝난 다음일 경우가 많다고 설명하였다. 우리 어머니가 돌아가셨을 때, 나는 헨리의 어머니가 돌아가셨을 때의 이야기인 〈소중한 추억, 나의 어머니〉를 다시 읽었다. 또 관계가 와해되어 고통과 슬픔이 가득 찼을 때에는, 〈마음에서 들려오는 사랑의 소리〉를 읽고 지속적인 명찰과 성찰의 시간을 가졌다. 헨리가 죽었을 때에도, 슬픔에 잠긴 나는 그의 생애와 업적에 관한 영성수련을 인도하였다. 그가 가본 적 없는 영성수련센터에서 그가 만나본 적 없는 사람들에게 그의 사명을 전달하였다.

토론토행 비행기를 기다리는 동안, 헨리는 나에게 이렇게 물었다. "내가 자네를 위해 뭘 할 수 있을까? 자네를 도와줄 수 있는 일이 뭐 없겠나?" 이용당할지도 모른다는 그의 두려움을 떠올리면서, 하지만 정말로 솔직하게, 나는 이렇게 대답했다. "당신은 이미 내게 해줄 수 있는 일들을 모두 해줬어요. 우리를 방문하러 와줬잖아요."

그가 곁에 있어 준 것, 그의 산문적인 표현들, 그것이야말로 헨리의 가장 큰 선물이었다고 나는 믿는다. 그는 우리와 함께 있어 주었다.

|긍휼에 관하여|

만일 모든 종교의 중심이 되는 개념이 하나 있다면, 그것은 바로 "긍휼"일 것이다.

어떻게 하면 긍휼이 우리 삶의 중심이 되게 할 수 있을까? 불안하고, 걱정이 많고, 상처받기 쉽고, 결국 죽게 될 – 언제 어디서나 어떻게든 생존의 투쟁에 열중하는 – 존재인 우리에게, 경쟁은 상당한 만족을 안겨 주는 것 같다……우리가 가장 원하고 가장 높이 평가하는 것이 바로 승리인 것만은 틀림없다.

그러나 예수님은 이렇게 말씀하신다: "너희의 아버지께서 자비하신 것과 같이, 너희도 자비로운 사람이 되어라." 지난 수세기 동안 위대한 영성지도자들도 모두 이 말씀을 되풀이하였다. 긍휼 – 문자 그대로 "함께 괴로워하다"를 의미하는 – 은 우리가 가장 자기 자신으로 돌아갈 수 있는 순간은 다른 사람들과 다를 때가 아니라 오히려 똑같을 때라고 하는 진리로 향하는 길이다. 사실, 중요한 영성적 질문은 "무엇이 다른가?"가 아니라 "무엇이 똑같은가?"이다. 우리를 가장 인간적이게 하는 것은 "탁월함"이 아니라 "섬김"이다. 치유와 화해에 이르는 길은 우리가 다른 사람들보다 낫다는 것을 증명하는 것이 아니라 우리가 다른 사람들과 똑같다는 사실을 고백하는 것이다.

긍휼, 곧 다른 사람들이 괴로워할 때 함께 해주고 기꺼이 약한 이들의 친구가 되어 주는 것은, 사람들 간에 정의와 평화를 이루는 하나님의 길이다. 이게 과연 가능할까? 얼마든지 가능하다. 하지만 우리가 사랑을 위해 경쟁할 필요가 없다는, 사랑은 우리를 긍휼로 불러 주시는 분을 통해서 값없이 주어진다고 하는 확고한 믿음을 지니고 살 때에만 가능하다.

〈지금 여기 우리와 함께 계시는 하나님〉 중에서

19

| 캐시 크리스티 |

헨리와 함께

> 캐시 크리스티는 헨리 나우웬의 생애 마지막 4년간 그의 비서로 일했다. 그녀는 2000년, 공동체와 가족 묵상에서 새로운 소명을 맡을 때까지, 계속 헨리 나우웬 저작권센터 관리자를 맡았다. 현재 그녀는 남편 짐과 세 아이들과 함께 온타리오주 뉴마켓에서 살고 있다.

사람들은 자꾸만 내게 이런 질문을 했다. "어쩌다가 헨리 나우웬을 위해 일하게 되었어요?" "헨리 같은 사람을 위해 일하는 건 신나는 일 아닌가요?" "헨리는 진짜로 어떤 사람이에요?" 그리고 내 대답을 듣곤 늘 실망하는 눈치였다. 사실 1992년에 나는 신문광고를 보고 응모를 했다. 헨리와 함께 일하기 전까지는 라르쉬 공동체나 헨리 나우웬에 관해서 단 한 번도 들어본 적이 없었다. 그것은 오히려 다행이었다. 아마도 그의 명성에 대해 알았더라면 겁을 집어먹었을 게 뻔하니까. 면접을 보는 동안 헨리는 사람들이 자신을 만나러 왔을 때 정말로 환영받고 있다는 느낌이 들게 하는 것이 얼마나 중요한가를 강조하였다. 여러 면에서 헨리는 상당한 완벽주의자였는데도 불구하고, 나의 사무능력은 그에게 별로 중요한 일이 아닌 것처럼 보였다.

헨리와 함께 일하는 건 정말로 편안했다. 그의 사무실은 그에게 마치 성소 같았다. 그리고 그가 사랑하는 공동체와 연결시켜 주는 다리와도 같았다. 또한 그의 사무실은 바깥 세계, 그러니까 많은 사람들, 많은 친구들, 출판세계, 회의, 영성수련, 그 밖에도 그가 속해 있는 여러 가지 활동들로 통하는 문이기도 했다. 물론 헨리가 내 개인적인 친구였다고는 말할 수 없다. 하지만 우리는 여러 모로 가족과도 같은 사이였다. 그는 나를 깊이 신뢰하였다. 또 그는 언제나 내가 어디에 있는지를 알아야만 했다. 그는 나와 연락할 수 있는 온갖 장소의 전화번호를 죄다 갖고 있었다. 한 번은 휴일을 맞아 남편과 이스트 코스트에 가 있었는데, 헨리가 어떤 문제 때문에 구조요청을 했다. 그와 통화를 마친 나는 메인주에서 노바스코샤주로 항해하고 있던 배를 곧장 해안으로 돌렸다. 남이 나를 필요로 한다는 느낌이라니! 서로 의견이 일치하지 않았던 적도 몇 번 있었는데, 그 중 하나는 나에게 "숨 돌릴 틈"이 있어야만 한다는 것이었다. 하지만 우리는 곧 그 문제를 웃어넘겨 버릴 수 있었다. 나의 즉각적인 관심을 모두 독차지해야만 한다는 자신의 욕구가 너무나도 터무니없었다는 사실을 헨리가 금방 깨달았기 때문이다.

나는 헨리가 사무실에서 하는 일이나 저서를 쓰는 일이 나와는 상관없는 부분이라는 생각을 한 번도 해본 적이 없다. 그가 사람들과 함께 있으면 나는 뒷걸음질을 치곤 하였다. 하지만 그럴 필요는 없었다. "캐시, 이리 와서 우리랑 함께 합시다." 그는 독특한 억양으로 이렇게 말하곤 했다. 또 그는 타인의 제안과 변화에 매우 개방적인 사람이었다. 그가 내게 의견을 물어볼 때면 정말로 나의 견해를 듣고 싶은 것이었고, 내 말이 일리가 있으면 곧장 받아들이곤 했다.

헨리의 포용성은 그가 아는 사람들을 서로 연결시켜 주고 또 그들이 지속적인 우정을 맺을 수 있도록 해준다는 점에서 매우 자주 입증되었다. 그는 사람들을 한 데 모으고 그들이 처음에 느꼈던 경계심이나 두려움을 뛰어넘어 진정으로 서로를 알게 해줄 수 있는 재능을 갖고 있었다. 그는 나를 고용하자마자 뇌종양을 앓고 있는 전임비서 코니 엘리스와 서로 알고 지내도록 만들었다. 그 덕분에 나는 사무실 일을 빨리 배울 수 있었고, 헨리에 관해서도 더 많이 이해하게 되었다. 그도 그럴 것이, 그와 코니는 아름다운 우정을 쌓고 있었고, 여전히 코니는 사무실을 "가정"처럼 여기고 서로 연락하며 지냈던 것이다. 코니와 나는 좋은 친구가 되었다. 그리고 나는 코니가 죽어가는 동안 그녀 주변에 둘러서 있었던 사람들 가운데 한 명이었다. 나와 코니의 우정은 헨리가 나에게 주고 간 많은 선물들 중 하나였다.

사람들은 내게 이런 말을 하곤 했다. "헨리는 꼭 멍하니 넋을 놓고 있는 수도사 같아요." 하지만 결코 그렇지 않았다. 그는 내가 만난 사람들 중에 가장 체계적인 사람에 속했다. 그는 철저한 사람이었고, 다른 사람들이나 세부적인 일들, 책과 예술에 관해서도 탁월한 기억력을 지닌 사람이었다. 그는 나에게도 늘 자신의 지식을 나눠 주려고 애썼다. 이것은 매우 이상하게 들릴지도 모른다. 그는 어떤 일에 완전히 몰두하면, 사람이 방에 있는데도 거들떠보지도 않고 재빨리 지나가버렸으니까. 하지만 사실 그의 관심은 다른 데 팔려 있어서 그 사람을 전혀 보지 못했던 것이다. 만일 헨리가 그 사람과 접촉했다면 오로지 그 사람에게만 정신을 집중했을 것이다.

나는 헨리가 여러 사람들을 섬기는 모습을 지켜보았다. 그는 두려워하지 않고 어떤 문제나 논제의 핵심으로 곧장 파고들었다. 진심으로 귀 기울여 들을 수 있다는 것은 그가 가진 재능들 중 하나였다. 그와 상담을 해본 사람들은 스스로 필요성을 느끼면서도 행동에 옮기지 못하고 있음을 깨닫곤 했다. 헨리는 우리가 하나님의 사랑을 받고 있으며, 하나님은 용서의 하나님이심을 굳게 믿었다. 그런 그의 믿음이 사람들을 속박에서 풀려나게 해주었다. 그는 사람들이 무엇을 필요로 하는지 물었고, 그 대답에 조용히 귀를 기울였다. 그리하여 사람들은 대개의 경우 새로운 길을 발견할 수 있었다.

하지만 때로는 그렇지 못한 경우도 있었다. 헨리가 상담하고 있던 사람들 가운데 두 명이 거의 동시에 자살해 버린 일이 있었다. 헨리는 세상 짐을 다 지고 사무실로 들어왔다. 그에게서 모든 에너지가 다 빠져나가 버린 것 같은, 마치 그의 일부가 상실된 것 같은 느낌이 들었다. 정말로 드문 일이었다. 하지만 그는 그 시간을 상당히 빨리 이겨냈다(적어도 외면상으로는). 순전히 그들 가족과 파트너 곁에 있어 주기 위해서였다. 그는 다시 한 번 그들의 고통 한가운데로 뛰어들어 돌봄의 손길로 껴안아 주고 격려해 주었다. 내가 보기에 헨리는 자신이 바꿀 수 없는 일들이 많다는 것을 인정할 줄 아는 사람이었다.

또 헨리는 기쁨에 관한 놀라운 능력을 지니고 있었다. 생일이나 크리스마스 행사 때 그는 마치 어린아이와도 같았다. 우연히도 그는 나와 생일이 똑같았다. 때때로 나는 생일 같은 것에 관심을 두고 싶지 않았지만, 헨리 곁에서는 불가능한 일이었다. 그리고 그의 축하행사에 참여하는 것은 아주 즐거운 일이었다. 그는 축하행사를 아주 좋아했고, 수많은 친구들과 함께 즐겼다. 우리 지역의 꽃가게는 그야말로 성황을 이뤘다. 우리는 모두들 절친한 사이였고, 나는 특별한 날마다 꽃가게 주인에게 팩스로 명단을 보냈다. 헨리는 친구들을 정말로 사랑했다. 그리고 낯선 사람들도 똑같이 사랑했다! 누군가 그에게 인사라도 할라치면 자기 저서를 한 권씩 건넬 정도였다. 정말이지 그 자신이야말로 가장 효과적인 선전도구였다고 나는 생각한다.

헨리와 함께 있으면서 그를 위해 일했던 4년 동안, 확실히 나는 직장에 다녔다고 말할 수 없다. 그것은 그저 생활에 불과했다. 나는 그에게 사적인 문제를 상의해 본 적이 한 번도 없다. 하지만 그가 죽은 이후로 그의 지혜가 정말 소중했다는 사실을 깨달은 순간이 많았다. 나는 다른 사람들처럼, 필요할 경우 헨리에게 도움을 청할 수 있다는 것을 알고 있었다. 그래서 그가 죽었을 때는 마치 안전망이 뚫린 것 같은 느낌이 들었다. 그럼에도 불구하고, 그에게 배웠던 수많은 것들 ― 그의 공동체 사랑, 깊은 신앙, 자신이 변화시킬 수 없는 것을 인정하는 능력, 성만찬예식에 대한 애정, 사람들과 접촉하고 싶은 욕구, 그리고 친구들에게 신실한 사람이 되고 싶은 열망 ― 이 여전히 나와 함께 머물고 있으며, 따라서 나는 감사하게 생각한다.

헨리는 책상에 쌓여 있는 모든 편지들에 대해 사려 깊고 관심이 넘치는 답장을 보냈다. 폭풍우가 몰려와도, 눈보라가 몰아쳐도, 그 어떤 장애물이 가로막을지라도, 매일 아침 8시면 우리는 반드시 만났다. 그는 아침 성만찬예식을 집례하러 가기 전에 편지를 쓰기 시작했다. 다음 편지는 절친한 친구가 자살해 버린 어느 십대 소녀에게 헨리가 보낸 편지다. 이것은 괴로움에 빠진 사람들 곁에 있어줄 줄 알았던 그의 능력을 입증해 준 수많은 일들 가운데 하나일 뿐이다. 그는 이 소녀를 개인적으로 알지 못했지만, 친구로서 답장을 보내달라는 부탁을 받았다.

사랑하는 제인*에게,

너에게 편지를 쓸 수 있어서 참 기쁘구나. 너를 정말로 깊이 이해하고 있다는 것과, 네 인생에서 가장 힘든 이 시기에 너를 도와줄 수 있었으면 좋겠다는 것을 전하게 되어 기쁘다. 아그네스가 왜 죽었는지, 어째서 가장 친한 친구를 잃게 되었는지……왜 이번 일을 미리 막지 못했는지, 네가 스스로 자문해 보고 있다는 사실을 난 안단다……그 수많은 질문들에 대한 해답은 나도 몰라. 하지만 이렇게 너에게 편지를 쓰는 것은, 아그네스와 너의 우정이 결코 헛된 게 아니라는 나의 믿음을 전해 주고 싶어서야. 너희 둘 사이에 있었던 좋은 추억들은 결코 사라진 게 아니란다. 진정한 사랑과 진실한 우정은 죽음보다 더 강하기 때문이지. 두 사람이 서로를 사랑하기만 한다면, 그 사랑은 영원한 거야…….

지금 넌 굉장히 슬플 거야. 하지만 나는 굳게 믿고 있단다. 네가 이 고통을 이겨내는 동안, 그리고 네 눈에서 눈물이 흐르는 것을 느끼는 동안, 너는 아그네스의 사랑과 우정이 너의 맘속으로 더욱 깊이 파고드는 것을 믿게 될 거야.

---
* 비밀보장을 위해 가명을 사용하였다.

그리고 아그네스가 계속해서 너를 인도해 주고 후원해 주리라는 것을 믿고 살아갈 수 있는 힘을 얻게 될 거야. 아그네스도 네가 희망을 품고 살아가길, 아주 풍성한 열매를 맺게 되길 바랄 거라고 믿어……아마도 넌 한편으로 아그네스를 위해 최선을 다하지 못했다는 느낌이 들기도 할 거야. 어쩌면 아그네스가 널 홀로 두고 떠나버린 데 대해서 화가 나는 부분도 있을 거야. 이런 느낌들을 나는 잘 안단다. 소중한 친구들이 죽었을 때 나도 그런 느낌이 들었으니까. 하지만 아그네스의 죽음은 절대로 너의 잘못이 아니라는 사실을 네가 꼭 알았으면 좋겠어. 아그네스가 널 떠남으로써 너에게 상처를 주려고 한 게 결코 아니라는 사실을 꼭 알았으면 좋겠어…….

나와 함께 얘길 나누고 싶다면, 기쁜 맘으로 그렇게 할게. 언제든지 편하게 전화를 주든가 찾아오렴.

네가 좀 더 많은 희망과 용기와 신뢰를 얻게 되길 바라며 따스한 인사를 보낸다.

관계에 관하여

우리의 관심을 끄는 인물에 지나지 않을 경우, 그 사람들은 여전히 알 수 없는 존재로 남는다. 우리는 관심을 끄는 사람들 중 그 누구도 비밀을 드러내지는 않으리라고 철석같이 믿고 있다……특히 남을 돕는 직업의 경우, 사람들을 쉽게 단정 짓고 싶은 유혹이 더 크다. 그러면서 그것을 이해라고 착각하고 만다……

우리의 가장 큰 임무는 두려움 때문에 우리의 동료들을 쉽게 단정 짓지 말아야 한다는 것, 그들을 인격체로 바라보아야 한다는 것이다. 인격체라는 단어는 "들려주다"를 의미하는 페르소나에서 파생된 것이다. 우리 생의 소명은 우리 스스로가 완전히 알고 있는 것보다 더 위대한 실재를 서로에게 "들려주는" 사람으로 존재하는 것, 그리고 점점 더 그런 사람이 되어가는 것이다. 우리는 인격체로서, 우리 스스로가 파악할 수 있는 것보다 더 위대한 사랑을 들려주며, 우리 스스로가 분명히 말할 수 있는 것보다 더 위대한 진리를 들려주고, 또 우리 스스로가 포용할 수 있는 것보다 더 풍부한 아름다움을 들려준다. 우리는 인격체로서, 서로에게 솔직하도록, 그리고 우리의 성격을 초월하여 사랑과 진리와 아름다움의 진짜 창조주를 가리키도록 부름 받았다.

〈로마의 어릿광대〉 중에서

20

| 수잔 짐머만 |

그저 헨리

수잔 짐머만은 1973년부터 여러 라르쉬 공동체에서 리더 역을 맡아왔다. 또한 그녀는 일본의 라르쉬 설립을 위한 토대를 마련해 준 사람이기도 하다. 헨리 나우웬은 그녀의 영성지도자이자 동료, 친구였고, 한 때는 한 집에서 같이 생활하기도 했다. 수잔은 최근 토론토의 정신병자옹호단체에서 활동했으며, 현재는 라르쉬 데이브레이크의 멤버로 일하고 있다.

헨리의 아침은 늘 이랬다: 그는 늦잠을 자지 않았다! 6시에 자명종이 처음 울리고, 이어서 두 번째 울리면 시계를 세게 친다. 자명종이 세 번째 울리면 알람을 끄고서 침대를 박차고 나온다. 작은방 문이 열리고, 헨리가 허둥지둥 거실로 뛰어내려와 찬물을 최대한 튼다. 그런 다음엔 자기 침실로 돌아와, 벽장문을 열었다가 꽝 닫는다. 그리고 또다시 거실로 달려 내려온다. 이번에는 따뜻한 물을 튼다. 일분 후 활기차게 싱크대 수도꼭지를 트는 소리가 들리고, 엄청나게 칫솔질을 하는 소리, 여기저기에 물을 튀기는 소리가 들린다. 그런 다음 헨리가 자기 침실로 돌아가 옷을 입는다.

아침 6시 10분 즈음, 헨리는 전화기를 붙잡고 있거나 타이프라이터를 쳤다. 하루가 이미 시작된 것이다. 내가 이렇게 잘 알고 있는 것은, 건강을 회복할 때까지, 헨리의 방과 욕실 사이에 있는 침실에서 넉 달 동안 생활한 적이 있기 때문이다. 헨리는 주변에서 소음이 들리는 것을 참지 못했다. 하지만 주님께서는 아시리라. 헨리 자신이 바로 그 소음의 원인이었다는 사실을!

헨리는 함께 살기에 그리 편안한 성격은 아니었다. 에너지가 넘치는, 억제할 수 없는 격한 행동들이 존재의 중심으로부터 끊임없이 흘러나왔다. 또한 헨리는 손재주가 없었다. 생각의 세계를 떠나 실제의 세계로 들어가서, 손을 움직여 남을 돕는다든지 일상생활을 한다든지 하는 데에는 정말로 젬병이었다. 그도 그것을 잘 알았다. 한번은 그가 이런 말을 했던 게 기억난다. "능숙하지 못하다는 게 내게는 늘 고통스러운 일이었지요."

헨리가 데이브레이크에서 발견한 것은 사랑이었다: 그의 저서나 학문에 대한 탄복이 아니었다. 우리가 헨리를 사랑한 것은 그가 그저 헨리였기 때문이었다. 데이브레이크 사람들은 대개가 그의 저서를 한 번도 읽어본 적이 없었다. 어떤 이들은 아예 글을 읽을 줄 몰라서였고, 어떤 이들은 시간이 없어서였다. 하지만 우리는 헨리를 잘 알았다. 그것 말고 무엇이 더 필요했겠는가?

나와 헨리의 관계는 친밀하고도 단단했다. 그는 여러 해 동안 나의 영적 여정을 지도해 주었다. 그는 나의 사사로운 독신서약을 받아 주었고, 침묵과 상담과 기도를 통해서 나를 포함한 여러 사람들을 하나님과의 친밀함 가운데 붙잡아 주었다. 그는 나의 개인적인 투쟁과 결점, 실수들까지도 모두 알고 있었다. 그리고 지혜로운 조언을 해주었다. 우리는 또 여러 해 동안 함께 일했다: 그는 데이브레이크의 영성지도자로, 그리고 나는 영성생활위원회의 회장으로.

헨리의 천재성은 일상생활의 검증되지 않은 문제, 일상적인 관계의 표면 아래 무의식적으로 놓여 있는 문제들을 직면할 수 있는 능력에 있었다. 그는 무엇보다도 자기 자신의 문제를 직면했으며, 집필 작업을 통해 그것을 다른 사람들에게 알릴 때 비로소 자신의 내적인 투쟁이 변화될 수 있다는 믿음을 끝까지 버리지 않았다. 그는 자신의 삶이 멋진 열매를 맺게 되리라는, 거의 무모하기까지 한 믿음을 간직하고 있었다. 이런 믿음과 목회적 은사, 그리고 무엇보다도 자기 삶의 경험을 이해하고 그것을 글로 표현하려 했던 투쟁과 강박적인 충동이야말로, 그가 우리에게 남기고 간 유산이다.

   탁월한 용기와 지적인 능력을 지닌 사람: 나는 헨리를 이렇게 기억하고 있다. 그의 통찰력은 아무리 혼란스러운 문제라 할지라도 예리하게 분석해 낼 수 있었다. 그의 마음속에 있는 지혜와 지성이 그의 저서를 통해서 목말라하는 이 세상에 순전히 흘러넘쳤다. 긍휼과 고뇌로 가득 찬 그의 개인적 삶은 신앙과 부단한 노력을 통해, 우리의 인간됨과 죽을 운명 때문에 우리 모두가 겪고 있는 투쟁에 대한 동정과 깊은 이해로 변화되었다. 그의 비극은 이것이었다: 마그마 같은 내적 혼란. 그의 은사는 이것이었다: 다른 사람들을 위해, 자신의 내부에서 발생하는 것들과 투쟁을, 통합을, 성찰을 계속할 수 있는 아량.

21

| 로들리히 스티븐스 |

서커스와 헨리

로들리히 스티븐스는 플라잉 로들리히라고 하는 공중그네 곡예단의 리더였다. 그 곡예단에는 그의 아내인 제니와 누이인 칼린, 그 밖의 단원들 — 조, 조나단, 슬라바, 존, 케리 — 도 함께 있었다. 1991년 공연에서 헨리 나우웬을 처음 만난 뒤, 그들은 절친한 친구가 되었다. 플라잉 로들리히는 1998년에 은퇴하였고, 로들리히와 제니는 고향인 남아프리카로 돌아갔다. 다음은 이 모음집을 위해 로들리히의 원고를 수잔 브라운이 발췌한 것이다.

우리는 1991년 4월 16일, 독일 프라이부르크의 서커스 바룸에서 헨리를 처음 만났다. 그는 자신의 저서 가운데 한 권을 독일어로 번역하는 작업을 위해 친구 프란츠 요나, 그 부인 레니와 함께 머무르고 있었는데, 그 날은 우리 쇼를 보기 위해 아버지와 함께 왔다. 그 날 오후의 공연을 보고 헨리는 너무나도 깊은 감명을 받았다. 그래서 우리를 꼭 만나야만 할 것 같았다. 그는 그 날 밤 공연을 다시 보러 왔고, 급기야는 내 누이 칼린에게 자기를 소개했으며, 공연이 끝난 후 우리가 평소대로 그 공연에 대해 토의를 하는 자리에 그도 함께 하게 되었다.

헨리는 곧바로 내게 질문공세를 퍼부었다. 우리의 대화 내용을 이해하려는 그에게 호감을 느꼈다. 그는 우리가 만든 작은 원 한가운데 서 있었는데, 말하는 사람의 얼굴을 다른 사람들이 못 보도록 거의 가로막고 있을 정도였다. 그의 얼굴표정은 매우 우스웠다. 토론을 마치기 전, 그를 보고 다들 웃어버렸다. 헨리도 따라 웃었다.

이번에는 그에게로 관심을 돌려서 그의 소명에 관한 질문을 던졌다. 그의 대답을 듣고 나는 너무나도 깜짝 놀랐다. 그는 이렇게 말했다. "나는 영성지도자입니다. 캐나다에서 장애우들과 함께 일하고 있고, 책도 씁니다." 키가 크고, 머리가 벗겨지기 시작한데다가, 안경알도 얼마나 두꺼운지 워낙 빛나는 두 눈이 더 커 보이는, 그리고 손은 계속해서 움직이고, 미소 짓는 입도 크고, 게다가 대단히 혼란스러운 얼굴표정을 하고 있는 이 남자에게는 도무지 어울리지 않는 직업 같았다.

나는 다음날 우리 공연을 보러 오라고 그를 초대했다. 놀랍게도 그는 우리가 공연을 시작하기도 전에 도착했다. 우리는 그가 초조한 듯이 왔다갔다하면서 공연이 시작되기를 조바심치며 기다리고 있는 모습을 발견하였다. 그는 이미 우리 단원에 속한 것 같은 느낌을 받았던 것이다.

헨리는 우리에 관해 좀 더 많이 알고 싶은, 지칠 줄 모르는 열정을 지니고 있었다. 그에게는 무시해도 좋을 만큼 무의미한 일이 하나도 없는 것 같았다. 그는 대담하면서도 진지하게 여러 가지 질문을 던졌으며, 나는 기꺼이 그에게 공중곡예의 물리학과 공학에 관해, 그리고 우리의 안전에 관해 이야기해 주었다. 그러다가 어느 순간 나는 위험성이 높은 고난도 기술을 펼치기로 한 나의 결정을 스스로 옹호하고 있음을 깨달았다. 그래서 반드시 어려운 재주를 부려야만 관람객이 매력을 느끼는 것은 아니라고 덧붙였다. 헨리는 사려 깊게 고개를 끄덕이더니 이렇게 말했다. "그러니까, 정말로 실생활과 똑같군요. 당신이 누구인가에 대해 모든 사람이 감명을 받는 것은 아니니까요. 차라리 당신이 보여 주는 당신에 대해서 더 감명을 받지요."

그 후로 헨리와 우리는 편지를 주고받기 시작했다. 그러던 중 그가 연말에 다시 한 번 우리를 방문해도 되는지 물었다. 우리는 그에게 며칠간 함께 생활해도 좋다고 제안했고, 그는 우리의 제안을 기쁘게 받아들였다.

마침내 그가 도착했다. 그는 지난번 우리와 함께 했던 이후로 어떤 동작이 변화했는지 무척 알고 싶어 했다. 그의 마음은 최근의 감동을 되새기면서, 이 생각에서 저 생각으로, 이 이미지에서 저 이미지로 계속 뛰놀고 있었다. 그 방문 때 헨리는 우리에 관하여 책을 쓰고 싶다는 생각을 처음으로 밝혔다. 나는 다른 단원들에게 전달했고, 모두들 거기에 동의하였다. 다들 인터뷰에 응하겠노라고 하였다. 헨리는 우리의 결정을 무척이나 기뻐했다. 나는 이 일로 훨씬 더 진지하고 목적의식이 강한 헨리의 성향을 눈치 채기 시작했다. 그는 녹음기와 공 테이프를 준비해 온 상태였고, 작가의 역할을 시작할 수 있다는 것 때문에 행복해 보였다.

첫날 저녁 쇼가 끝난 다음에 조나단과 조 사이에 약간의 다툼이 있었는데, 헨리가 보는 앞에서 그 일을 해결하자니 당황스러웠다. 하지만 그는 오히려 더 좋아했다. 그는 우리 역시 개인적인 차이를 갖고 있다는 사실, 우리도 다른 사람들처럼 실수를 저지른다는 사실을 직시하기 시작하고 있었다.

서커스와 헨리

헨리는 일주일 동안 수많은 일기와 메모를 작성하였다. 지난번에 우리와 헤어지고 나자 함께 있던 동안에 경험했던 분위기와 느낌들이 다시 떠오르지 않았다고 했다. 그는 자기 주제에 몰두하는 동안 좀 더 명확하게 글을 쓸 수 있었다. 그리고 그는 매일 아침 묵상과 기도를 위해 오랫동안 산책을 나갔다. 곧 헨리는 서커스 단원들 사이에서 유명인사가 되었다. 종종 그가 동물원을 지나가면 서커스 단원들이 그에게 인사를 건네곤 했다.

  우리의 공연이 어째서 그토록 헨리에게 깊은 인상을 안겨 주었는지, 아직도 나는 잘 모르겠다. 그는 다른 서커스 공연도 구경하였지만, 다른 공연 팀에게는 우리에게 보여준 것 같은 애정을 결코 느끼지 못했다. 아마도 마음속 깊은 곳에서는 자신이 곡예사이며 어릴 적 꿈을 실현하고 있다고 상상하는 것 같았다. 아니면 그저 우리와 서커스를 집을 멀리 떠나온 자신처럼 생각했을지도 모른다. 우리가 헨리에게 오아시스와도 같은 존재라는 것을 우리는 전혀 몰랐다. 하지만 아마도 우리는 그에게 오아시스 같은 존재였으리라. 나는 그가 당시에 건네주었던 책들을 읽어보지 못했다. 그래서 그의 개인적인 문제들에 관해 전혀 몰랐다. 하지만 우리는 마치 다른 곳에서의 헨리 삶을 잘 알기라도 하는 것처럼,

두 팔 벌려 그를 우리 집으로 환영하였다. 그는 우리 마음속에 재빨리 자리를 잡았다.

헨리는 우리를 떠날 때 엄청난 양의 정보와 우리 생활에 관한 이야기들을 모아가지고 갔다. 이제부터 그것들을 샅샅이 살펴볼 작정이었다. 나는 그의 임무가 전혀 부럽지 않았다.

1992년 여름 시즌 공연을 막 시작하려는데, 헨리가 다시 한 번 우리와 함께 머물러도 되냐고 물었다. 이번에는 캠핑카를 가져와서 어느 정도 사생활도 누리고 혼자서 책을 쓸 시간도 벌겠다고 했다. 그는 2주일 정도 우리와 함께 할 계획이라고 했다.

헨리가 도착한 날 저녁, 우리는 장비를 끌어내리고, 그것들을 차에 매단 후, 다음 번 공연 장소로 운반할 준비를 했다. 이동할 때에는 늘 내가 맨 앞 수송차에 타고, 그 뒤에는 제니가 칼린의 트레일러를 운전했으며, 그 다음에는 조, 그리고 조나단 순으로 이동하였다. 헨리에게는 칼린의 트레일러 뒤를 따라오라고 부탁했다. 나는 천천히 움직였다. 헨리도 우리를 잘 따라오고 있었다. 하지만 다음 도시에 도착했을 때 나는 그의 캠핑카를 지나가다가 그가 아직도 손가락

관절이 하얗게 변한 채로 핸들을 꽉 쥐고 있는 모습을 발견하였다. 기분이 어땠냐고 묻자, 그는 이렇게 오래 운전해 본 것은 처음이라고, 그것도 한밤중에 이렇게 큰 차를 몰아본 적은 없다고 실토했다. 모두가 새로운 서커스 장소에 주차를 했을 무렵, 그의 캠핑카 라이트는 꺼져 있었다!

헨리는 이번 방문 기간 동안 그야말로 "진지하게 일에 몰두하였다." 언제 어디서나 펜과 메모장을 꼭 들고 다녔다. 나는 종종 그가 우리의 인터뷰를 귀 기울여 들으면서 우리에게 좀 더 물어봐야 할 것들을 메모하는 걸 보았다. 나는 하루에 적어도 한 번씩은 누군가의 활동을 비디오로 녹화하였고, 저녁에는 헨리와 함께 그것을 시청하면서 우리가 하는 행동과 그 때의 느낌들을 자세히 설명해 주었다. 그는 특별히 내가 느린 동작으로 재주 부리는 모습을 보여 주자 즐거워하였다. 사실, 한번은 모든 동작을 슬로우 모션으로 보고 싶다고 주장하기도 했다. 그는 이렇게 비범한 동작들을 수행하는 인간의 신체를 보면서 완전히 매료당한 것 같았다. 때때로 그는 우리의 동작을 "공중에서 추는 춤"이라고 불렀다. 이 무렵 그는 우리가 사용하는 용어들을 전부 다 배웠고, 그는 이것을 공중곡예 용어라고 생각했다.

그러던 어느 날, 중요한 동작에서 실수를 한 나는 기분이

나빴다. 하지만 이 일로 헨리가 걱정하는 것 같지는 않았다. 나는 그 실수가 전적으로 나의 집중력 부족 때문에 생겼다는 사실을 인정하는 게 별로 내키지 않았다. 하지만 헨리에게 그것을 이야기하고 나자 기분이 좀 나아졌다. 그는 우리에게 영향을 미치고 있었다. 그는 인간의 실수가 좀 더 자주 일어난다는 사실을 인정했다.

종종 헨리는 우리의 감정에 대해 물었고, 서커스 단원들 간의 상호작용에 관하여 깊은 관심을 표명했다. 그는 내 역할에도 무척 관심이 많았다. 단원들의 리더일 뿐만 아니라, 불화가 생길 경우 중재를 하고, 다른 단원들을 위해 중요한 일들을 결정하고, 단원들의 사생활을 돌봐야 하는 사람으로서의 내 역할에 대해서. 헨리와 함께 다니기 전에는 한 번도 내 역할을 이렇게 여러 부분들로 나눠서 생각해 본 적이 없었다. 그저 내 직업일 뿐이라고 생각했다. 하지만 헨리는 우리가 직면해 있는 명백한 신체적·정신적 도전 말고도, 때로는 굉장한 감정적 대변동까지 이겨내야 한다는 사실에 매료되었다. 그는 모든 단원들이 정서적 힘과 의지력을 얻기 위해 나를 의지하고 있다고 설명했다.

단원들이 서로 관계를 맺고 있는 방식에 대해 헨리가 좀 더 진지하게 말을 꺼낸 것도 바로 이때쯤이었다. 그는 단원들 간에, 특별히 서로 붙잡아 주는 사람들 간에 직업적인 질투심이나 경쟁심이 있느냐고 물었다. 나는 그런 문제들을 방지하기 위해 단원들 간에 아무런 등급도 매기지 않는다고 설명했다. 비록 나는 단원들의 리더로서 복잡한 재주를 부리는 사람이지만, 받아 주는 사람을 믿을 수 없다면 언제나 그물로 떨어질 게 뻔했다. 그러기에 특별히 성공적인 공연을 마쳤을 때에는 단원들 전부가 박수갈채를 받았다.

내 설명을 듣고 헨리가 무척 기뻐한다는 것을 나는 알 수 있었다. 그는 내 말을 자주 되풀이했고, 가끔은 다른 단어나 구를 사용하기도 했지만, 결코 그 의미는 바꾸려 들지 않았다. 그는 우리에게서 자신의 삶과 완전히 똑같은 점들을 발견하였다.

이 방문을 마친 다음, 헨리는 나에게 편지를 썼다. 이제 우리에 관한 책을 쓸 자료가 충분히 모였다고 했다. 그는 이참에 세속적인 형태의 책을 최초로 써볼 생각이었다. 하지만 나중에 생각을 다시 고쳤다고, 이 책에 종교적인 요소를 가미해서 좀 더 익숙한 저술 영역에 머물겠노라고 했다. 또한 그는 공중곡예의 동작과 자기 설교의 주제에 몇 가지 유사점을 끌어들인 것이 얼마나 효과적이었는지 모른다고 했다. 그는 사람들의 반응에 대해 무척 흥분하였다.

"수평으로 드러누운 헨리"
프랭크 해밀턴, 로들리히, 제니, 조, 칼린, 그리고 조나단.

1993년 6월, 헨리는 자기 친구 프랭크 해밀턴, 그리고 네덜란드 사진작가인 론 반 덴 보쉬를 데리고 왔다. 오후 공연을 마친 다음, 우리는 뒤뜰에 꽃이 만발한 멋진 나무 앞에서 몇 장의 단체사진을 찍었다. 그가 안 볼 때 나는 단원들에게 눈치를 보냈다. 헨리를 우리 팔위로 들어 올려서 수평으로 눕히자고. 그는 우리 팔위에 드러누웠다. 마치 로마황제가 누워서 신하들이 먹여 주는 포도를 음미하는 모습 같았다.

서커스와 헨리 255

그가 고양이였다면 틀림없이 가르랑거렸을 것이다! 그런데 론이 그 때 찍은 사진필름을 잘못 인화한 게 밝혀졌다. 그래서 우리는 다음날 그 동작을 다시 한 번 되풀이해야 했다. 헨리는 우리가 "수평으로 드러누운 헨리" 사진을 다시 찍어야 한다고 주장했다.

그 방문 기간의 하이라이트는 공중그네를 한 번 타보라는 나의 초대에 헨리가 응한 것이었다. 그가 받침대에서 일어서기까지는 약간 시간이 걸렸다. 하지만 그는 흥분해서 폭발할 것만 같았다. 그는 초심자들에게 흔히 권하는 높이에서 전혀 두려움을 보이지 않았다. 금세 공중그네 손잡이를 잡고 매달리고 싶어 했다. 나는 올라가서 그에게 안전벨트를 매주었다. 그리고 조는 그 벨트와 연결된 밧줄을 붙잡고 있었다.

나는 어떻게 해야 할지 설명해 주고 난 뒤, 헨리가 내 지시를 잘 알아들었는지 확인하였다. 그물 안으로 안전하게 착지하도록 확인하기 위해서였다. 그는 확신에 차서 고개를 끄덕였다. 하지만 그의 얼굴에 떠오른 바보 같은 미소를 본 나는 그의 마음이 나와 같지 않다는 사실을 눈치 챘다. 받침대를 떠나는 순간 그의 눈이 점점 더 커지고 숨이 막히는 것처럼 보였다. 출발하라는 내 지시에 대한 그의 반응은 속수

무책으로 늦어버렸다. 그는 착석 위치에 착지하는 대신 발을 먼저 내렸고, 그래서 조는 밧줄을 느슨하게 하기 전 그의 체중을 전부 벨트에만 의지해야 했다. 헨리는 간신히 미소를 지으면서 일어나 앉았다. 만일 귀가 없었더라면 입술이 머리 뒤에 붙은 줄 알았을 것이다!

1994년 5월, 헨리가 새 책을 보내 주었다. 〈죽음, 가장 큰 선물〉이었다. 그 책에는 날아오르는 사람과 붙잡아 주는 사람 간의 신뢰에 관하여 우리가 논의했던 자료들이 많이 포함되어 있었다. 그는 완벽하게 들어맞는 종교적 유사성을 발견해 냈다. 우리는 그에게 새로운 용어를 가르쳐 주었는데, 아마도 그렇게 함으로써 헨리에게 신앙에 관한 새로운 비전까지 제시해 주었던 것 같다. 어쩌면 그는 책과 설교를 통해서 이 새로운 이미지들을 실험하고 있었는지도 모른다. 우리가 공연할 때마다 새로운 동작을 실험하는 것처럼. 그러니 우리처럼 그에게도 이것이 흥미롭고 참신한 작업이었을 게 뻔하다. 헨리는 내 일에 대해 내가 갖고 있는 열정을 똑같이 공감할 수 있었다. 집필 작업과 영성치유에 대한 그의 열정과 너무나도 같았기 때문이다.

1995년 7월 초, 헨리가 우리에게 〈그물 위의 천사〉라는 비디오 영어번역판을 한 부 보내왔다. 그것은 헨리의 친구 바트 개비건이 크리스마스 전에 우리와 함께 찍은 다큐멘터리 작품이었다. 우리를 천사에 비유한 걸 보고 그리 편하지는 않았다. 하지만 나중에야 비로소 이 제목이 상징적인 것임을 깨달았다. 그 비디오를 보면 볼수록, 헨리가 우리에게서 무엇을 보았는지가 더 잘 이해되었다. 나는 그와 함께 뛰어오르는 듯한 느낌을 점점 더 강하게 받게 되었고, 내 일에 대해서도 좀 더 큰 책임감을 느끼게 되었다. 이제껏 나는 내 일을 공동체 형성이나 청중들과의 상호작용 형성이라는 측면에서 생각해 본 적이 없었다.

우리가 헨리를 마지막으로 만난 것은 그의 안식년이었던 1996년 7월이었다. 그는 우리에 관한 책을 쓸 수 있도록 도와줄만한 사람을 만났으며, 이제는 그 방향에 대해서도 좀 더 확신을 품고 있는 것 같았다. 그는 우리가 장비를 설치하고 공연을 연습하는 모습을 지켜보러 왔다. 예전에 그가 느꼈던 흥분과 목적의식이 되살아났다. 그리고 그는 우리 공동체와 우정의 우물에서 행복하게 물을 길어 마셨다. 그 날 오후 헨리가 지켜본 공연은 이제까지 봤던 것과 상당히 다른 것이었는데, 그는 곧바로 새로운 짜임새를 알아챘다(내

아내 제니는 관절통증 때문에 공연을 그만 두었고, 대신 케리가 그 자리를 메웠다). 우리가 어떤 식으로 새로운 동작들을 발전시켰느냐가 헨리에게는 무척 중요한 것 같았다. 마치 우리의 우정이 두터워진 것처럼.

다음날 나는 특별히 헨리를 위해서 연습을 지시했고, 붙들려 있는 사람의 기분이 어떤지를 체험해 볼 수 있도록 그에게 조 밑에 매달릴 수 있는 기회를 제공해 주었다. 그는 가까스로 아주 잠깐 동안만 거기에 매달려 있었다. 그제서야 나는 이것이 그에게 얼마나 많은 의미를 갖고 있는지, 그의 영성생활에서 '잡아 주는 사람'의 위치에 선다는 게 얼마나 중요한가를 깨달았다. 나는 단 한 번만이라도 헨리를 내 몸에 올려놓고, 우리가 붙잡아 주는 사람에게로 날아갈 때 느끼는 상쾌함과 안전하게 돌아왔을 때 받는 축하를 함께 경험하게 해주고 싶었다.

그 방문 기간에 헨리는 조나단과 칼린이 주최한 연례 합동생일축하파티에 참석하였다. 그것은 일 년에 한 번씩 서커스 단원들이 다함께 모여 생일을 축하하는 모임이었다. 헨리는 서커스단의 모든 단원들과 음악가들을 동그랗게 세웠다. 이따금씩 그를 돌아볼 때마다 누군가와 대화를 나누고 있었다. 그는 아주 멋진 시간을 보내고 있는 것 같았다.

다음날 아침, 프랑크푸르트 기차역으로 가는 길에 헨리가 생일파티에서 본 것들에 대해 관심을 드러냈다. 우리는 그가 마치 자녀들에게 하듯이 우리에게 말하고 있음을 깨닫기 시작했다. 나는 그의 그런 면을 보면서 무척이나 즐거웠다. 그가 떠날 때 우리는 그를 꽉 껴안아 주었다. 그리고 면도 안 한 그의 뺨에 키스를 해주었다. 그는 우리와 함께 있을 시간이 너무 부족하다는 사실에 화가 난 것 같았다. 우리는 그가 떠나가는 모습을 보고 매우 슬펐지만, 다음에 또 그가 방문할 날을 기대할 수 있었다. 이제 와 생각해 보니 그것이 우리의 사랑하는 친구를 마지막으로 본 순간이라는 사실 때문에 훨씬 더 슬픈 기분이 든다. 하지만 그 때 이미 알았다 하더라도 별로 변한 건 없었을 것이다. 그를 보내자마자 금방 그가 그리워졌던 것이다.

1996년 9월 마지막 공연을 마친 후에 우리는 캐시 크리스트로부터 헨리가 그 날 아침 사망했다는 소식을 듣게 되었다. 우리는 망연자실하고 말았다. 다음날 서커스경연장에 들어서기 전에 나는 우리 친구 헨리에게 이번 공연을 바치겠노라고 짧은 인사를 했다. 헨리의 가족으로부터 나는 9월 25일에 위트레히트에서 장례예식이 있을 것이라는 소식을 들었다. 우리가 머물고 있는 곳에서 170마일이나 떨어진 곳이었다. 우리는 위트레히트로 차를 몰고 갔다. 우리가 교회에 도착하자 그 동안 한 번도 만나보지 못한 사람들이 마치 오랜 친구들처럼 인사를 건네 왔다. 헨리의 형 로렌트가 나에게 자기 대신 관을 메고 따라가 달라고 부탁했다. 그리고 나는 그것이야말로 최고의 마지막 인사라고 생각했다.

나는 아직도 헨리가 우리에 관해 책을 쓰고 싶어 했던 이유가 뭔지 잘 모르겠다. 그저 우리가 그의 심오한 영성적 느낌들에 시각적인 차원을 제공한 것 같다고 추측할 수 있을 뿐이다. 그는 우리의 신체와 자신의 영을 동일시하였다. 예를 들면, 공연을 하는 동안 우리 삶의 나머지 부분들을 죄다 망각할 수 있는 우리의 능력을, 기도하는 동안 그에게 꼭 필요한 덕목에 비유했다. 나는 공동체에 대한 헨리의 욕구 역시 우리를 통해 충족되었다고 생각한다. 우리는 그를 있는 그대로 받아들였다. 그를 위해 우리가 적재적소에 있었다고 나는 생각한다. 그리고 우리가 그를 위해 그곳에 있었다는 게 참 기쁘다.

헨리, 우리는 당신이 그립습니다. 우리에게 베풀어 준 모든 것들, 우리의 추억, 특히 새 친구들에 대해 감사드립니다.

|서커스 인생에 관하여|

그것은 엔터테이너의 삶이다! 사람들 입에서 "오~", "아~", "와우", "안 돼~" 소리가 나오게 만드는 것이다. 사람들이 긴장과 해방감을 느끼도록 하며, 텐트 천정을 올려다보면서 "어떻게 저런 걸 할 수 있지? 정말 믿을 수가 없어"라고 말하게 만드는 것이다. 그리고 사람들이 마치 다른 세계에 있는 것처럼 낯설고도 순간적인 느낌을 안고서 집으로 돌아가게 하는 것이다.

나 자신의 삶은 많이 다른가? 나는 여기저기를 여행하면서 강의를 하고, 사람들에게 안전감이나 흥분을 안겨 주며, 그들이 성장, 성공의 느낌이나 기쁨뿐 아니라 상실감이나 실패, 고통까지도 처리할 수 있도록 도와준다. 그러면 나는 — 서커스 단원 같은 — 엔터테이너인가? 나는 사람들이 자기 삶의 여러 가지 단편적 순간들 사이에서 "그 너머"를 일별할 수 있도록 붙잡아 주려고 노력하고 있는가? 나는 엔터테인먼트(entertainment)라는 단어가 라틴어 inter(사이)와 tenere(붙잡다)에서 파생된 것이라는 사실에 매혹되었다.

엔터테이너가 되는 게 뭐가 잘못인가? 예수님도 최고 중에 최고의 엔터테이너가 아니었는가? 예수님은 계속해서 평탄하기만을 바라는 삶 속에서 사람들을 붙잡아 주고 있지 않은가? 예수님은 다른 세계에서 오셔서 이곳저곳을 여행하시며, 사람들이 잠깐 동안 올려다보면서 삶에는 자기들이 생각할 수 있는 것보다 좀 더 많은 것들이 존재한다는 점을 깨닫게 하시지 않았는가?

〈뉴 옥스퍼드 리뷰〉 1993년 6월호 중에서

22

| 지오반 케오 |

나의 양아버지

> 지오반 케오는 1987년에 라르쉬 데이브레이크에서 살았다. 그때 헨리 나우웬은 그녀의 영성지도자가 되었다. 그녀는 자기 소유의 컴퓨터컨설팅회사를 운영하고 있는 전문기술자다. 현재 지오반과 그녀의 남편 케빈 볼리아나즈, 그리고 그들의 딸 오로라는 토론토에서 살고 있다. 그들은 아직도 라르쉬 이그나티우스 팜 공동체와 우정을 이어가고 있다.

나는 헨리가 도착하고 나서 넉 달 뒤에 데이브레이크로 들어와 살았다. 당시 나는 제너럴 일렉트릭 기술자로서의 혹독한 직장생활에서 벗어나 라르쉬 도우미로서의 삶을 막 시작하려 하고 있었다. 공동체 행사에서 나는 사람들이 헨리 주위로 몰려드는 걸 목격했다. 나는 그 동안 회사생활을 해왔고, 그곳에선 영향력 있는 사람들과 잘 알고 지내는 것이 중요했기 때문에, 이것도 똑같은 파워게임이라고 (잘못) 해석했다. 나는 좀 더 단순한 영성을 배우기 위해 그곳에 왔다. 그러므로 헨리를 피해 다녔다. 그 대신 공동체의 다른 멤버들에게 관심을 기울였다. 이제 와 생각해 보면, 처음에 그와 함께 하려 하지 않았던 내 생각을 극복해 낸 것에 대해서 영원히 감사드리고 싶다. 그와의 관계가 나에게 얼마나 큰 축복이었는지!

데이브레이크에서의 생활이 계속되는 동안, 나는 점점 더 헨리를 인정하게 되었다. 그 해가 끝나갈 무렵, 그는 성탄절을 준비하기 위한 대림절 강좌를 마련하였고, 나는 그의 학생이 되었다. 헨리는 복음서 이야기와 우리의 현실생활 간의 유사점을 아주 잘 지적하였다. 그는 복음이 오늘도 선포되고 있으며, 따라서 우리는 주의 깊게 살아야 하고, 또 복음과 우리의 삶을 서로 연결시켜야 한다고 강조했다. 우리는 마리아가 예수님의 탄생을 위해 자신이 선택받았다는 사실을 알게 되었을 때 대담하게 예스라고 대답한 것에 관하여 얘기를 나눴다. 내 삶에서 그것과 유사한 사건을 찾는 건 힘든 일이었다: 나는 일 년간의 헌신을 마치고 나면 데이브레이크를 떠나기로 결심했기 때문에 마치 하나님의 부르심에 노우라고 대답한 것 같은 느낌이 들었다. 데이브레이크에 오기로 결심했을 때에는 기쁨이 충만했었다. 완전하게 하나님을 따르고 있다는 느낌이 들었다. 그런데 이제는, 데이브레이크를 떠나는 것이 나에게 적합한 결정이라는 사실을 잘 알고 있음에도 불구하고, 슬픔이 밀려들었다. 헨리는 내 고통에 주의를 기울였다. 그는 데이브레이크를 떠난다고 해서 하나님으로부터 고개를 돌리는 건 결코 아니라는 점을 내게 확신시켜 주었다.

데이브레이크를 떠나던 날, 나는 종일제 회사생활로 돌아가지 않겠노라는 결심을 굳혔다. 나는 기술적으로 도전이 되는 일을 하면서도 내 삶의 전부를 집어삼켜 버릴 정도로 오랜 시간을 회사에 바치는 일이 없도록, 내 소유의 회사를 설립하였다. 나는 데이브레이크와 계속 접촉할 수 있을만한 시간적 여유를 원했다. 영과 접촉할 만한 시간적인 여유가 필요했다. 헨리는 내가 변화를 이룩할 수 있도록 도와주었다. 그는 전혀 다른 나의 세계를 이해해 주었다. 이것은 내게 아주 중요한 일이었다. 내가 풀타임 도우미였을 때 자꾸만 사람들은 내가 라르쉬에서 일하기에는 "너무 사무적인" 사람이라고 불평했었다. 헨리의 폭넓은 지식은 내가 나만의 은사를 발견하고 나 자신을 좀 더 완전히 받아들일 수 있도

나의 양아버지

록 도와주었다. 그는 나와 함께 하겠노라고, 나의 영성지도자가 되겠노라고 말했다.

나는 헨리와의 만남을 여러 차례 주저했다. 마지막 만남 이후로 이렇다 할 변화가 전혀 안 일어났기 때문이다. 여전히 나는 신실하고 확고한 여정을 살려고 노력하기보다는 번갯불 같은 체험을 추구하고 있었다. 나만의 심오하고 신비로운 경험을 이야기할 수 없다면, 위대하고 중요한 헨리의 시간을 낭비할 뿐이라는 생각이 들었다. (물론 이것은 헨리가 아니라 나 자신의 생각이었다.) 헨리는 임의의 영적 체험은 결코 규칙적인 영성훈련만큼 많은 결실을 맺지 못한다는 사실을 내가 깨달을 수 있도록 도와주었다. 나는 종종 여러 가지 활동들 ― 사업, 춤, 교회, 데이브레이크, 여행, 사회정의 ― 사이를 오락가락했다. 헨리는 그런 내가 헌신할 수 있도록 도와주었다. 월요일 밤마다 내가 데이브레이크 예배 참석에 헌신할 수 있었던 것도 바로 헨리의 격려 덕분이었다. 그는 이렇게 설명하였다. "중요한 건 규칙을 지키는 거라네 ― 자네가 거기에 참석할 거라는 사실을 누구나 다 알 수 있어야 해."

헨리는 늘 나의 영적 독서에 관심을 기울였다. 그는 캐롤리 플린더의 〈영원한 은총〉이나, 리에트 푸르트플리트의

〈그는 우리 가운데 속해 있었다〉 같이, 도움이 될 만한 책들을 많이 추천해 주었다. 그 중에서도 윌리엄 맥나마라가 쓴 〈지상의 신비〉는 정말로 깊은 인상을 심어 주었다. 헨리는 그 저자의 책들을 더 읽어보라고 격려해 주었다. 그는 자기도 그런 이유 때문에 토마스 머튼의 책들을 죄다 읽었다고 했다. 나중에는 에크낫 이스워런의 저서 〈묵상〉을 읽고 매일 묵상훈련과 하나의 목표에 매진하는 훈련을 쌓아갈 수 있었다. (하나의 목표에 매진하는 훈련은 특히나 더 힘들었다. 워낙에 나는 한꺼번에 여러 가지 일을 처리할 수 있는 내 능력에 자부심을 느끼고 있었으니까!)

물론 책을 소개해 줌으로써 헨리의 관심이 사라진 것은 결코 아니었다. 그는 내게 이런 말을 했다. "자네가 하는 일은 모두 영적인 일이 될 수 있다네. 영화 관람도 그저 찬사로 끝내서는 안 돼. '이 영화가 내게 영적으로 무슨 말을 하고 있는가?' 스스로에게 물어보게나."

데이브레이크를 떠나온 지 얼마 안 되어 나는 장 바니에가 인도하는 신앙과 나눔 영성수련에서 헨리를 만났다. 헨리는 당시 경험하고 있던 심각한 고통을 우리와 함께 나눴다. 그 고통의 주된 원인은 바로 친구의 거절이었다. 나는 대담하게도 헨리에게 그 남자와 육체적인 관계를 맺어왔느냐고 물었다. 그는 단호한 말투로 대답하기를, 자신은 성직자의 서약을 매우 진지하게 지켜왔으며 그런 일은 절대로 한 적이 없다고 했다. 어쨌든 그 질문 때문에 우리는 좀 더 가까운 사이가 되었다. 왜 그랬을까? 헨리 쪽에서 보자면, 내가 그를 성적인 존재로 인식했기 때문이었을 수도 있다. 아니면 그의 성적인 정체성이 나를 당황스럽게 만들지는 못한다는 사실을 알게 되었기 때문인지도 모른다. 한편 내 쪽에서 보자면, 그가 자신의 헌신을 진지하게 지키고 있다는 사실을 아는 게 중요했다. 내 질문은 두꺼운 얼음을 깨고 우리가 서로 우정을 쌓을 수 있도록 만들어 주었다.

우리의 우정은 꽃의 세계에서 서로 교차하였다. 헨리는 예술과 아름다움을 무척이나 좋아했고, 나는 꽃밭에서 볼 수 있는 창조의 아름다움을 매우 좋아했다. 그는 종종 나에게 데이스프링과 영성수련센터의 예배실에 꽃꽂이를 좀 해 달라고 부탁했다. 나는 함께 예배실을 아름답게 꾸미는 시간을 즐겼다. 누군가 사망했을 때에는 그 사람이 생전에 가장 좋아했던 꽃을 이용하여 꽃꽂이를 하였다.

나는 종종 결혼을 못해 생긴 깊은 상처에 대해서 헨리와 함께 기도하고 대화하였다. 한번은 특정 남성과 두 달 정도 데이트를 한 적이 있었는데, 그 때도 나의 고통에 관하여 다시 한 번 얘기를 했다. 그랬더니 헨리는 이렇게 말했다. "새 남자친구는 어떤가? 좋은 사람 같아 보이던데." 그의 지지를 받고 나니 그 남자에 관한 관심이 증가했다. 일 년 반 동안 사귀다 우리는 약혼을 했다. 하지만 결혼예식은 9주 전에 취소되었다.

파혼은 너무나도 암울했던 그 해의 일부분에 지나지 않았다. 두 차례의 외과수술, 만성병 진단, 세 번의 교통사고, 가장 친했던 사촌의 자살까지, 끝이 보이지 않았다. 이 시기에 헨리는 내가 하나님을 계속해서 믿을 수 있도록, 나 자신과 남에게 관대해질 수 있도록 지속적으로 상담해 주었다. 자꾸만 나는 내 삶이 부질없다는 생각, 내 잘못이 너무 많다는 생각에 빠지곤 했다. 그 때 나를 지탱해 준 것은, 세계적으로 뛰어난 영성작가들 가운데 한 명인 헨리와 일류 작가인 또 한 명의 친구가 나와 함께 있다는 사실이었다. 그 사실을 즐긴다는 것은 곧 내게도 분명히 좋은 점이 있다는 증거라고 생각되었다.

헨리는 나를 딸 — 마음에 쏙 드는 사랑하는 딸 — 만큼이나 사랑했다. (그 당시에는 정말로 그랬다.) 그는 나를 지극정성으로 보살폈다. 다들 그가 집안 살림을 잘 못한다고 평가했지만, 데이브레이크에서 생활하는 동안 많은 것들을 배

윘고, 그의 늘어난 지식 때문에 직접적인 이익을 얻은 수혜자는 바로 나였다. 우리는 점심시간을 자주 함께 보냈다. 그는 조심스럽게 행동하곤 했다. 아주 수월하게. 그토록 암울했던 한 해 동안 그는 나를 위해 참으로 많은 일을 베풀어 주었다. 내 사촌이 자살을 했다는 소식을 들었을 때에도 계속 전화를 걸어 주었다. 내게 데이스프링으로 와서 좀 쉬면서 자기와 함께 지냈으면 좋겠다고 했다. 나는 가족회의도 있고 애도기간에도 참석해야 한다고 대답했다. 그러자 그가 이렇게 말했다. "좋아, 하지만 그 일들이 끝나면 꼭 와야 하네." 빈 손님방이 하나도 없었기에, 그는 서재에 소파침대를 설치했다. 그날 밤 그가 얼마나 친절하고 부드럽게 내 방을 정돈해 주고 두려움과 눈물만이 가득한 나를 위로해 주었는지 생각하면 아직도 두 눈에 눈물이 솟을 지경이다. 이제껏 성직자들과 굉장히 많은 시간을 함께 했고 또 성직자 친구들을 많이 두고 있는 엄마가 다음과 같은 평가를 내렸다. "헨리 같은 성직자 — 암, 그런 분이야말로 진짜 성직자지!"

어느 날 나는 헨리에게 그를 양아버지로 모셔도 되겠느냐고 물었다. 내 아버지는 아직 살아계셨지만, 우리의 관계는 고통만이 가득했기에 지난 몇 년 간 서로 얼굴조차 보지 못했던 것이다. 헨리는 잠시 생각해 보고 나서 동의하였다. 그의 승인이 나의 상처들을 많이 치유해 주었다. "입양"은 어떤 의미에서 우리의 관계가 어떤 식으로 발전해 왔는가를 그대로 보여주는 것이었다 — 그는 나의 영성지도자였고, 데브레이크에서는 크리스마스이브와 아침시간을 다른 절친한 친구들과 함께 보내는 전통이 있었으며, 우리 둘은 굉장히 자주 훈훈한 시간을 함께 보냈던 것이다.

어느 토요일 저녁, 우리는 헨리 방에 마주앉아 포도주를 마시면서 서로의 생각을 얘기하고 있었다. 그는 상담 때문에 굉장히 힘든 하루를 보내고 난 후였다. 그가 이런 말을 했다. "있지, 지오반, 난 영성지도자로서 여러 부부로부터 수많은 이야기들을 듣게 돼. 그리고 여기에선 영성지도자이기 때문에, 라르쉬 부부들의 이야기를 많이 듣게 되지. 물론 어떤 부부는 다른 부부들보다 좀 나은 게 사실이야. 하지만 그렇다고 해도, 자네가 그런 부부는 되지 말았으면 좋겠어." 그런 다음 그는 건배를 하기 위해 포도주잔을 들어올렸다. "자, 싱글을 위해 건배!"

나는 현재 즐거운 결혼생활을 하고 있다. 이 글을 쓰고 있는 나는 이제 막 임신 7개월에 접어들었다. 매일 아침마다 나는 아기에게 말한다. 이제 곧 헨리 나우웬을 만나게 될 것이라고. 헨리와 나의 관계는 성인이 된 후의 내 삶에서 굉장히 중요한 부분이고, 그것을 내 아기에게 전해줄 생각을 하니 몹시 흥분이 된다. 헨리가 죽은 지 벌써 여러 해가 지났는데 어떻게 그럴 수 있냐고 의아해하는 사람도 간혹 있을 것이다. 하지만 헨리를 알았던 사람이라면 누구나, 그와의 관계가 여전히 지속되고 있으며 오히려 그가 죽은 이후로 더 돈독해졌다는 사실을 확신하고 있을 것이다. 그는 죽음이 종종 관계를 정화시켜 준다는 사실을 알고 있었다. 오랜 고통과 보류해 온 용서가 점차 희미해지고 그 대신 순수한 사랑이 자라날 수 있다는 것을.

헨리의 죽음은 견디기 힘든 일이었다. 바로 2주 전만 해도 멋진 시간을 함께 보냈으니까. 아침이면 그에게 영성지도를 요청했고, 점심때면 함께 나가 맛있는 식사를 했다. 그가 네덜란드에서 심장발작을 일으켰을 때, 내 모든 영혼이 그가 죽어가고 있다고 말하는 것 같았다. 나는 네덜란드로 가서 그의 곁을 지키고 싶었다. 비행기 표도 있었고 돈도 있었다. 그런데 옆에 있던 누군가가 나를 말리면서 이렇게 말했다. "헨리는 곧 좋아질 거예요. 최악의 고비는 이제 다 넘겼어요." 토요일에 헨리가 진짜로 죽었다는 소식을 들었을 때 나는 너무나도 화가 났다. 특히 스스로를 믿지 못한, 마음의 진실을 따르지 못한 내 자신에게 더 화가 났다. 그 때 나는 영적인 성장을 위해 열심히 노력해야겠다고 맹세했다. 영적인 삶을 살아야겠다고. 남들의 지혜에 귀를 기울이되 남들의 견해나 승낙에는 의존하지 않아야겠다고.

나는 헨리에게도 화가 났다. 그의 저서들은 그의 삶에서 중요했던 순간들을 토대로 한 것임을 잘 알기에, 그 날 아침 나는 헨리에게 이렇게 소리쳤다. "이 일에 대해서는, 당신의 가장 중요한 변화에 대해서는, 도대체 어떻게 글을 쓸 작정이에요?" 그러자 응답이 들려왔다. "자네들이 그 일에 대해서 쓰게 될 것이네." "자네들"이라는 복수대명사였다. 그것은 헨리의 "가장 큰 선물"이 자신의 삶 속에 주어졌음을 알리게 될 수많은 친구들을 가리키는 말이었다.

그리고 정말로 선물이 주어졌다! 그가 죽은 뒤로 수많은 부활 이야기들이 들려왔다 ― 용서와 화해, 사랑과 받아들임에 관한 아름다운 이야기들이었다. 예를 들면, 헨리가 베푼 친절에 감사를 표현하지 못한 것 때문에 양심의 가책을 심하게 느끼던 한 여자가 부활 찬송을 부르다가 그를 분명히 보았으며, 그래서 헨리가 다시 살아나 그녀와 화해를 한 것이라고 믿고 있다는 것이었다. 그의 영혼이 나를 충만하게 채워 준 것도 아주 여러 번 있었다. "당신이 죽기까지 우리를 얼마나 사랑하셨는지 기억하고 있습니다. 그리고 당신이 여기 우리와 함께 하심을 찬양합니다." 이 찬양 가사가 그 당시 나에게 깊이 와 닿았다. 헨리가 나를 얼마나 많이 사랑했는가를 잘 알기에, 나는 가장 힘든 시간을 극복할 수 있었다.

그의 소소한 방문은 계속해서 나의 마음을 따뜻하게 안아주었다. 내 마흔 번째 생일날에는 이런 일이 있었다: 헨리에 관해 알고 싶어 했던 사람들이 마침 그 날 내가 자주 가는 서점에 다시 들렀다. 거기서 나를 만나 헨리에 관한 이야기를 들을 수 있기를 바라면서. 서점 점원은 우리가 그 날 만난 데 좀 더 깊은 이유가 있는 것 같다고 말했다. 나는 헨리가 그 순간 함께 있었다는 확신이 들기 시작했다. 내 생일날 그가 내 곁에 함께 있다는 것을 알아챌 수 있도록.

그럼에도 불구하고, 헨리가 나를 떠나면서 준 가장 큰 선물은 내 영성생활의 진정한 회복이었다. 그의 죽음 이후로 나는 좀 더 깊은 곳의 나에게 좀 더 진실해지자는 약속을 했다. 헨리는 늘 우리가 하나님을 "철저하게" 사랑해야 한다고 주장했었다. [나는 그가 "철저하게(radically)"라는 단어를 발음하는 방식이 맘에 들었다. r발음을 길게 만 다음 첫 번째 a를 충분히 늘림으로써 나머지 세 개의 표준음절도 더 길게 발음했다.] 그는 우리 모두가 신앙의 도약을 이루길 원했다. 하나님의 사랑을 가로막고 있는 얇은 막을 찢어버리기를 원했다. 또한 그는 지혜롭게 처신하라고 경고했다. 특히 재정적인 면에서. "자네 재산을 전부 가난한 사람들에게 내어준 다음 6개월도 채 못 되어 돈이 필요하다고 전화를 건다면, 그건 사리에 안 맞는 일이야." 그의 친구들 가운데는 이미 이처럼 파격적인 결심을 실행한 사람들도 많이 있었다. 그렇지만 나는 늘 지나치게 신중한 편이었다.

그의 죽음이 가져온 열매들 가운데 하나는, 드디어 내가 다소 파격적인 결정을 내리게 되었다는 것이다. 나는 사업적인 계약을 중지하고, 아파트를 포기한 다음, 하나님께서 나를 위해 준비해 두신 것을 찾아 나섰다. 그러자 놀라운 은총이 주어졌다: 토론토 근방의 특별한 공동체, 이그나티우스 팜 공동체에서 나를 환영해 준 것이다. 나는 거기에서 사랑에 빠졌고, 결혼을 했으며, 현재는 아기가 나올 날을 기다리고 있는 중이다. 내 남편 케빈을 만날 수 있었던 것은 무엇보다도 헨리가 나를 신실과 헌신으로 불러 준 덕분이었다. 케빈과 나는 새로운 데이스프링 예배실에서 최초로 결혼예식을 올린 부부였다. 헨리가 그토록 많은 사랑과 노력을 기울여 계획했던 곳에서. 그것은 내 양아버지가 남겨준 최고로 아름다운 결혼선물이었다! 하나님의 사랑이 차고도

새로운 데이스프링 예배실에서 베푼
지오반 케오와 케빈 볼리아나츠의 결혼예식

넘친다. 내가 이 충만함을 제대로 깨달을 수 있게 도와준 헨리에게 깊이 감사드린다.

23

| 셜리 케인 루이스 |
영원히 내 곁에

> 셜리 루이스는 미시건주 그랜드래피즈의 아퀴나스대학교에서 문리대 학장을 맡고 있다. 그녀는 남편 알버트와 함께 데이브레이크에서 안식년을 보내는 동안 헨리 나우웬을 알게 되었고, 헨리는 그들의 친구이자 영성지도자가 되었다. 셜리는 정기적으로 학생들을 데이브레이크로 보내서 라르쉬를 체험하게 하고 있다.

1999년 1월 18일 월요일 이른 아침이었다. 나는 기대에 미치지 못했던 기억들과 불안감 때문에 밤새 뒤척이다가 일어났다. 졸린 상태에서 아침식사를 하고 개밥을 준 다음, 남편에게 인사를 하고 출근을 하기 위해 나왔다. 하지만 그 날은 하루 종일 눈곱만큼도 재미가 없을 것 같다는 느낌이 들었다. 그저 몸이 무겁고 피곤했다. 내가 차고 문을 열기 위해 리모컨을 잡았을 때는 아직 사방이 칠흑같이 어두웠다. 나는 도저히 하루를 혼자서 보낼 수 없다는 사실을 깨달았다. 헨리 나우웬의 영혼이 함께 있어 줘야만 했다. 차고 문이 완전히 열리자 북극성이 나타났다. 평소보다 더 밝은 북극성이. 나는 헨리에게 부탁했다. 오늘 종일토록 나와 함께 있어달라고. 그리고 나는 헨리가 그곳에 있음을 느꼈다. 그 별은 정말로 밝게 빛났다. 마치 차고 안에서도 별이 빛나는 것 같았다. 나는 그 별을 헨리라고 이름 붙였다. 대학으로 차를 몰고 가는 동안, 나는 엄청난 위로가 밀려드는 것을 느꼈다. 하루 종일 그런 기분을 느꼈고, 그런 까닭에 나는 직장에서 가장 기억에 남을만한 평화로운 하루를 보냈다.

헨리 나우웬은 내 삶에 무척이나 많은 영향을 미쳤으며, 지금도 역시 마찬가지다. 나는 세속적인 나의 지위와 경험, 그리고 고통을 숨길 줄 아는 능력으로 인해 공동체 멤버들에게 아주 소중한 존재가 될 것이라는 희망을 품고 데이브 레이크로 갔다. 나는 강하고 냉정한 사람이었다. 내 비밀을 알고 있고 나를 상처 입힐 수 있는 사람은 오로지 내 남편뿐이었다. 헨리는 그런 내가 나 자신을 다른 식으로 볼 수 있도록, 있는 그대로의 나를 받아들이도록 도와주었다. 그는 마치 궁수가 과녁 한복판을 맞히듯이, 내가 내 고통을 확인하고, 평생토록 그래온 것처럼 그저 고통을 피하는 게 아니라 오히려 끌어안을 수 있도록 도와주었다.

마치 어제 일처럼 헨리의 얼굴이 눈에 선하다. 남편 알버트와 함께 2주 동안 데이브레이크에서 생활하기 위해 처음 갔을 때의 일이 생각난다. 우리가 도착하고 몇 분 안 되어 헨리가 환영인사를 하기 위해 전속력으로 달려 내려왔다. 씩 웃으면서 거실로 달려오는 그의 머리카락은 뒤틀려 있었고, 아주 가는 몸통은 닳아 헤진 깃 없는 스웨터로 뒤덮여 있었다. 그는 큼직한 손을 우리를 향해 흔들었다. 내가 가장 인상적으로 본 것은 헨리의 손이었다. 그의 손은 마치 성경을 감싸 쥐고 있는 베니스 성마가상의 큼직한 손과도 같았다.

헨리는 우리가 머무르는 동안 그의 날개 아래 품어 주었다. 우리는 매일 대화를 나눴다. 때로는 몇 분씩, 때로는 한 시간 정도. 우리는 여러 차례 저녁식사를 함께 했고, 거의 매일 밤 함께 포도주를 마시면서 대화를 나눴다. 어느 날 저녁은 특별히 거의 두 시간 정도 얘기를 나눴는데, 대화 내용은 어린 시절 내내 나를 떠나지 않았던 공포심, 곧 거절당하고 버림받을지도 모른다는 두려움에 관한 것이었다. 겁이 날 때마다 기어 들어가게 되는, 완곡하게 표현해서, "어두운 장소"에 관한 느낌들을 서로 이야기했다. 텁수룩하고 인정 많은 이 영성지도자는 내가 무슨 말을 하고 있는지 너무나도 잘 알았다. 그는 나의 어두운 장소를 인정하고, 나아가 나까지 인정해 주었다.

헨리는 또 나에게 기도하는 방법을 가르쳐 주었다. 그리하여 하나님을 향한 나의 언어들이 내 영혼 속에 자유를 가져오도록 해주었다. 그는 매일 나 홀로 시간을 보내는 방법, 묵상하는 방법, 혹은 그저 조용히 있는 방법을 가르쳐 주었다. 침묵은 내게 그리 어울리지 않는다. 마치 불속으로 뛰어드는 나방처럼, 나는 소란과 폭동에 이끌리는 편이다. 하지만 오늘도 헨리는 늘 내 곁에 머물면서, 내 기도를 통하여, 나에게 귀를 기울여 주고 나를 후원해 준다.

헨리와 마지막으로 대화를 나눈 것은 1996년 봄, 우리 아버지가 많이 편찮으셨을 때였다. 그는 내게 전화를 걸어 주었다. 그의 목소리에는 깊은 관심과 긍휼이 깃들어 있었다. 몇 분 동안 얘기를 나눈 다음, 나는 전화를 걸어 줘서 고맙다고 인사를 한 뒤 이렇게 말했다. "사랑해요, 헨리. 제발 당신 몸도 좀 돌보세요." 그는 자기도 날 사랑하며, 조만간 만나게 될 거라고 했다.

헨리가 유대력에서 가장 거룩한 날, 금식하면서 용서를

구하는 속죄의 날 바로 전날에 죽은 것은 참으로 의미심장한 것 같다. 그 날의 중요한 행사들 중 하나가 바로 죽은 사람들을 위해 특별 추모예식을 베푸는 것이기 때문이다. 헨리의 죽음이라는 물리적 현실을 받아들이기가, 우리 아버지의 죽음을 받아들이는 것보다 더 힘들었다. 헨리가 없는 세상은 상상조차 할 수 없었다. 하지만 그럴 필요가 전혀 없었다. 그는 아직도 바로 곁에 있기 때문이다.

24

| 알버트 미칸 루이스 |
시든 해바라기

> 알버트 루이스는 미시건주 그랜드래피즈 엠마뉴엘 회중교회의 명예 랍비다. 그곳을 28년간 섬겼다. 그는 초교파주의 활동과 이민족관련 활동, 그리고 예전과 설교에 관한 저서들 때문에 널리 인정을 받고 있다. 알버트와 그의 아내 셜리는 데이브레이크에서 안식년을 보낼 때 헨리 나우웬을 처음 만났다. 그들은 후에도 데이브레이크를 자주 방문했고, 그곳의 영성수련을 인도하기도 했다.

1980년대 중반, 노인학 학사프로그램을 개발하고 있을 때, 나는 헨리 나우웬 박사가 나이 듦에 관하여 강연해 놓은 비디오테이프를 한 번 보라는 초대를 받았다. 그 사람에 관해 전혀 들은 바가 없었지만, 최대한 많은 정보를 얻고 싶었기에 그 비디오를 보러 갔다. 그의 첫인상은 열정적이긴 하지만 전혀 체계적이지 못한 강사여서 얻을 게 별로 없을 것 같다는 것이었다. 하지만 몇 분도 채 되지 않아 ― 헨리의 개방성과 깊이에 완전히 매료된 ― 나는 그에 관해 더 많이 알고 싶다는 생각을 품게 되었다.

다음날 나는 수녀인 친구에게 헨리 나우웬에 관해 들어본 적이 있냐고 물었다. 그러자 그녀가 대답했다. "물론이죠. 우리는 그의 저서 〈상처 입은 치유자〉를 반드시 읽게 되어 있어요." 하루도 지나지 않아 나는 〈상처 입은 치유자〉를 손에 넣었고, 곧바로 헨리의 독자가 되었다. 나는 이 사람을 만나 좀 더 많이 배우는 게 아주 중요한 일이라는 사실을 깨달았다. 노인학이 아니라 영성에 관하여 ― 그리고 나 자신에 관하여. 가톨릭 공동체와 유대교 공동체에서 느끼는 위로뿐만 아니라, 내가 속한 전통이 아닌 외부의 스승으로부터 가르침을 받고 싶은 의욕 때문에 나는 점점 더 헨리와 가까워졌다. 그러나 우리가 직접 만나기까지는 그로부터 십년이라는 세월이 더 걸렸다.

1995년 1월, 헨리의 초대를 받은 나와 설리는 안식년의 첫 2주일을 라르쉬 데이브레이크에서 보내게 되었다. 도착한 직후부터 나는 그 동안 쉽사리 얻을 수 없었던 남자들 간의 친밀감을 발견했다. 그분들은 둘 다 남자였고, 오랫동안 그 공동체의 멤버로 살아왔다. 로이 터켈은 80세였고, 로이드 케르만은 72세였다. 그들은 거의 매일 다른 노인들과 — 할아버지 할머니들과 — 만났다. 노인들을 위한 프로그램이 데이브레이크 가정에서 진행되고 있었는데, 멤버들은 그저 있어만 줘도 된다는 격려를 받고 있었다. "있다"는 것은 곧 자기 자신이 되는 것, 공동체의 일원이 되는 것, 그리고 상대방을 배려해 가면서 자기 마음을 털어 놓을 수 있게 되는 것을 의미한다.

이 날 노인들은 나를 아침 차 마시는 시간에 초대해 주었다. 모두들 차와 비스켓을 즐기고 있는데 로이가 — 방 저쪽에 앉아 있는 — 로이드를 쳐다보면서 큰 소리로 이렇게 말했다: "로이드, 자넨 얼간이야!"

로이드는 몇 초 동안 그냥 앉아 있더니 이렇게 물었다: "그럼 자네는 뭔데?"

이번에는 로이가 몇 초 동안을 기다리고 나서 이렇게 대답했다: "건달이지!"

다시 로이드가 기다렸다. 마치 신중하게 써놓은 원고를 보면서 짜여진 대사를 연습하는 것 같았다. 마침내 그가 말

했다: "그것 말고는?"

"얼간이지!" 로이가 외쳤다.

그 다음엔 두 사람 모두 큰 소리로 웃으면서 환한 미소를 지었다.

그 후론 로이와 로이드 사이에 아무런 대화도 오고가지 않았다. 특별히 수다스럽지도 않았다. 예스나 노우로만 대답할 수 있는 질문을 던진다면 틀림없이 둘 다 그렇게 할 것 같았다. 안 그러면 아침 내내 가끔 선잠을 자면서 계속 침묵을 지키던가. 그들 머리 속엔 혼란과 단어와 경험들이 뒤죽박죽 뒤섞여 있는 게 틀림없었다. 하지만 장애 때문에 남들이 이해할 수 있는 방식으로 자신을 드러낼 수 없었다. 그 다음 며칠 동안 로이와 로이드의 대화에 귀를 기울인 결과, 그들의 의식적인 대화가 좀 더 풍부한 의미를 담고 있다는 사실을 깨닫게 되었다. 내가 보기에 그들은 서로에게 사랑과 존경, 굉장한 감사를 전달하고 있었다. 또 그들은 그 방에 있는 모든 이들을 자신들의 특별한 온정으로 초대하고 있었다.

로이와 로이드의 대화는 데이브레이크에서 보낸 나머지 기간 동안 나의 존재감에 영향을 미쳤다. 내 삶을 완전히 바꿔버린 이 친밀감은 조심성이 너무 많은 나의 족쇄를 풀어주었고, 나 자신과 놀라울 정도로 친밀한 관계를 맺을 수 있게 만들어 주었다.

데이브레이크에서 발견한 나의 자아는, 성인이 된 이후로 거의 언제나 친밀감의 문제, 특히 남자들과의 친밀감 문제로 투쟁해 왔다. 나는 남자들 간의 진정한 친밀감을 위해서는 자신이 상처받기 쉽다는 사실을 인정해야만 한다고 배웠다. 지난 몇 년 동안, 상당한 치료와 위험을 감수한 이후에야 비로소 나는 다른 남자에게 가까이 다가가 이런 말을 할 수 있는 사람이 되었다: "정말로 당신을 알고 싶고, 당신이 진정한 나를 알아 줬으면 좋겠어요. 당신과 함께 웃고 당신과 함께 울고 싶어요."

이제 내게는 다섯 명의 남자 친구가 있다. 친밀감에 대한 내 욕구를 이해해 주고 자신들의 열망을 나와 공유하고 있는 친구가. 나는 거의 매주 그 친구들 중 한 명과 점심이나 저녁식사를 함께 하고 있다. 나는 내 업무와 작가로서의 좌절감, 그리고 가족 간의 갈등에 관하여 얘기한다. 랍비로서의 유효성에 대해 질문하고, 나의 두려움에 관해 말하려 애쓴다. 그렇다고 해서 그 친구들이 치료사가 되어 주길 기대하는 건 아니다. 그들 저마다에게 내가 바라는 것은 관심을 갖고 들어 줄 수 있는 귀, 공유해 줄 수 있는 마음, 그리고 훌륭한 유머감각이다.

셜리와 함께 데이브레이크에서 2주일을 지내는 동안 나는 몇몇 사람들과 좀 더 가까워지고 싶다는 것을 깨달았다. 그 중의 한 명이 바로 헨리 나우웬이었다. 그는 우리를 데이스프링에 있는 자기 집으로 친절히 맞아 주었다. 그는 내가 기획하고 있는 책에 관해 격려해 주었고, 매일 예배에 내가 참석했는지 안 했는지를 매우 민감하게 살폈다. 사실 그는 어떤 성서강해에 관한 비평을 좀 해달라고 나를 초청하였는데, 유감스럽게도 그는 그것이 유대교를 왜곡한 것임을 깨닫게 되었다. 내가 유대인이라는 것, 그리고 랍비라는 것이 분명히 헨리의 초교파주의와 수용력을 일깨운 모양이었다. 만일 내가 유대인이라는 사실에 조금이라도 신경이 쓰였다면, 그가 우리 부부를 데이브레이크에 머물도록 초청하지도 않았을 테고, 자기 집을 내주지도 않았을 것이다. 나는 헨리가 잘 알고 있었으리라고 믿는다. 나도 그처럼 하나님과 좀 더 친밀해지기 위한 여정을 걷고 있었다는 것을, 그리고 우리가 함께 여행할 수 있다는 것을. 아마도 평행선을 걷겠지만.

나는 헨리와의 아침식사나 매일 예배에서의 특별한 축도, 함께 먹는 저녁식사 외에도 더 많은 것들을 함께 하고 싶었다. 헨리의 큼직한 손 위에 내 마음을 올려놓고 그와 함께 탐색해 보고 싶었다. 그에게 내 고통의 장소를 보여 주고 싶었다. 아주 간절히. 나는 헨리 J. M. 나우웬이 자기 손님이자 여행 동료인 나의 겉치장을 벗기고 상처와 두려움을 발견해 주길 원했다. 그래서 나는 이렇게 말했다: "헨리, 당신과 얘기를 좀 나누고 싶어요……우리 둘이서만."

그는 그 즉시 대답했다: "오늘 오후는 어때요?"

둘만 만나게 되었을 때, 나는 이렇게 말했다: "헨리, 나는 상처를 입었고, 화도 나고, 절망스러워요. 당신 도움과 통찰력이 필요해요." 나는 지난 50년간 기대 이상의 성과를 올리고도 제대로 인정을 못 받아온 데 대한 느낌을 그의 믿음직한 손 위에 올려놓았다. 나는 장남이다. 또 나는 우리 대학의 상담자다. 우리 부모님은 절대 전화를 걸지 않으신다. 우리 회중은 나한테서 많은 것을 얻고도 점점 더 많은 것들을 바란다. 나는 그 동안 스스로를 무능력하고 불충분하다고 느껴온 사실을 털어놓았다. 내면의 목소리가 그렇지 않다고 작게 속삭이고 있을 때조차도. 그리고 나는 그의 말에 귀를 기울였다. 나는 이 말들이 그가 예전에 들었던 말임을 알았다. 그러니까, 나의 연약함이 곧 나의 힘이고, 나의 불완전함은 저주가 아닌 축복이라는 사실을 내가 나중에 이해하게 된 것과 마찬가지였다.

한 시간 반 후에 헨리는 그대로 마음을 열고 있으라고, 그의 고통과 여정의 일부도 나와 함께 나누고 싶다고 말했다. 그의 눈에는 슬픔이 배어 있었다. 그는 하버드에서 강의실을 어떻게 꽉 채웠는지, 강의와 출판을 얼마나 폭넓게 하였는지 — 그리고 어떻게 재임 자격을 거부당했는지 말해 주었다. 그 역시 엄청난 성공과 지독한 실망을 경험했던 것이다.

이윽고 작은 방 안에 고요한 침묵만이 남았다. 우리는 둘 다 그 침묵에 몸을 녹였다. 우리는 서로를 안아 주고, 서로의 눈을 깊이 들여다보았다. 상처입기 쉬운 상태를 서로 공유함으로써 우리는 절대자와 하나가 되었다.

며칠 후 헨리는 63번째 생일축하 파티를 열었고, 셜리와 나도 손님으로 초대되었다. 그를 위해 나는 시 한 편을 준비해 갔다. 처음 라르쉬에 올 때는 산문을 쓸 준비를 하고 왔는데, 산문 대신 시가 탄생한 것이다.

> 내 친구 헨리에게,
>
> 오, 나의 사랑하는 헨리,
> 그대의 두 팔을
> 독수리 날개처럼 펼쳐서,
> 나를 하늘 높이,
> 이제까지 있어 왔고

앞으로도 계속 있을
모든 영혼들 가운데로 올려 준다오.
이제 나는 하나요,
그대도 하나라오 —
하나님이 의도하신 대로.
하나와 하나가 절대자와 하나가 된다오.

그대는 나를 축복해 주었소.
그대의 손으로,
그대의 입으로,
그대의 눈으로.
그대는 영성지도자.
내 영혼의 슬픔으로 지어진
성소의.
그대는 아론.'
내 가난한 마음에 거칠게 파고든
혹독함을 치유하는.

내게 진심으로
나눠준 빛 가운데
그대는 말했다오.
반 고흐의 꽃병에 있는 해바라기는
모두 시들어 있다고.
하나같이 흠이 있다고.
그것들이 모두 모여 전체가 된다고.

꽃잎과 꽃잎이,
줄기와 줄기가,
꽃 한 송이가 한꺼번에,
생명의 호흡 위에서
부드럽게 움직이는
절대자의
반투명 날개 아래.

멋진 친구여,
치유되고 있는 내 마음속에,
내 기도 속에,
그대를 데려간다오.
그대의 이름이 영원하도록.*

  그 때 이후로 나는 헨리를 다시 만나지 못했다. 내가 데이브레이크를 다시 방문했을 때는 멀리 강연을 하러 가고 없었다. 우리는 여러 차례 전화 통화를 했고, 이따금 편지도 주고받았으며, 다시 만나게 될 날을 고대하고 있었다. 1996년 속죄의 날 바로 전날, 우리는 헨리의 갑작스런 사망소식을 전해 들었다. 속죄의 날 예배를 시작하며, 거의 6백 명이

  아론은 하나님의 부르심을 받고 모세에게 기름부음을 받은 고대 이스라엘 최초의 제사장이었다.

넘는 회중 앞에서 ― 회당엔 개인과 공동체의 속죄를 간구하기 위해 몰려든 예배자들이 가득했다 ― 나는 절친한 친구이자 스승인 헨리 나우웬이 죽었다고, 깊은 애도를 표한다고 말했다. 내가 헨리의 저서를 얼마나 높이 평가하는지, 그리고 헨리 자신을 얼마나 사랑하는지 잘 아는 이들이 나와 함께 애도를 표했다. 그들은 내가 마치 가족을 잃은 것처럼 슬프다는 것을 잘 알았다.

최근에 나는 돌아온 탕자에 관한 헨리의 워크숍 테이프를 들었다. 그의 목소리를 다시 듣고 그의 열정을 떠올리면서, 내가 잃어버린 모든 것들과 내가 얻은 모든 것들 때문에 눈물을 흘렸다.

> 멋진 친구여,
> 치유되고 있는 내 마음속에,
> 내 기도 속에,
> 그대를 데려간다오.
> 그대의 이름이 영원하도록.

25

| 칼 맥밀런 |

남성그룹 캠프여행

칼 맥밀런은 보스턴에서 브랜다이스대학교 경영대학원을 졸업한 다음, 수년간 장애인 옹호자로 활동해 왔다. 라르쉬 데이브레이크로 건너온 칼은 헨리 나우웬과 긴밀한 관계를 맺으며 데이스프링 개발을 위해 힘썼다. 그는 여전히 데이브레이크 가정에서 거주하며 공동체 리더팀의 일원으로 봉사하고 있다.

    1991년, 데이브레이크 공동체 안에, 혹은 가까이에 거주하는 소규모 남성 집단이 그룹을 하나 결성했다. 우리는 절대 한 쪽으로 치우치지 않는 집단이었다: 직장생활도 다 달랐고, 싱글이 있는가 하면, 결혼해서 자녀까지 딸린 사람도 있었다. 감정의 폭도, 거친 사람으로부터 부드러운 사람까지 다들 제각각이었다. 하지만 우리에게는 공통점도 아주 많았다. 모두들 중년에 속하거나 이제 곧 중년에 접어들 나이였으며, 영적인 길에 접어들었고, 다른 남자들과 우정을 쌓으면서 자기 여정을 탐험해 보려는 열정이 강했다. 당시는 로버트 블라이의 〈남자만의 고독〉 시대였고, 남자들만의 그룹은 비교적 흔하든지, 아니면 적어도 "상쾌하게" 여겨졌다. 헨리도 이 그룹의 일원이었다. 그는 멀리 떠나 있을 때를 제외하면 한 달에 한 번씩 꼭 우리와 만났다. 죽는 그 날까지.

여름이면 언제나 우리는 주말 카누 여행을 떠나곤 했다. 처음으로 여행을 떠났던 때의 일이 떠오른다. 헨리는 캠프 생활에 익숙하지 못했지만, 여행을 앞두고 몹시 흥분해 있었다. 그의 일정에 비추어볼 때, 우리가 그에게 부탁할 수 있는 것은 그저 나타나기만 해달라는 것이었다. 그리고 그는 정말로 나타났다. 그만의 "유니폼" — 버튼다운칼라가 달린 밝은 파랑색 옥스퍼드직물 셔츠와, 회색 폴리에스테르 바지, 그리고 검정색 구두 — 차림으로. 그는 여행가방 외에도, 작은 여행가방 크기의 서류가방을 챙겨왔다. 유니폼 위에는 런던포그트렌치코트를 입고 있었다. 헨리는 야영준비를 갖추고 있었다. 우리는 씩 웃고서 그를 미니밴으로 맞아

알곤킨 공원에서, 헨리와 칼 맥밀런.

들였다. 온타리오주 북부에 있는 광활한 알곤킨공원에 도착한 우리는 카누를 내렸다: 하나는 2인용, 또 하나는 3인용이었다. 헨리는 3인용 카누 한가운데 자리를 잡았다. 이따금 노를 저으면서 대화를 중재해 주면 되는 자리였다. 헨리는 얘기하는 걸 너무도 좋아했다. 거의 모든 소재에 관해서.

섬에 도착해서 캠프를 세운 다음, 우리는 편히 쉴 수 있었다. 화창한 날이었다. 야영지는 아주 멀리 떨어져 있었다. 모터보트도 없었다. 사람이라곤 그림자도 안 보였다. 우리는 모두 벌거벗고 헤엄을 쳤다. 태어났을 때의 모습 그대로.

헨리의 서류가방에는 성경, 찬송가, 그리고 성만찬예식에 필요한 모든 것들이 들어 있었다. 헨리는 그곳에서 매일 성만찬예식을 집례했는데, 섬은 근사한 야외 예배당이었다. 우리는 성경을 읽고 강해에 귀를 기울였으며, (조용히 그리고 떠들썩하게) 찬송을 불렀다. 그리고 다함께 성경말씀을 묵상하였다. 우리는 자신이 바라는 것을 솔직하게 기도했고, 서로를 위해 감사의 기도를 드렸다. 그런 다음, 우리는 성만찬상 — 나무 그루터기나 바위나 혹은 뒤집어놓은 카누 윗면 — 주변으로 모였다. 우리는 한 사람씩 차례로 빵을 먹고 포도주를 마셨다. 이것이 그 주말동안 헨리가 공헌한 일이었다: 의례를 통하여 우리를 연약하고, 상처받기 쉽고, 친교를 갈망하는 남자들로 한 데 묶어준 것이다.

|친구 선택에 관하여|

영성생활은 끊임없는 선택들 가운데 하나다. 가장 중요한 선택들 가운데 하나는 가깝고 친밀한 관계를 발전시킬만한 사람들을 선택하는 것이다. 우리 삶에 주어진 시간은 그야말로 한계가 있다. 그 시간을 누구와 어떻게 보낼 것인가?

우리와 친구가 되고 싶어 하는 사람이 나타나면 우리는 종종 행운이라도 되는 것처럼 행동한다. 하지만 그것은 너무나도 수동적이고 숙명론적이기까지 한 자세다……우리는 하나님의 사랑을 믿는 사람으로서, 용기와 신뢰를 갖고서, 하나님의 사랑을 우리에게 보여줄 수 있는 사람에게 이렇게 말해야 한다: "당신을 알고 싶어요. 당신과 함께 시간을 보내고 싶어요. 당신과 우정을 쌓고 싶어요. 당신은 어때요?"

거절도 당할 것이고, 거부당한 데 대한 고통도 따를 것이다. 하지만 우리가 온갖 거절과 거부를 회피하고자 한다면, 사랑 안에서 좀 더 강해지고 깊어질 수 있는 환경을 만들어낼 수 없을 것이다. 하나님은 우리를 위해, 신적인 사랑이 실체를 가질 수 있도록, 인간이 되셨다. 그것이 바로 성육신이다. 성육신은 아주 옛날에 일어난 사건일 뿐만 아니라, 하나님이 우리에게 필요한 친구들을 보내주실 것이라고 믿는 사람들을 위해 지금도 계속해서 일어나고 있는 사건이다. 하지만 선택은 어디까지나 우리 몫이다!

〈지금 여기 우리와 함께 계시는 하나님〉 중에서

26

| 마크 반 캠펜 |

헨리 삼촌

마크 반 캠펜은 헨리 나우웬의 여섯 조카들 중에서 두 번째로 나이가 어리며, 헨리가 나중에 〈스무 살 마크에게 띄우는 헨리 나우웬의 영성편지〉로 출간한 편지들의 실제 수령인이다. 그는 아내 마레이, 딸 스테레와 함께 암스테르담에서 살고 있다. 마크는 세금 및 투기자본 관련법 변호사를 맡고 있으며, 마레이는 인적 자원 서비스를 위한 보도기관의 매니저로 일하고 있다.

헨리 삼촌은 네델란드에서 많은 시간을 보내지 않았음에도 불구하고, 조카인 우리들을 상당히 잘 보살펴 주었다. 삼촌은 1977년 그의 어머니, 그러니까 우리 할머니가 돌아가신 이래로 크리스마스를 다함께 보내는 전통을 반드시 지켜 온 사람이었다. 크리스마스는 우리 조부모님 댁인 게이스테

른에서 나우웬 일가가 모두 모이는 정기적인 가족행사였다. 헨리 삼촌은 가정예배를 직접 집례했는데, 때로는 우리 할아버지 교회에서, 때로는 우리 조부모님 댁의 친밀한 장소에서 예배를 드렸다. 또 헨리 삼촌은 아이들의 놀이나 어른들의 사업논의에 끼어들어, 우리가 지닌 온갖 좋은 것들을 스스로 인식하고 남을 생각할 수 있는 시간을 갖도록 만들었다. 아직 어린 우리들은 그 말을 이해하기가 어려웠다. 하지만 헨리 삼촌은 늘 우리에게 이야기를 들려주려고 노력했으며, 우리의 느낌과 생각에 귀 기울이려고 애썼다.

헨리 삼촌은 열심을 다해 우리의 발전을 북돋우고, 우리가 성장하는 동안 특별한 것을 제공하고, 우리가 좋은 사람이 되도록 도와주었다. 삼촌은 우리의 성격과 인성이 성장하는 것을 볼 수 있도록 좀 더 가까이 있고 싶은 게 확실했다. 네덜란드에 머무는 동안에는 늘 많은 사람들을 만나야 했지만, 언제나 귀한 시간을 우리와 함께 보내려고 무척 노력하였다. 저녁식사 시간이면 누이와 두 형제, 그 밖의 가족 어른들 소식을 들으려고 애썼고, 우리에게도 학교생활이나 친구문제, 운동에 관한 질문들을 쏟아내곤 했다. 뿐만 아니라 삼촌은 미국과 중앙아메리카, 남아메리카, 유럽 전역에서 겪은 모험담(우리에겐 삼촌의 이야기가 모험담처럼 들렸다)도 들려주곤 했다.

   헨리 삼촌은 우리가 열다섯 살이 되면 한 사람씩 초대해서 여름을 함께 보내곤 했다. 그 나이면 새로운 경험을 평가할 수 있을 정도로 충분히 자랐고, 그러면서도 전혀 다른 가치관과 생활방식에 마음 문을 열 수 있을 만큼 아직 어리다고 판단했던 것이다. 나는 1984년 여름을 삼촌과 함께 보냈는데, 당시 삼촌은 매사추세츠주의 캠브리지에 살고 있었고, 나는 고등학교 4학년이었다. 그 해 여름 나는 기존의 틀에 비추어 여러 가지 새로운 경험들을 관찰하고, 흡수하고, 성찰하고, 중재할 수 있는 기회를 끊임없이 얻었다. 나는 예비학교 여름프로그램에 참가하여, 뉴햄프셔에서 온 17세 아이들 100명과 함께 6주를 보냈다. 헨리 삼촌은 때때로 갑자기 이동했다. 나는 삼촌과 2주일간 여행을 다녔다. 삼촌 친구들도 만나고 삼촌이 일하는 모습도 보았다.

   헨리 삼촌과 한 번에 그렇게 많은 시간을 함께 보낸 것은 그것이 처음이었다. 우리는 서로를 더 잘 알게 되었다. 그리고 바로 이때부터 삼촌은 나와 종교를 논의하기 시작했다. 우리 가족은 성경에 무슨 이야기가 들어 있는지도 알고, 가끔씩 ─ 예를 들면 조부모님과 함께 ─ 교회도 다녔지만, 종교를 그리 중요하게 여기지는 않았다. 헨리 삼촌은 나에게 종교를 강요하지 않았다. 하지만 삼촌의 삶에서 아주 본질적인 부분이었기에, 나는 삼촌과 그 주변 사람들에게 그것이 어떤 의미를 지니고 있는지 조금씩 알아가게 있었다. 삼촌과 그 친구들에게 종교란 내가 생각했던 "선한 그리스도인"이 되기 위한 공식 따위가 결코 아니었다. 삼촌은 종교가 우리의 일상생활과 동떨어진 게 아닌, 하나의 생활방식임을 가르쳐 주었다.

그 해 여름 나는 삶에 관해 생각해 보게 되었고, 그저 일련의 사건들이 발생하는 것이 아니라 좀 더 의미 있는 것임을 알게 되었다. 그것은 10대 후반의 청소년기를 향한 나의 성장에서 굉장히 중요한 단계였다. 그 경험 때문에 나는 지리적으로, 그리고 특별히 지성적으로, 내 지평을 넓힐 수 있게 되었다. 헨리 삼촌이 옳았다: 그 때가 그런 경험을 하기에 딱 알맞은 나이였던 것이다.

한편, 헨리 삼촌의 삶은 내가 보기에 좀 이상하기도 했다. 삼촌은 사회적으로 풍요로웠고, 삼촌을 존경하고 사랑하는 사람들도 많았다. 친구들과도 아주 열정적인 순간들을 공유하고 있었으며, 사람들과의 관계도 깊이가 있었다. 나는 지금까지도 그런 관계에 도달하지 못하고 있는데 말이다. 하지만 삼촌의 삶은 왠지 외로워 보였다 — 늘 여행을 했고, 늘 도착하거나 떠나거나 둘 중 하나였다 — 삼촌은 집이 없는 것 같았다. 그런 식의 생활방식에 충격을 먹었던 때가 떠오른다. 삼촌은 그 어떤 것에도 신경을 쓰지 않았다. 하루 전에 무슨 옷을 입었는지도 기억하지 못했고, 먹는 걸 깜빡 잊기도 했다. 이런 건 삼촌에게 그리 중요한 게 아니었다. 삼촌은 사람들과 함께, 가능한 한 많이, 자신의 생각을 이야기하느라 바빴다. 삼촌은 여행경비나 전화요금에는 전혀 관심이 없었다. 이런 것들은 좀 더 많은 사람들에게 좀 더 많이 자신의 생각을 전달하기 위한 수단에 불과했다. 자라면서 늘 비용을 따져보도록 교육받은 나로서는 이런 식의 삶이 무척이나 충격적이었다.

내 눈에 비친 헨리 삼촌은 다소 불가사의한 수도사였다. 현실세계는 전혀 볼 줄 모르고 다른 세계에서 생활하는. 그렇지만 삼촌은 현실세계의 사람들과 접촉을 유지하였고, 사람들이야말로 삼촌에게는 모든 것을 의미했다. 헨리 삼촌의 삶에 의미를 부여해 주고 행복을 안겨 주는 것은 주변사람들과 얽히고설킨 관계를 맺는 것이었다. 사람들과 좀 더 자주, 좀 더 강렬하게 접촉할수록 좋았다. 그나마 헨리 삼촌이 다른 사람들을 만나지 않고 한 곳에 머무를 수 있는 단 한 가지 방법은 바로 책을 쓰는 것이었다. 하지만 그것도 사람들에게 자기 생각을 전달할 수 있는 또 하나의 방법이었다.

미국에서 함께 지냈던 시간이 끝나자, 삼촌은 앞으로도 계속해서 삶에 관해 생각해 보길 바란다고, 삶은 그저 생존이나 성공에 관련된 것이 아니며, 좀 더 차원이 큰, 우리 삶에 의미를 부여해 주는 특별한 차원이 존재한다는 사실을 깨닫게 되길 바란다고 했다. 삼촌은 바로 이 차원을 그리스도교 신앙을 통해 발견하였다. 하지만 다른 사람들도 반드시 똑같은 방식으로 이 차원을 발견할 필요가 없다는 사실을 삼촌은 잘 알고 있었다. 삼촌을 통해서 나는 의식과 규칙은 그저 종교가 의미하는 것을 이해하기 위한 첫걸음에 불과하다는 사실을 깨닫게 되었다. 종교는 그저 선한 사람이 되거나 천국에 가기 위해 선택하는 것이 아니다. 헨리 삼촌은 내가 종교 이외의 단체에서도 똑같은 성격의 것을 발견할 수도 있다고 가르쳐 주었다. 진짜로 중요한 것은 우리 자신과 세상에 가치 있는 뭔가를 하기 위해 노력하는 근본적인 자세다. 삼촌으로부터 내가 배운 것은 정말로 중요한 성공이란 뭔가를 진지하게 생각해 봐야 한다는 것이었다 ― 그리고 이것은 나의 종교관을 변화시켰다. 또한 삼촌은 모든 사람의 삶에서 가장 핵심이 되는 가치관을 발견할 수 있는 것이 바로 성경임을, 성경의 가치관이 가장 보편적임을 지적해 주었다. 물론 다른 종교에서도 의미를 발견할 수 있고, 종교가 아닌 다른 것에서도 의미를 발견할 수 있다. 예를 들면, 어떤 철학이나 이데올로기에도. 헨리 삼촌은 눈을 크게 뜨고 좀 더 높은 목표를 추구하는 것이 매우 중요하다고 강조하였다.

18살의 내게는 헨리 삼촌의 메시지가 이해하기 어려웠고, 영적으로 추구한다는 것은 더더군다나 힘들었다. 네덜란드에서는 종교에 관한 논의가 미국보다 훨씬 덜 공개적이었고, 이 주제를 들먹이면 이상한 사람이나 바보로 취급되었다. 그것은 헨리 삼촌이 네덜란드를 편하게 여길 수 없는 이유 중 하나기도 했다. 네덜란드에서는 삼촌에게 가장 중요한 주제, 삼촌의 마음속에 늘 존재하는 주제를 맘 놓고 논의할 수가 없었던 것이다.

하지만 헨리 삼촌으로부터 다소 정기적으로 도전을 받아온 나는 삶에 관해 생각해 보게 되었고, 급기야는 특별한 차원을 찾아 첫발을 내딛게 되었다. 몇몇 친구들에게 이 과정에 대해 털어놓았으며, 내 삶에 그것을 위한 자리를 마련하도록 애썼다. (이것과 관련하여 나는 아직까지도 길을 찾고 있는 중이다.) 헨리 삼촌의 생애와 집필 활동은 이것을 추구하는 데 매우 유용한 자료들을 제공해 주었다. 삼촌 역시 이것을 추구하기 위해 굉장히 노력했으니까.

작가로서의 헨리 삼촌을 소개하자면, 영어로 출판된 〈스무 살 마크에게 띄우는 헨리 나우웬의 영성편지〉부터 언급해야 할 것이다. 삼촌은 그때까지 모든 저서를 영어로 썼기에, 네덜란드어로 책을 써달라는 부탁을 받자 나에게 편지를 쓰기로 결심했다. 그 당시 나는 열여덟 살밖에 안 되었지만, 수령인의 역할을 맡게 되어 무척이나 행복했다. 그 기회에, 삼촌이 내게 설명해 주었던, 그리고 추구할만한 가치가 있다고 확신시켜 주었던 삶의 의미를 어느 정도 발견할 수 있으리라 생각했다. 나는 삼촌이 내게 말해준 것들을 이해하려고 노력했고, 그것이 내 가치관과 이상을 형성할 수 있도록 내 삶으로 끌어들이려 애썼다.

계획한 대로 삼촌은 내게 편지를 보내기 시작했고, 나는 그것을 읽기 시작했다. 매번 편지를 받을 때마다 나는 요점을 파악할 수 있을 때까지 오랜 시간을 들여서 읽고 또 읽었다. 그 당시 나는 이것이 그 주제에 관한 새로운 이야기에 속한다고 생각했다. 하지만 후에 어떤 사람들은, 젊은이가 읽기에는 매우 거친 글이라고 비판하기도 하였다.

헨리 삼촌의 편지는 늘 자신이 본 것들, 일상생활에서 일어난 일들과 연결되어 있었다. 그렇기 때문에 나의 일상생활에 연결시키고 적용시키기가 훨씬 더 쉬웠다. 편지 한 통은 필리핀에서 일어난 사건들에 초점을 맞춘 것이었다. 코라손 아키노가 아무런 유혈사태도 없이 페르디난드 마르코스 대통령을 전복시킨 사건이었다. 삼촌은 이것을 예로 들면서, 사랑이 무엇을 의미하는지를 아주 확실히 가르쳐 주었다. 어떤 사람이 나에게 늘 선한 일만 해준다면 그 사람을 사랑하기가 쉽겠지만, 정말로 누군가를 사랑하려면, 그 사람이 (이 경우 마르코스처럼) 선하지 않다 할지라도 여전히 사랑으로 대해야 한다는 것을. 그래야만 비로소 나의 사랑이 진정 의미 있는 것이 된다는 것을. 나는 1997년 아내 마레이와의 결혼예식에서 이 내용의 일부를 함께 나누기로 했다. 우리 결혼예식에 참석해 준 하객들에게, 사랑이 어떻게 그 힘을 증명할 수 있는가를 강조하고 싶었다.

헨리 삼촌의 편지들은 나에게 엄청난 도전을 안겨 주었다. 나는 친구들과 소그룹을 만들어 정기적으로 그 편지들에 관해 논의하였다. 물론 이런 종류의 대화에 모두가 개방적인 것은 아니었다. 나는 헨리 삼촌과 여름을 보내고 돌아온 뒤부터, 그 동안 다니고 있었던 교회의 영성지도자 라부와 함께 이 친구들을 모았다. 라부는 꼭 헨리 삼촌 같았다 ― 그리스도교라는 종교의 핵심 혹은 본질의 가치를 아주 제대로 인식하고 계셨다. 그리고 일반적으로 특정 종교에 관련된 형식이나 껍데기를 결코 강조하지 않았다. 우리는 한 사람씩 돌아가며 편지에 관해 논의했다. 모두가 편지 한 통의 의미를 파악하기까지는 종종 많은 시간이 걸리곤 했다. 그런 다음엔 그 편지들을 우리의 삶에서 어떻게 실제로 적용할 수 있는가에 관해 얘기를 나눴다.

우리 모두가 공통적으로 느낀 점은, 이 편지들이 예수님과 삶의 의미를 초점으로 하고 있다는 것, 하지만 삼촌의 편지들은 전부가 ― 좀 더 나은 신자나 좀 더 나은 그리스도인이 아니라 ― 좀 더 나은 종교인 혹은 비종교인이 되는 방법을 제시해 주는 것으로 볼 수 있다는 것이었다. 헨리 삼촌은 그리스도인의 예만 들려고 하지 않았다. 바로 이런 점 때문에 라부도 삼촌의 편지들에 그토록 열광적이었다: 그 편지들은 신자든 아니든 모든 사람들이 삶의 가치를 고찰하는 데 도움을 줄 수 있었다.

또한 우리는, 그 메시지를 받아들이는 것은 쉬운 일이지만 그 이상에 맞게 실제로 우리의 생활양식을 변화시키려면 훨씬 더 많은 노력이 필요하다는 데 모두들 동의하였다. 우리는 남을 밀어 헤치고 올라가기보다는 남에게 베풀 수 있는 기회, 무릎을 꿇을 수 있는 기회가 일상생활을 통해서 주어진다는 사실을 깨달았다. 남이 내 얼굴을 때릴지라도 그 사람을 사랑할 수 있는 기회가 일상생활을 통해 주어진다는 사실을. 비록 우리가 본능적으로 타인의 이익보다는 자신의 이익을 좀 더 따지는 경향이 있을지라도. 그런 생각에만 지나치게 매달린다면 다른 길을 걷기가 힘들 것이다.

암스테르담 대학교에 들어가서 마레이를 만난 뒤로 네덜란드의 세속적인 삶이 나의 최우선 순위를 차지하게 되었고, 헨리 삼촌과의 접촉은 조금씩 줄어들었다. 하지만 삼촌은 내가 과연 마레이와 결혼할 의향이 있는 건지 아닌지, 결혼할 생각이라면 언제쯤 할 건지를 처음으로 물어본 사람 가운데 한 명이었다. 삼촌이 생각하기엔 우리가 아무리 빨리 결혼해도 성에 차지 않았으리라. 불행히도, 우리가 마침내 결혼예식을 올리기로 결심한 건 삼촌이 돌아가신 이듬해인 1997년이었다. 이제는 우리도 딸을 키우고 있다. 헨리 삼촌이 나에게, 우리에게, 많은 이들에게 전해 주었던 사상과 가치관을 어린 딸 스테레에게 가르쳐 주는 것은 바로 우리 부부의 임무다.

27

| 엘렌 와인스타인 |

헨리와 나의 바트 미쯔바

엘렌 와인스타인은 1978년에 라르쉬 브레이크로 왔다. 35세가 되던 1994년, 그녀는 유대인 여자 아이들의 성인예식인 바트 미쯔바(문자 그대로 "율법의 딸"을 의미한다)를 치렀다. 엘렌은 우더리 나무세공소에서 일하면서 정기적으로 회당예배에 참석하고 있다. 그녀는 베스 포더의 도움을 받아 이 이야기를 완성하였다.

베스: 바트 미쯔바를 하고 싶다는 생각이 들었을 때 어떻게 했어요?

엘렌: 헨리에게 말했죠 — 그의 사무실에서요. 바트 미쯔바를 치르고 싶다고 그에게 말했어요. 그가 기뻐했어요.

트로스터 랍비가 찾아왔어요. 나는 그를 환영했어요. 헨리도 그랬어요…… 나는 연습을 했어요. 테이프를 보면서요. 토니랑 수지랑 다른 사람들도 함께요. 우린 리바 집에서 저녁 식사를 했어요. 그녀는 회당에 있었어요. 우리 엄마와 아빠가 오셨죠. 샬롬, 그가 토라를 읽었어요. 헨리

토라 두루마리를 들고 있는 엘렌

와 토니, 폴라, 조, 엘렌도 함께 있었어요. 헨리가 나에게 물었어요. "우리가 이 저녁식사를 하는 이유가 뭐예요, 엘렌?" 나는 이렇게 대답했어요. "그거야 내 바트 미쯔바가 있을 테니까요." 나는 여러 가지 것들을 맡아 줄 사람을 정해야 했어요. 인사를 할 사람으로는 우리 아빠와 헨리를 선택했어요. 멜 커즈너에게는 토라를 잡아달라고 했고, 우리 숙모와 삼촌도 어떤 걸 맡았어요. 나는 〈끊임없이 주는 나무〉를 읽기로 했어요.

베스: 데이브레이크 사람들은 당신의 바트 미쯔바에 관해서 어떻게 알게 되었어요?

엘렌: 글쎄요, 헨리가 "데이스프링으로 오라"고 했어요. 헨리가 내 바트 미쯔바에 관해 말했어요. 나는 연습을 했어요. 모두가 나를 위해 기도했어요. 나는 모두에게 물었어요. "내 바트 미쯔바에 올 거예요?"

내 바트 미쯔바를 위해서 탈릿(기도 숄)을 둘렀어요. 헨리가 모두들 앞에서 나에게 말했어요. 그는 내가 데이브레이크의 유대인 여성이라고 말했어요. 사람들이 춤을 췄어

> I always will remember Ellen's Bat Mitzvah as a very blessed event not only in Ellen's life, but also in the life of the Dayhreak Community. More than ever we learned about the love for the Torah.
>
> Henri

엘렌의 성인예식 앨범에 들어있는 헨리의 메모.

요. 그들은 캔디도 잊지 않았어요. 우리는 케이크와 성대한 점심을 먹었어요. 냠냠! 데이브레이크 사람들이 많이 왔어요. 그래서 무척 행복했어요.

 ("언제까지나 엘렌의 바트 미쯔바를 크나큰 축복의 사건으로 기억할게요. 엘렌의 삶뿐만 아니라 데이브레이크 공동체의 삶에서도 아주 복된 사건으로요. 우리 모두가 토라의 사랑에 관하여 좀 더 많이 알게 되기를 바라며. 헨리.")

|재능과 은사에 관하여|

　재능과 은사를 구별하는 것은 가치 있는 일이다. 우리의 재능보다 중요한 것이 우리의 은사다. 재능은 조금 있을지 몰라도, 은사는 많이 받았다. 우리의 은사는 우리의 인간됨을 표출하는 여러 가지 방법이다. 우리 존재의 일부다: 우정, 친절, 인내, 기쁨, 평화, 용서, 온화, 사랑, 희망, 신뢰 등등. 이것들이야말로 우리가 서로에게 베풀어야 할 진정한 선물이다.

　나는 이것을 오래 전에, 특히 이 은사들의 엄청난 치유능력을 개인적으로 경험함으로써 깨달았다. 하지만 정신지체장애우들과 함께 한 공동체에서 살게 된 이후로 나는 이 단순한 진리를 다시 한 번 발견하였다. 그들 가운데는 뽐낼만한 재능을 가진 사람이 전혀 없거나, 있다고 해도 극소수에 불과하다. 우리 사회에 기여함으로써, 돈도 벌고, 자유 시장에서 경쟁하고, 상을 받을 수 있는 사람은 거의 없다. 하지만 그들이 받은 은사는 그 얼마나 눈부신가!

〈이는 내 사랑하는 자요〉 중에서

28

| 베스 포더 |

열린 수업

베스 포더는 1981년부터 라르쉬 데이브레이크에서 살았다. 데이브레이크에 오기 전에는 여러 해 동안 대학영어를 가르쳤다. 그녀는 헨리 나우웬과 친구이자 동료였다. 현재 베스는 그 공동체의 종파를 초월한 목회팀 팀장이고, 영성과 종파초월 문제에 관한 글을 쓰며, 데이브레이크 시니어클럽에서 도우미로 일하고 있다.

    헨리가 지닌 특성들 가운데 가장 충격적인 면은 바로 개방성이었다: 그는 새로운 사상이나 다른 사람들의 비판을 받을 수 있는 도전적인 상황에도 결코 위축되지 않았다. 오히려 그런 것들은 헨리의 창의적인 힘을 일깨워 주는 것 같았다. 라르쉬 데이브레이크에서 이 개방성의 효과는 더욱 광범위해졌다. 나에게 미친 효과는 두 가지 형태를 띠었다: 헨리가 데이브레이크 공동체 외부에 자신의 친구들을, 그리고 목회적 관심과 흥미를 소개하는 걸 보고 내 마음과 정신 역시 그 동안 소외되고 멀리 떨어져 있는 것 같았던 상황에 대해 문을 열게 되었으며, 신학을 연구해 보라는 그의 격려는 내 삶에 새로운 지적, 직업적 방향을 제시해 주었다.

헨리는 친구들이 데이브레이크를 방문해도 그들을 자신에게만 묶어두지 않았다. 그는 친구들이 우리와 알고 지내기를 간절히 원했으며, 우리가 그들과 그들의 일에 관해 알게 되기를 원했다. 다양한 배경을 지닌 이 사람들과의 접촉을 통해서 우리는 가지각색의 직무 — 때로는 매우 급진적인 직무 — 에 연루되었고, 헨리가 마련해 준 믿음과 희망의 엄청난 네트워크 속으로 빨려 들어갔다.

북아메리카 전역에 에이즈 전염병이 놀랍도록 빨리 확산되어 가고 있던, 그리고 일반대중 사이에서도 경각심이 — 그리고 비판이 — 높아져 가던 1980년대, 우리는 매일 에이즈환자들에게 신체적 돌봄과 영적 후원을 베풀고 있는 사람들 — 메리 카니, 마이클 해런크, 크리스 글레이저처럼 최선봉에서 일하는 사람들 — 의 방문을 많이 받았다. 그 후 헨리는 시카고에서 열린 한 중요한 에이즈 회의에서 강연을 하였다. 그리고 돌아와서는 자기가 만난 사람들의 고통과 용기에 관해 알려 주었다. 헨리의 다정한 관심에 영향을 받은 나는, 동성애자인 사람들이 당하고 있는 차별대우와, 동성애자이든 아니든, 에이즈에 걸린 사람들이 겪고 있는 엄청난 고난에 대해 좀 더 많은 것을 인식하게 되었다. 이제까지 거의 알아채지 못했던 나 자신의 편견이 아주 심하다는 사실도 깨닫게 되었다.

헨리의 친구인 영성지도자 존 베시가 과테말라에서 찾아왔을 때는, 산티아고 아티틀란 교구에서 그의 전임자인 스탠 로더가 순교한 이야기, 그리고 그곳에서 억압당하고 학대당하는 자들의 투쟁 이야기에 홀려 듣고만 있었다. 그는 그들의 조립식 별장 사업을 후원하기 위해 애쓰고 있으며, 끊임없이 위협을 받고 있다는 이야기도 들려주었다. 3년 전에 헨리는 사진작가인 피터 바이스켈과 함께 존을 방문했었고, 〈두려움을 이긴 사랑〉에 과테말라의 스탠과 존 이야기를 기록했었다. 나는 위험을 감수하면서까지 그곳으로 가서, 그 책을 쓰고, 중앙아메리카의 시민투쟁에 미국이 개입할 것을 요청하면서 널리 대중들에게 알린 헨리의 의지에 굉장한 존경심을 품게 되었다. 나는 헨리가 새로운 경험들에 관해 건강한 호기심과 열정을 지녔음을 알았다. 그는 결코 무모한 게 아니었다. 하지만 신앙과 우정 때문이라면 그 어떤 위험에라도 뛰어들 수 있을 정도로 그는 모험심이 강한 사람이었다.

나는 정의와 공의에 매달리는 헨리에게 늘 감명을 받았다. 데이스프링에서 그가 가장 자주 했던 설교는 바로 우리 모두가 잘 살 수 있도록 도우라는 것, 일상의 관계에서 하나님의 임재라는 선물을 받아들이라는 것이었다. 하지만 헨리에겐 정의를 위해 애쓰는 사람들 모두를 전폭적으로 후원해 주는 것, 그들이 하나님 안에서 깊은 안전감을 누리며 살 수 있도록 도와주는 것은 너무나도 자명한 일이었다. 그는 토론토 시내에서 부랑자들과 함께 일하고 있는 예배 참석자들에게 그 이야기를 들려달라고 부탁했다. 또 기도시간에는 미국에서 평화와 정의 운동을 벌이고 있는 친구들을 위해 기도하곤 했다. 그들 중에는 감옥에 수감된 사람들도 있었다. 그는 언제나 인정 많고 배려가 큰 인물의 본보기였다.

한 공식적인 만남이 내게는 패러다임의 전환을 가져왔다. 토론토대학교에서 종파를 초월한 3자회담이 열린 날, 수많은 사람들이 몰려들었다. 맨 앞줄에 앉아 있던 한 유대인 할머니가 감정이 북받치는 목소리로 그리스도교 대표인 헨리에게 맹렬히 비난을 퍼부었다. 유대인 대학살 기간에 유대인을 저버렸다고. 회의실은 쥐죽은 듯 고요해졌다. 헨리는 주의 깊게 그 할머니의 이야기를 들었다. 눈을 마주볼 수 있도록 허리를 구부리고서. 그런 다음, 곧바로 그 할머니에게 말했다. 너무나도 옳은 소리라고. 그는 역사를 시인하고, 그리스도교 교회가 저지른 잘못을 슬퍼하였다. 나는 그의 정직함과 충분히 공감할 줄 아는 태도에 아주 깊은 인상을 받았다. 그리고 그가 할머니에게 변명을 늘어놓거나, 교회나 그리스도인들이 유대인들을 위해 한 일들을 열거하려 들지 않은 것을 하나님께 감사드렸다. 이런 식의 반응은 나에게 특히나 강한 인상을 심어 주었다. 그 당시 나는 유대교와 그리스도교의 관계사를 훨씬 더 많이 알게 되었기 때문이다. 특히 그리스도교 신학의 반유대교 사상이 지난 수세기 동안 미쳐온 파괴적인 영향력에 대해서.

그 때 나는 공부를 막 시작한 참이었다. 부분적으로는 헨리가 새로운 시도를 감행하고 싶어 하는 데이브레이크 멤버들을 격려하고 후원해 주었기 때문이기도 했다. 그는 학계 쪽과 연결된 도우미가 몇 명 있다면 공동체 전체에 유익한 점이 많을 것이라고 주장했다. 그는 나에게 지적인 자극과 강조점의 전환이 필요하다는 사실을 눈치 채고 있었다. 그는 여러 과정을 밟지 말고, 신학적인 문제들과 싸울 수 있는,

그리고 훌륭한 목회교육을 받을 수 있는 그런 과정을 택하라고 일러 주었다.

헨리는 내가 데이브레이크에서 교육 전공을 살릴 수 있도록 도와주었다. 그는 나에게 공동체 예배에 대해 짤막한 감상평을 연습해 보라고 제안하였고, 유용한 평가를 많이 해주었다. 그 역시 교양 있는 작가였으므로, 지속적으로 일기를 쓰라고, 그리고 내 일기를 함께 읽어주고 신학적 성찰을 논의할 수 있는 그룹을 만들라고 했다. 그는 이것이 나뿐만 아니라 공동체 모두를 위한 일이라고 강조했다. 헨리는 활기차고 서로에게 상승작용을 해주는 이 그룹의 일원이었고, 그 경험을 통해서 우리 모두는 라르쉬의 일상적인 상호작용에 대해 다함께 신학적인 성찰을 함으로써 새로운 활력을 얻을 수 있다는 사실을 배우게 되었다. 헨리는 바로 그렇게 활력을 돋우는 방식으로, 사람들에게 귀를 기울이고 공헌할 줄 아는 은사를 지닌 사람이었다.

내가 현대의 유대교 문제에 관해 배우고 싶다는 뜻을 밝히자 헨리는 이스라엘의 관련과정을 밟으라고 권유했고, 공부기간 내내 재정적인 후원을 거의 도맡아 주었다. 또한 그는 데이브레이크로 가져와 개인서재에 꽂아두었던 엘리 비젤과 아브라함 조수아 헤셀의 저서들을 소개해 주었다. 그리고 제2차 바티칸공의회 때 아직 어린 성직자의 신분으로 자신의 삼촌인 안톤 람셀러를 도왔던 경험에 대해서도 이야기해 주었다. 그 공의회에서 헨리의 삼촌은 유대교와 유대인들에 관한 가톨릭의 가르침을 개혁할 수 있도록 신학적인 후원을 아끼지 않았다고 했다.

헨리는 내가 유대교와 그리스도교의 관계에 대해 배운 것들을 데이브레이크에 전함으로써 예전적 삶을 변화시키고 더더욱 심화시켜 줄 수 있다고 격려하였다. 성목요일, 예수님의 성만찬 제정을 축하하는 자리에서, 헨리는 유월절 성만찬예식과 유대교 식탁친교의 뿌리에 관해 말해달라고 부탁했다. 대림절 초, 메리 바스테도랑 셋이서 점심식사를 하는 중에, 내가 사랑이 충만했던 고대 이스라엘의 대림절 찬양시 "곧 오소서 임마누엘"을 부르는 것은 문제가 있다고 불만을 토로했기 때문이다. 그 때 나는 이렇게 주장했었다. "물론 이 찬양을 부르면서 교회는 자신들이 곧 이스라엘이라고 해석하지요. 하지만 바로 그게 문제라고요. 유대인들의 이름과 종교를 도용했어요. 그래놓고 전혀 인정을 안 하는 거예요." 그 말을 하고서 괜히 우리들 대화에 찬물을 끼얹은 것 같아 나는 미안했었다. 하지만 헨리는 곧바로 내 비평을 받아들였고, 좀 더 만족스러운 표현을 모색하기 위해 셋이서 브레인스토밍까지 했다. 이윽고 메리의 음악적인 은사가 빛을 발했다. 몇 분 만에 우리는 데이브레이크에서 앞으로 계속 부르게 될 새로운 버전을 만들어 냈다.

내가 데이브레이크 친구 엘렌 와인스타인을 데리고 회당에 다니기 시작했을 때, 헨리는 많은 후원을 해주었다. 그리고 엘렌이 바트 미쯔바(유대교 여성의 성인예식)를 치르고 싶다고 결심했을 때 헨리는 열광하였다. 그는 이렇게 말했다. "공동체가 다 모인 자리에서 그녀의 바트 미쯔바를 베풀기로 해요. 한쪽 구석에서 조용히 넘어가서는 안 돼요. 우리 모두가 이 일로 풍요로워질 수 있어요." 그는 엘렌이 자신의 마음가짐을 알릴 수 있도록, 그리고 공동체가 그녀와 함께, 그녀를 위해 기도할 수 있도록 두 차례의 공동예배를 계획하고, 매주 그것을 광고하였다. 드디어 엘렌의 바트 미쯔바가 있던 날, 회당과 데이브레이크 멤버들이 다함께 엘렌 주변에 모여 기쁨의 축제를 즐겼다. 그리고 그 뒤로도 우리 공동체들 간의 관계는 지속되었다.

헨리는 또 데이브레이크의 핵심 멤버인 내 친구 알리아 큐레시를 이슬람교 신앙공동체와 연결시켜 주는 데 최선을 다하라고 나를 격려하였다. 그리고 우리가 그녀의 신앙과 전통에 대해 좀 더 많이 알 수 있도록 도와주었다. 우리가 알리아의 아버지를 초청하여, 이슬람교의 성월 라마단 기간에 관해 가르쳐달라고 했을 때도, 헨리는 그 자리에 참석하여 주의 깊게 귀 기울이고 알리아 아버지께 따뜻한 감사인사를 드렸다. 그 때는 마침 사순절 기간이었다. 헨리는 몇 주간 계속해서 설교 때마다 이슬람 금식의 영적 풍요로움에 관해 언급했고, 알리아의 아버지 큐레시 씨의 이야기를 듣고 자신도 금식에 관해 다시 생각해 볼 수 있었노라고 했다. 금식도 본질적으로는 일종의 기도이며, 하나님과의 친교에 이를 수 있는 하나의 통로라고.

조만간, 종교적 다원주의를 진지하게 논의할 수 있는 그리스도교 신학의 명확한 표현을 탐구하는 것이 나의 주된 관심사가 되었다. 나의 연구가 지적으로나 영적으로 전통적인 신학의 공식적 표현들을 넘어서게 되었을 때에도 헨리는 계속해서 나의 여정을 함께 해주었다.

헨리와 내가 나눴던 가장 미래지향적인 신학적 논의는, 반은 슬프고 반은 흥분한 상태에서, 내가 전통적인 그리스도교의 언어와 교리적 표현 때문에 굉장히 큰 어려움을 겪고 있고, 또 내 신앙과도 관계가 나빠진 것 같지만, 그래도 지금까지 과정신학 도서들을 많이 읽어왔기 때문에, 새로운 물리학과 그것 간의 그럴싸한 상보성을 발견할 수 있을 것이라고 말하고 난 뒤였다. 그 당시에는 그 주제에 관한 논의가 이어지지 않았다. 곧바로 헨리가 여행을 떠났던 것이다. 하지만 여행에서 돌아오자마자 헨리는 점심식사를 함께 하자고 불렀다.

자리에 앉자마자, 헨리는 양자물리학에서 비롯된 사상들을 논의하기 시작했다. 그리고 그것이 어떻게 우리에게 하나님을 묘사하기 위한 언어를 제공해 주었는지도. 그는 여행을 떠나 있던 동안에도 나의 초기 비평을 확대시킬 수 있는 대화를 준비하고 있었던 것이다. 우리는 과정신학을 탐구하기 시작했다. 과정신학은 굳이 하나님의 인간적 본성이라는 사상을 포기할 필요가 있었을까? 이것이 가장 큰 관건이라는 데 우리는 동의했다. 나머지는 거의 모두가 새로운 은유로 얼마든지 대체할 수 있는 은유라고 보면 됐다. 어쩌면 우리는 하나님이 우리가 상상할 수 있는 것보다 훨씬 덜 인간적이거나 혹은 훨씬 더 인간적인 존재라고 생각해야 하는지도 몰랐다. 우리는 마이클 레너 같은 유대교 부흥운동 작가들이 제시한 기준에 맞춰 ― 하나님은 초월과 변화를 가능케 해주는 힘이라고 ― 생각할 수 있는가?

현대물리학에 관한 우리의 한정된 지식을 총동원하여, 물질과 에너지 간의 지속적이고도 인식 불가능한 교환에 대해, 원자를 구성하는 아원자입자 상태의 지속적인 운동과 이동에 대해, 그리고 현실의 다차원성 가정에 대해 논의하였다. 최근 들어, 우리 인간은 비록 3개(시간까지 포함해서 4개)의 차원만을 인식할 수 있지만, 이 세계에는 적어도 10~12개의 차원이 존재한다고 주장하는 학자들도 있었다. 나는 하나님의 자아가 창조의 공간을 허용할 수 있도록 하나님이 틀림없이 계약을 맺었을 것이라고 한 16세기 유대교 신비주의자 이삭 루리아의 흥미로운 비평을 헨리에게 전해주었다. 인식 불가능한 차원은 하나님이었을까, 아니면 하나님이 거주하는 장소였을까?

궁극적 실재의 재구상 — 우리의 신앙이 익숙한 은유에만 전적으로 의존할 경우 심란해질 문제 — 에 관해 이야기를 나누다가, 헨리도 나만큼 이것에 흥미를 보이는 것 같아 깜짝 놀랐다. 우리는 종교의 언어가 어떻게 우리의 신앙 표현을 도와줄 수 있는지에 관해 생각해보았다. 하지만 확실치 않았다. 헨리는 말을 할 때 그리스도교 영성의 이미지와 유명한 이야기들을 사용하였다. 하지만 그는 문자주의자가 아니었다. 오히려 너무나도 세련되어서 모든 언어 너머에 존재하는 실재와 은유를 절대로 혼동하는 법이 없었다. 나는 그를 보면서, 하나님은 우리에게 익숙해진 인식과 언어적 체계화보다 훨씬 더 위대하고 초월적인 분이시라는, 하지만 늘 우리 곁에 친밀하게 존재하신다는 기대를 품게 되었다.

　신학석사학위를 받음과 동시에 나는 데이브레이크의 일상생활로 되돌아왔다. 내가 배운 것을 어떻게 해야 가장 잘 활용할 수 있을지 생각하면서. 헨리는 나의 클리어니스 미팅에 참석하였다. 그것은 한 사람이 행동방침을 결정할 수 있도록 도와주기 위한 퀘이커교도들의 전통이다. 이윽고 그 미팅이 끝나자 나는 공동체 멤버로서 내가 맡은 역할의 일부분으로 종교를 초월한 연구를 지속해도 좋다는 위임장을 받게 되었다. 나는 그 일을 기쁘게, 그리고 헨리에게 감사하는 마음으로 하고 있다. 그는 모범적인 개방성 속에서 이 소명이 라르쉬에 대한 내 소명의 일부임을 인정하고, 환영하고, 확신하였다.

29

| 마이클 크리스텐슨, 레베카 레어드 |

하나님은 얼마나 커요?

마이클 크리스텐슨은 뉴저지주 매디슨에 있는 드류대학교에서 선교프로그램 박사과정을 지도하고 있다. 그는 예일에서 헨리 나우웬을 만나 스승이자 친구로 삼게 되었으며, 지금도 헨리의 영성에 관한 강의를 자주 하는 편이다. 작가이자 강연자인 레베카 레어드는 뉴저지주 프린스턴의 기도와 친교 잡지인 〈성스러운 여정〉을 편집하고 있다.

"오늘 저녁식사에 누가 참석하는지 알아맞혀 봐요." 1996년 7월, 드류대학교 교수진과 학생들을 위해 영성수련을 인도해 달라는 우리의 초대에, 헨리는 "우리와 그리 멀지 않은 곳에" 있는 한 친구의 사랑채에서 집필 작업을 위한 안식년을 보내고 있는 중이라는 팩스를 보내왔다. 그의 대답은 노우였다. 올해는 그 어떤 강연계획도 세우지 않겠노라고, 하지만 진심으로 우리와 함께 저녁식사를 하고 싶다고 했다.

헨리는 손에 꽃을 들고 저녁식사에 나타났다. 당시 세살 반이었던 딸 메건이 금방 헨리의 무릎에 앉더니 책을 읽어 달라고 했다. 여섯 살짜리 레이첼은 커피테이블에 놓여 있는 책에서 그의 사진을 본 적이 있다고 말했다.

우리는 저녁식사를 하고 포도주와 커피를 마시면서 지난 십년간 있었던 일을 뒤돌아보았다. 이제 곧 65세가 될 헨리는 가능한 한 많은 시간을 집필과 목회 활동에 바치고 싶다고 말했다. 그는 이제 더 이상 중요한 사람들을 만나기 위해 이곳저곳을 날아다니고 싶지 않다고, 앞으로는 절친한 친구들과 함께 시간을 보내고 기도와 공동체와 목회의 삶을 끌어안고 싶다고 말했다.

디저트를 먹고 난 뒤, 우리는 1996년 올림픽경기 개막식을 시청하기 위해 모였다. 헨리는 메건을 무릎에 앉힌 채로 자그마한 텔레비전 화면 앞에 앉았다. 광고방송이 나오는 사이, 메건이 물었다. "하나님은 얼마나 커요?" 헨리가 대답했다. "하나님은 네 마음만큼 크시단다." 메건이 다시 물었다: "그럼 내 마음은 얼마나 커요?" 그러자 헨리는 미소를 지으면서 큼지막한 손으로 커다란 동그라미를 그렸다. "네 마음은 전 세계가 들어갈 수 있을 만큼 커다랗지."

정말로 훌륭한 답이었다. 우리 집에서는 특히 헨리가 죽은 이후로 이 말을 자주 되풀이하게 되었다. 낭만적인 언어와 역설적인 이미지를 요구하면 학문적인 의도가 꺾일 수 있다. 하지만 이것은 세살 반짜리 아이와도 통한다 — 한 신비주의자의 비전인 것이다.

30

| 존 F. 도스 산토스 |
헨리를 떠올리며

존 도스 산토스는 인디아나주 사우스벤드의 노트르담대학교 심리학과 명예교수다. 그는 1980년대 초 멕시코 포드 재단의 상담역을 맡았다. 1957년부터 1965년까지는 캔자스주 토페카의 영향력 있는 정신의학연구소, 메닝거 재단에서 연구프로그램들을 지도하였다. 그와 아내 메리 앨리스와 가족 모두는 이 모든 장소에서 헨리 나우웬과 늘 함께 했다.

내가 헨리를 처음 만난 것은 1964년, 그러니까 그가 메닝거 재단의 종교와 정신의학 프로그램 동료로 들어오게 된 때였다. 나는 그를 열정적이고, 다정하고, 재미있었던 사람으로 기억한다. 그는 곧 그 재단의 고무적인 지적 분위기에서 배우게 된 모든 것들 속에 깊이 빠져들었다. 이 무렵 우리 집에서는 매달 소수의 종교 전문가들이 모여 종교에 대해, 그리고 종교가 우리 삶과, 치료와, 심리학과, 나아가 정신의학과 어떤 관계가 있는지를 논의하고 있었다. 헨리는 우리 그룹에서 가장 나이도 어리고 가장 늦게 들어온 멤버였다. 그래서 다른 멤버들보다 별로 많이 얘기하지 않았다. 하지만 그 재단에서의 시간이 그의 개인적, 직업적 발달에 매우 중요한 시기라는 것은 확실했다. 그는 우리 가족의 친구가 되었다. 헨리와 금방 사랑에 빠져버린 우리 집 다섯 꼬마들을 위해 메리 앨리스와 나는 그를 저녁식사에 초대하곤 했다. 물론 그와 함께 하는 시간을 우리도 무척이나 즐겼다.

1965년, 심리학과를 세우고 대학원 프로그램을 신설하기 위해 나는 노트르담대학교로 갔다. 그리고 곧바로 헨리에게 교수진으로 사우스벤드에 올 생각이 있느냐고 물었다. 그는 동의하면서도 학문적 경험 부족과 미국의 한 시설에서 의뢰해 온 업무 건에 대한 걱정을 내비쳤다. 헨리를 우리 학과로 초청하겠다는 내 결정은 그의 다양한 교육적, 문화적 배경과 스승, 상담자, 그리고 교사로서의 헌신에 근거한 것이었다. 또 대학교에서 심리학 프로그램을 신설할 때에도 나는 그가 정직하고 현실적인 조언자가 되어 주리라는 신뢰를 갖고 있었다. 그 때만 해도 심리학 분야는 제대로 인정을 못

받고 있는 실정이었다.

정말로 헨리는 그런 문제들에 관하여 무척이나 개방적이고 실제적인 사람임을 보여 주었다. 하지만 전적으로 학교나 학과에 관련된 문제들에 대해서는 매우 과묵한 편이었다. 처음부터 그 학과는 학문적 심리학과 연구를 철저히 지향하였다. 나는 그러한 강조 때문에 혹시나 헨리가 한계를 느끼거나 불편해하면 어쩌나 걱정했다. 하지만 그는 인지와 인식에 관한 우리의 연구를 좀 더 많이 알고 싶어 했다. 그리하여 나와 또 한 명의 교수진은 개념화, 연구 목적과 방법론, 결과의 통계적 분석, 그리고 가설 검증에 이르기까지 모든 것들을 헨리와 함께 논의하였다. 헨리는 굉장히 흥미로워하면서 거기에 끌려들어 갔다. 하지만 금세 그것은 자기가 추구하던 연구 분야가 아니라는 사실을 깨달았다. 그 후 헨리는 목회신학에 좀 더 깊이 몰두하게 되었다.

심리학과가 신설되고 첫 학기에 나는 헨리를 대학생 인성발달 과목 교수로 임명하였다. 그는 열심히 그 강좌를 조직하고 준비하였다. 그래서 꽤나 인기 있는 강좌가 되었다. 그의 강좌를 들은 학생들에게서 칭송이 자자했고, 결국은 그가 학생들의 개인상담자나 믿음직한 친구가 되는 일이 자주 일어났다.

헨리는 노트르담대학교에서 목회신학의 발전에 좀 더 몰두하게 되었다. 자연히 심리학과에 대한 학문적 연결은 점점 줄어들었고, 그러다가 마침내 끊어지고 말았다. 우리의 만남은 대체로 교제 중심이었다. 그의 방문객이나 부모님 혹은 그 밖의 가족들과 함께 저녁식사를 하면서 특별한 이벤트를 즐기는 것이었다.

1968년 헨리가 노트르담을 떠난 후로는 가끔씩 우연히 만났을 뿐이다. 1982년까지는 그랬다. 그 해에 나는 멕시코시티에서 일하고 있었고, 헨리는 우리와 함께 머물며 쿠에르나바카에서 스페인어를 공부하게 되었다. 그는 도착하자마자, 전형적인 몸짓을 섞어가면서, 자신의 옷과 돈을 "그것들이 필요한" 누군가에게 주고 왔다고 했다. 그래서 메리 앨리스가 그를 데리고 나가 새 옷을 사주고 또 그가 머무르는 동안 충분히 쓸 정도의 돈을 건네주었다.

이 시기에 헨리는 날마다 인간의 기초적 선에 대한 자신의 믿음이 통째로 흔들리는 상황에 부딪혔다. 예를 들면, 그는 택시기사나 상인에게 거액의 지폐를 지불할 때마다 바로 그 자리에서 거스름돈을 세지 못하는 경향이 있었다. 나중에 집에 돌아와서 잔액을 세고 또 세고, 주머니를 뒤지고 또 뒤진 다음에야, 자신이 지독한 사기를 당했다는 사실을 알게 되었다. 그는 상인이나 택시기사가 그런 짓을 하리라곤 상상도 못했었다. 물론 성직자가 입는 독특한 의복이 대중에게 알려지기 않았기 때문에 사람들은 자신이 성직자의 돈을 훔쳤다는 사실을 알지 못했다. 하지만 알았다 해도 별반 다르지는 않았을 것이다.

메리 앨리스랑 나랑 과테말라와 코스타리카를 여행하는 동안, 헨리는 군중들 속에 섞이는 것이나 시장에서 쇼핑하는 것을 정말로 즐겼다. 하지만 그는 값을 깎지 못했다. 한번은 과테말라시에서 손으로 짠 아름다운 스톨을 사고 싶어했다. 나중에 성만찬을 집례할 때 예복 위로 걸칠 작정이었다. 하지만 그는 집요하게 값을 깎으려 드는 나 때문에 화가 나고 말았다. 점원의 정당한 이익을 갈취하게 될까봐 걱정스러웠던 것이다. 나는 그런 흥정은 당연한 것이라고 말했다. 하지만 헨리는 내 말을 전혀 안 믿는 눈치였다. 그 점원이, 시장에 여러 개의 점포를 소유하고 있으면서 아주 낮은 임금을 지불하는 어떤 사람을 위해 일하는 게 거의 확실하다고 생각하는 것 같았다.

헨리가 멕시코를 떠나 중앙아메리카와 남아메리카로 갈 때, 우리는 근사한 최후순간을 준비하느라 골몰했다. 하지만 불행히도 멕시코시티 공항에 도착했을 때, 우리는 헨리가 그만 출국절차에 필요한 서류를 잃어버렸다는 사실을 알게 되었다. 나는 항공사 직원에게 헨리가 네덜란드 영성지도자이며 알프링크 추기경과도 친구라는 사실, 그리고 중앙아메리카와 남아메리카의 교회를 위해 중요한 사명을 띠고 있다는 사실을 증명해야만 했다. 솔직히 이것은 진실을 다소 과장한 것이었다. 하지만 그 직원은 굉장히 감명 깊었던 모양인지 우리가 공항 기록보관소에서 헨리의 서류 사본을 찾을 수 있도록 허락해 주었다.

바로 그 때 내가 늘 '헨리의 기적'이라고 부르는 그 일이 발생했다. 기록보관소는 거의 농구장만한 크기였고, 그 안에 가득 찬 테이블마다 여행자 카드들이 60센티미터 정도 높이로 쌓여 있었다. 나는 헨리에게 말했다. 비행기는 몇 분 뒤에 이륙할 텐데, 그 안에 이 막대한 양의 카드를 뒤져서 헨리의 카드를 찾는다는 건 터무니없는 헛수고라고. 하지만 선택의 여지가 없었다. 우리는 그 많은 테이블 중 하나로 다가갔다. 헨리가 한 카드더미에서 다섯 장의 카드를 집어 들었다. 그리고는 별로 놀랍지도 않다는 듯이 이렇게 말했다. "여기 있네요." 나는 그 카드를 확인해 보고서 하늘을 쳐다보며 이렇게 혼잣말을 했다. "저를 위해선 한 번도 이런 일을 안 해주셨잖아요!"

나중에 헨리가 사우스벤드를 우연히 방문하게 되었을 때는 맡은 일이 너무 많아서 만나기가 어려웠다. 하지만 이곳저곳 돌아다닌다는 소식을 가끔씩 들었다. 우리 가족이 알고 지냈던 내내, 그는 메닝거 재단에서 처음 알게 되었던 때와 마찬가지로 한결같이 열정적이고 호기심이 많고 다정한 사람으로 남아 있었다. 그는 결코 개인적인 고통에 관해 이야기한 적이 없었다. 확실히 우리는 헨리에 대한 맹목적인 사랑을 갖고 있었다. 그 때문에 지금까지도 그의 생애 마지막 10년 동안 늘 그를 따라다녔던 고통과 절망감에 대해서는 생각하기가 어려울 정도다.

헨리의 사망소식은 우리 가족에게 큰 슬픔을 안겨 주었고, 그와 함께 보냈던 시간들을 되돌아보게 만들었다. 무엇보다도 먼저 떠오른 것은 사람과 예술작품과 꽃과 건축물 속에 깃든 아름다움에 대한 그의 애정이었다. 한번은 자기 방과 자기 삶에 아름다운 것들이 존재한다는 사실이 얼마나 감사한지를 자세히 설명한 적도 있었다. 그는 자기 방이나 건물이나 도시에 아름다움이 결여되어 있는 걸 슬퍼했다. 그만의 독특한 표현을 써서 그는 이렇게 말했다. "그냥 밋밋하고 볼품없는 게 너무 많단 말이에요." 그렇게나 친절하고, 그렇게나 다정하고, 그렇게나 아름다움을 사랑했던 영혼이 그렇게나 짧은 삶 속에서 그렇게나 밋밋하고 그렇게나 볼품 없는 개인적인 악마를 그렇게나 많이 만났다니 이 얼마나 뜻밖의 일인가.

> 1964년 8월부터 1966년 12월까지 나는 메닝거 재단에서 학생으로 지냈다……그것은 내 학창시절 가운데 가장 그럴듯한 모양이 이루어진 기간이었다. 칼 [메닝거] 박사와 함께했던 토요학회는 소중한 추억으로 길이 남을 것이다. 그 시절 나는 탐 클링크, 폴 프루이저, [헤르만] 반 데어 발스 박사 부부, 슈어드 힐트너, 켄 미첼, 리처드 볼링거, 그리고 존과 메리 엘리스 산토스의 후원과 우정을 무척이나 즐겼다. 나를 노트르담으로 데려와 준 사람은 바로 존 산토스였다.*

---

* 로렌스 J. 프리드만의 〈메닝거: 가족과 클리닉〉(Alfred A. Knopf, 1990)에 적어놓은 헨리의 글.

31

| 잭 스트로 |

삶을 위한 지도

잭 스트로와 그의 아내 수는 펜실베이니아주 이리에 살고 있다. 그곳에서 수는 이리 라르쉬 공동체의 이사로 봉사해 왔다. 잭은 최근에 상법 변호사직을 은퇴하였다. 변호사 경력 초기에는 공판 전문변호사, 미해군 군사재판교관, 그리고 민사소송 담당변호사로 일한 바 있다. 헨리 나우웬의 영성지도를 통해 그의 직업생활이 변화되었다.

1980년대 말, 나는 법률사무에 엄청난 환멸감을 느끼게 되었다. 나는 1965년부터 계속 지독히 경쟁적인 환경에서 일을 해왔으며, 법률사무소 파트너들과도 치열하게 경쟁하였다. 점점 나는 내 삶을 완전히 통제할 수 있다고 믿게 되었다: 계속해서 내 경쟁력만 잘 키워나간다면, 이 일을 더 열심히, 더 오래 할수록 틀림없이 성공할 것이라고. 그리고 그 어떤 비난도 비껴가게 해줄 변호사 가운을 입고 있는 한, 내 가족은 날 이해해 주고 언제까지나 사랑해 줄 것이며 모든 게 다 잘 될 것이라고.

하지만 꼭 그런 것만은 아니었다. 여기저기서 소송에 지고, 내 고객들이 언제나 진실만을 얘기하지는 않는다는 사실을 깨닫게 되면서, 그리고 열심히 노력한다고 해서 반드시 승소하는 건 아니라는 사실을 알게 되면서, 나는 그런 믿음을 지워야 했다. 그 때부터 나는 좀 더 많은 경쟁 — 마라톤 달리기, 마라톤 크로스컨트리 스키타기, 마라톤 자전거타기 — 으로 눈을 돌렸다. 음주 문제가 시작되었고, 체중도 급속히 늘었다. 그러다가 술을 완전히 끊은 — 놀랄만한 변화 — 뒤로는 친구도 다 잃었다. 당시 나는 법률사무를 그만 둔 다음, 모든 걸 다 팔고 어디론가 가서 하나님을 섬겨야겠다고 생각하고 있었다. 하지만 현실적인 계획은 전혀 세우지 못했다. 내 착한 아내 수가 너무나도 놀랄 게 뻔했으니까.

나는 다른 일을 해볼 준비가 되었다. 하지만 한편으로는 아주 침통해진 것도 사실이었다. 수가 나에게 부탁했다. 자기가 라르쉬를 통해 헨리라는 남자를 알게 되었는데, 그 사람과 얘기 좀 해보는 게 어떻겠느냐고. 만일 아내가 나더러 성직자를 만나보라고 했다면 틀림없이 거절했을 것이다. 하지만 아내는 그를 "재미있고 좋은 남자"라고 소개했다(금방 성직자라는 게 밝혀졌지만). 그래서 깊이 생각해 볼 겨를도 없이 ― 그야말로 일생일대의 훈련이 필요했기에 ― 나는 그러겠다고 대답했다.

우리가 리치몬드힐에 있는 라르쉬 데이브레이크로 간 것은 주일 오후였다. 그 때 나는 뉴욕의 한 법률회의에서, 더 열심히, 더 영리하게 일하고, 아무것도 모르는 순진한 사람들로부터 더 많은 돈을 끌어낼 수 있는 방법을 배우고 오는 길이었다. 그것은 법률사무 경력과 본질적인 인간성 사이에서 점점 더 많은 갈등을 하고 있던 나에게 그야말로 압권이었다.

헨리는 최고로 따뜻하게 맞아 주었다. 나는 직업적인 경력이 통제를 벗어나 소용돌이치게 된 과정과, 다시금 내 삶을 재정비할 수 있는 방법의 필요성에 대해서, 쉬지도 않고 털어놓았다. 또 나는 거기로 오는 길에 자주 길을 벗어나야 했다고 말했다. 수가 적어놓은 방향과 도로지도가 일치하도록. "헨리, 이제는 나 자신의 길에서 벗어나야만 해요. 내 방향을 점검하기 위해서요. 그래서 지금 나에겐 새로운 지도를 줄 사람이 필요해요." 그는 곧바로 이렇게 대답했다. "제가 할게요." — 전혀 주저하지 않고, 전적인 신뢰와 확신을 가지고.

헨리는 나에게 자그마한 월간 기도서를 주더니, 첫 만남부터 곧바로 지도과정을 시작했다. 그는 매일 지정된 부분을 꼭 읽어보라고 부탁했다. 오래지 않아 나는 수에게 이렇게 말했다. "여보, 여기에 아주

잭 스트로와 헨리

좋은 말들이 꽤 들어 있어. 아마 당신도 읽어보면 좋을 거야." 그리고 나중에는 이렇게 말했다. "성만찬에 참석해서 말씀을 다 들어봅시다. 그분이 이것들에 관해 뭐라고 말하는지."

첫 번째 주말에 헨리는 자신의 저서 〈예수님의 이름으로〉를 주었다. 광야의 유혹 — 관계 맺고 싶은 유혹, 유명해지고 싶은 유혹, 권력을 차지하고 싶은 유혹 — 과 그 유혹들에 대한 예수님의 응답 — 똑같은 유혹들에 대해서 우리가 어

떻게 응답해야 하는지 모범을 보여 준 ― 에 관한 책이었다. 그것은 마치 나를 향한 말씀 같았다. 나는 고독(광야)을 추구하고, 침묵하고(귀를 기울이고), 늘 기도해야 할 필요가 있었다.

그 후로 몇 년 동안 헨리와 수와 나는 사소한 관례 하나를 만들어 갔다: 적어도 3개월에 한 번씩은 금요일 일찍 퇴근하여 데이브레이크로 가는 샛길을 꾸불꾸불 운전하였다. 그리고 데이스프링에서 철야를 하고, 토요일 하루 종일과 주일 아침은 그냥 "있었다." 리치몬드힐에 있는 무원죄성모마리아성당에서 헨리의 11시 예배를 마치고 나면 또다시 꼬불꼬불 운전해서 이리로 돌아왔다.

금요일 밤이면 언제나 공동체 성만찬예식을 마친 뒤에 저녁식사를 시작했다. 우리는 헨리의 손님으로서 늘 귀빈대접을 받았다. 그렇다고 해서 헨리가 우리 때문에 자기 일과를 중지한 것은 아니다. 때로는 방문객이 몰려들기도 하고, 회의나 전화통화를 계속할 때도 있었다. 주일 아침은 보통 주방에서 토스트와 커피를 든 다음, 아침기도를 하는 것으로 시작되었다. 수와 나는 여러 차례 식품매장을 다녀오기도 했고, 헨리의 다음 번 여행에 필요한 물건들을 사다 주기도 했다. 또 수는 토요일 밤에 우리 세 명을 위해, 때로는 우연히 닥친 손님들 몫까지, 저녁식사를 준비하곤 했다. 헨리가 그렇게 바쁘지 않을 때는 밖에 나가 저녁식사를 한 다음 ― 그는 특별히 중국음식을 좋아했다 ― 편안히 쉬면서 독서도 하고 대화도 나눴다.

우리는 한 번도 주말계획을 고정적으로 세워본 적이 없었다. 헨리와 나는 원하는 시간에 사적인 대화를 나눌 수 있었다. 하지만 유일하게 "고정적인" 것이 있다면, 이번 방문을 마치고 돌아올 때 다음 번 방문 날짜를 확실히 정하는 것이었다. 때때로 우리는 아주 오랫동안 대화를 나누기도 했다. 비공식적인 식사를 함께 하면서 저녁이 다 가도록 포도주를 마시는 일도 많았고, 혹은 다른 행사들을 치르는 "막간"에, 그저 몇 문장밖에 주고받지 못할 때도 있었다. 그 문장들은 다음 번 우리의 대화주제가 되곤 했다. 또 때로는 데이스프링에 있는 헨리의 사무실 겸 침실에서 좀 더 공식적인 만남을 갖기도 했다.

나는 종종 헨리에게 말했다. 나에게 정말로 필요한 것은 그저 그와 함께 있는 것뿐이라고. 내 생각에 헨리도 그 말에 동의했던 것 같다. 나는 그저 헨리와 여러 친구들, 방문객들 주변에 있는 것만으로도 많은 것을 보고, 듣고, 느끼고, 배우게 된다는 사실을 알았다. 그리고, 오, 나는 깨달았다.

내가 정말로 사랑받고 있다는 사실을 깨달았다. 하나님은 나를 알고 계셨다. 내 이름을 알고 계셨다. 영원 전부터. 그리고 지금 여기로 나를 부르셨다. 나는 그리스도께서 정말로 죄인을 부르러 오셨다는 것, 그리고 죄인인 나의 이름을 불러 주셨다는 것을 알게 되었다. 역사 속에서 용서받아야 할 일을 저지른 전과자들은 곧 나의 영웅이 되었다. 용서를 받은 뒤 가장 위대한 리더와 교사가 되었기 때문이다 — 다윗 왕, 사도 바울, 그리고 성 어거스틴.

나는 극적으로 변화하였다. 사도 바울처럼 말에서 떨어지지는 않았지만, 철로 — 경쟁과 통제, 관계, 갈채, 그리고 권력의 고속철도 — 위에서 너무 오래 놀다가 그만 기차에 치이고 말았다. 헨리는 조용히, 점차적으로 나의 변화과정을 보살펴 주었다. 그는 나에게 지도를 주겠노라고 말했고, 정말로 그렇게 했다.

헨리는 우선 자신의 아버지 로렌트에 관한 이야기로 나의 공감을 불러일으켰다. 로렌트는 조세 변호사이면서 동시에 교사였다. 확실히 그는 우리가 너무나도 잘 알고 있는 미국의 비열한 살인청부업자가 아니었다. 헨리는 자기 아버지를 통해서 법률사무에도 좀 더 나은 길, 좀 더 통전적인 길이 있음을 보여 주었다. 무조건 회사를 박차고 나온 후 후회할 게 아니라, 정말로 나를 위한 길이 있음을. 그리고 정말로 그런 일이 발생했다 ― 내 직무를 수행하는 동안, 나의 삶과 역사가 다른 사람들을 이끌고 가르칠 수 있게 된 것이다. 나는 헨리의 아버지처럼 고객과 파트너를 옳은 ― 그들 스스로도 가장 좋다는 걸 잘 알고 있는 ― 결과로 이끌었다. 물론 그것은 어느 정도의 권력이나 통제력, 돈, 보복, 명성, 혹은 그 밖의 단기적인 이익은 포기한다는 걸 의미했지만. 이제 나는 고객에게 옵션을 제시할 때 전혀 두려워하지 않고 이렇게 묻는다. "어떤 선택이 지금의 당신 삶에 가장 좋습니까? 어떤 걸 선택해야 옳은 일을 했다는 생각에 잠이 잘 올까요?"

어떤 면에서, 헨리가 이렇게 전인적인 법률사무 방법에 관해 이야기한 것과 내가 그 이야기를 실제로 적용한 것은 가히 예언자적인 사건이었다. 오늘 미국의 법률 전문가들 사이에서 이런 식의 접근방법을 사용하자는 운동이 일고 있는 것이다.

헨리는 또 이 세상 "의" 존재에서 그저 이 세상 "속" 존재로 변화한 사람들에게로 나를 이끌어 주었다: 샤를 드 푸코, 토마스 머튼, 성 아르세니우스, 그 밖의 사막교부들과 교모들. 나는 규칙적으로 고독과 기도를 추구하는 데 나의 구원이 있다는 사실을 깨달았다. 헨리는 우리를 캘리포니아주 빅서에 있는 카말돌리회 수도원과 연결해 주었다. 수와 나는 헨리를 무척이나 좋아하는 그곳 수도사들과 함께 지속적으로 침묵과 영적 성장의 시간을 가졌다.

헨리가 우리에게 처음으로 그의 성화상들을 보여 준 날 ― 그 중 일부에 대한 자부심이 대단했다 ― 나는 굉장한 흥미를 느꼈다. 그러자 그가 사순절 기간 동안 우리에게 일부를 빌려주겠노라고 제의했다. 물론 우리는 헨리가 가장 좋아하는 팬토크레터를 골랐다. 그리스도께서 두 손을 들어 축복하시는 모습이었다. 그는 그것을 예루살렘에서 구했다고 했다. 하지만 의심할 줄 모르는 영혼이었기에, 그는 우리더러 그것을 갖고 미국으로 돌아가라고 했다. 그는 우리 집 기도 테이블에 그것을 어떻게 세워야 하는지 설명해 주었다. 우리는 그렇게 했다. 그리고 밤새 꺼지지 않는 그 성화상의 붉은 빛은 곧 우리 이웃들의 입방아에 오르내리게 되었다. 하지만 길 건너에 사는 유대인 가족 덕분에 엄청난 용기를 얻게 되었다. 그들은 우리와 다른 종교를 갖고 있음에도 불구하고, 그 불빛 때문에 영감을 얻었노라고 했다. 이제 우리는 우리 집 성화상을 가지고 있다. 사순절마다, 그리고 대림절마다, 그 성화상을 깊이 들여다보며 주님께 기도드리고 있다.

헨리가 죽었을 때, 나는 그토록 정기적으로 내 마음의 정곡을 찌르는 가르침을 주었던 사람을 잃고 말았다. 나는 헨리의 가르침을 하나님의 말씀으로 받아들였고, 하나님이 헨리를 통하여 내 주님을 알고 사랑할 수 있는 곳으로 이끌어 주신다고 생각했었다.

처음에는 헨리가 쓴 글과 말한 것들을 모두 다시 읽어야겠다고 생각했다. 하지만 그럴 필요가 없음이 밝혀졌다. 오, 물론 지금도 헨리의 글을 다시 읽는다. 하지만 나는 알게 되었다. 헨리로부터, 그리고 헨리를 통해 배운 것들은 이미 내 존재의 일부가 되어 있음을. 이제 나는 강연을 해달라는 요청을 받을 때마다, 헨리라면 이렇게 말했을 거라고 생각하면서 말하고 있는 나를 발견하게 된다. 물론 그의 방식이 아니라 내 방식대로. 이제 나는 어떤 행동을 취하거나 취하지 말라는 부탁을 받을 때마다, 내 맘 속의 이 새로운 이해에 맞게 응답하는 나를 발견하게 된다. 그리고 이것은 내가 옳은 행동을 취할 수 있게 만들어 준다.

내 법률사무소에서도 나는 사람들의 말이나 행동을 판단하지 않으려고 의식적으로 애쓰는 나를 발견한다. 나는 모든 사람에게서 적극적으로 그리스도를 찾는다. 각 사람들이 나와 내 파트너와 우리 업무에 가져다 줄 은사와 재능을 추구한다. 1997년 나는 법률관리위원회에 선출되었고, 그 후로 2년간 업무집행관 역할을 완수해 냈다. 그 직위에 있는 동안, 나는 내 동료를 포함하여 여러 사람들이 법에 관해 생각하고 집행하는 방식을 변화시킬 수 있었다.

나는 용서가 얼마나 중요한가를 실감한다. 내가 대접받고 싶은 대로 모두를 대접하는 것은 얼마나 어려운 일인가. 우리는 무조건 용서해야 한다. 그런 다음, 상황을 지켜보면 된다. 사건이 또 발생하면, 또다시 용서를 해야 한다. 하지만 나는 용서를 받는 것 역시 꼭 필요한 일임을 깨달았다. 그것이 바로 내가 바울과 다윗과 어거스틴을 그토록 존경하는 이유다. 그들은 실수를 저지르긴 했으나 하나님의 용서를 받아 생명을 찾은 사람들이다. 일단 용서를 받고 그것을 인정하고 나면 아주 많은 일을 할 수 있다. 진정한 자유를 누리게 된다. 용서를 받지 못하면 상대방을 지워버리거나 혹은 우리 자신을 지워버리게 된다! 나는 변호사 직업을 통해서 이런 일들을 아주 가까이에서 목격한다. 변호사는 대개 여러 해 동안 서로에게 혹은 고객에게 불리한 자료들을 지니고 있게 된다. 하지만 용서하고 용서받는 것은 내 직업생활에 새로운 풍요를 안겨 주었다. 내 가정생활 역시 축복을 받았다.

   나와 헨리의 관계는 지금까지도 계속되고 있다. 가장 강력하지만 조금 다른 방식으로. 나도 헨리처럼 돌아온 탕자와 그 형이 내 안에 공존하고 있다는 사실을 인정하게 되었다. 그리고 나는 늙은 아버지가 되어, 가능한 한 모두에게, 우리 모두를 기다리고 있는 사랑 많으신 분의 영원한 포옹을 증거하려고 애써야 할 의무도 있음을 인정하게 되었다. 작가들의 수호성인인 성 프랜시스 드 살레, 그의 축일은 1월 24일, 헨리의 생일과 같다. 그는 이렇게 말했다. "최고의 의미에서 어느 누군가를 사랑한다는 것은 곧 그 사람이 하나님의 영원한 소유가 되기를 바라고 또 그 사람을 그렇게 이끌어 주는 것이다." 바로 헨리가 나에게 한 일이다. 그리고 수와 내가 다른 사람들에게 전하고 싶은 것이 바로 이거다.

| 마음의 훈련 |

영성생활은 마음의 훈련을 요구한단다. 훈련은 예수의 제자라는 표지야. 그렇지만 그것은 너를 위해 뭔가 힘든 일을 하는 게 아니란다. 그저 하나님이 모든 걸 바꾸시는 사랑으로 너를 만져 주시도록 내적인 공간을 마련하는 것이지. 우리 인간은 너무나도 겁이 많아서 빈 공간을 그냥 빈 채로 남겨 두는 게 정말 어려워. 우리는 빈 공간을 생각과 계획, 의무, 임무, 그리고 활동들로 꽉 채우고 싶어 하지.

놀랍게도, 요즘은 일에 쪼들리는 사람들이 점점 더 증가하고 있단다. 마치 이 응급실에서 울다가 저 응급실로 건너가 또 우는 것 같아. 고독이란 결코 존재하지 않아. 고요도, 진정한 자유도 없어. 그저 늘 뭔가 기다릴 수 없는 일들 때문에 바쁘기만 하지. 바로 이 야단법석 한가운데서 우리가 삶 자체와의 접촉을 상실하고 만다는 인상을 받게 돼. 우리는 실제로 아무런 일도 발생하지 않는 동안에도 바쁘게 지내는 경험을 하고 있어. 우리가 동요하면 할수록 우리의 삶은 점점 더 꽉 차게 되며, 그럴수록 하나님이 뭔가 정말로 새로운 일을 행하실 수 있는 공간을 유지하기도 점점 더 어려워진단다.

마음의 훈련은 하나님이 우리 맘속에 들어오셔서 그곳, 곧 우리 존재의 가장 깊숙한 곳에 있는 우리에게 당신을 알려 주실 수 있도록 만들어 준단다. 이것은 결코 쉬운 일이 아니야. 우리는 우리 집의 주인이 되는 걸 좋아하며, 우리 집이 하나님의 집이기도 하다는 사실을 인정하고 싶어 하지 않기 때문이지.

〈스무 살 마크에게 띄우는 헨리 나우웬의 영성편지〉 중에서

32

| 마이클 포드 |

나의 헨리 탐구

> 마이클 포드는 1999년에 출간되고 이후 여러 나라 언어로 번역된 헨리 나우웬의 초상, 《상처 입은 예언자》의 저자다. BBC방송국 저널리스트인 그는 영국 써머셋에 살면서 자기 소유의 헨리 나우웬 도서관을 운영하고 있다. 이 모음집에서 마이클은 헨리를 탐구하는 동안 헨리의 생애가 자신에게 어떤 식으로 연결되었는지를 설명해 준다.

눈부시게 화창한 9월 어느 날 오후, 나는 프랑스 트로슬리의 한 평화로운 마을을 돌아보고 있었다. 라르쉬 공동체 멤버들과 함께, 헨리 조세프 미첼 나우웬의 탁월한 삶과 시대에 관하여 대화를 나누면서. 나는 그 차분하지 못하고 공동체를 사랑하는 작가가 공간의 침묵을 어떻게 다뤘는지 궁금했다. 그 때 누군가가 갑자기 한 말 때문에 나는 발걸음을 멈췄다: "헨리는 늘 기도실 아니면 전화박스에 있었어요." 그 자리에서 나눈 대화는 내가 쓰고 있는 사람 ― 선천적으로 두 개의 세상에 동시에 걸쳐 있었던 사람 ― 에 관해 뭔가 심오한 진리를 담고 있는 것 같았다.

헨리의 형 로렌트, 그리고 그의 아내인 헤일텐과 함께 로테르담에서 일주일을 지내는 동안에도 나는 비슷한 시나리오를 접하게 되었다. "헨리는 여기 머무를 때마다 아주 오랫동안 전화통에 매달려 있었어요. 그래서 아무도 우리와 통화를 할 수 없었죠." 그들은 이렇게 말했다. "우리는 외부와 차단되고 말았어요. 그래서 헨리만을 위한 전화선을 따로 마련해야 했지요." 그들은 또 지적하기를, 헨리는 아무리 밤늦게까지 오랫동안 전화통화를 하더라도 다음 날 아침 여섯시면 어김없이 일어나 아침기도를 드리곤 했다고 하였다.

세계 도처에 남겨진 헨리의 발자국을 따라가려고 애쓰는 동안, 나는 그의 신실한 기도와 성실한 전화통화에 관하여 자주 듣게 되었다. 1930년대에 벌써 장난감 전화기가 있었는지 어땠는지는 잘 모르겠지만, 만일 그런 게 있었다면 헨리는 분명히 유아용 놀이틀 어딘가에 장난감 전화기를 하나 갖고 있었을 것이다. 생애 마지막 주에는 심장발작 때문에 고통을 겪는 와중에도 간호사들을 간신히 설득하여 자신의 병실 침대 맡에 전화기 잭을 설치하였다. 전 세계에 전화를 걸 수 있도록.

헨리는 전 생애를 사람들이 하나님과 연결되고 또 서로에게 연결되도록 돕는 데 바쳤다. "연결"이라는 단어는 보통 원격통신사업과 관련이 있는 용어이지만, 헨리의 경우엔, 그의 신학적 사상 전반을 받치고 있는 지극히 영적인 개념이었다. 자신의 저서에서도 그는 늘 하나의 생각을 다른 생각과 연결하느라 고통스러워했다. 그냥 흘깃 봐서는 둘 사이에 공통점이 전혀 없는 것처럼 보이는데도 말이다. 또 헨리는 때로 그를 아는 사람들이 깜짝 놀랄 정도로 전혀 안 닮은 사람들과 상이한 공동체들을 서로 연결해 주었다. 성직자에 해당하는 라틴어 폰티펙스(pontifex)는 '다리를 놓는 사람'이라는 뜻이다: 성직자는 인간과 하나님 사이에 다리를 놓는 사람이다. 헨리는 신적, 인간적 소통에 대한 열정을 가지고, 독자들과 친구들이 자신들의 삶 속에서 하나님의 임재를 경험할 수 있도록 길을 닦아 주었다. 나에게 그는 무엇보다도 모든 사람을 위한 성직자였다.

헨리는 또 저널리스트 기질이 다분한 사람이었다: 쉴 줄을 모르고, 늘 서두르고, 호기심이 강하고, 사람들에게, 그리고 사람들과 관계 맺는 방법에 몰두하였다. 또 자신의 경험을 글로 쓰기로 작정하고, 그것을 출판하기로 마음먹었다. 하지만 가장 방대한 기사의 주제는 바로 그 자신의 내적인 삶이었다. 어떤 사람들은 그의 문체가 지나치게 자기 생각에만 잠긴 것이어서 자기중심적인 냄새가 짙다고 말하기도 하지만, 나우웬의 심리적·영성적 생활과 자신의 삶을 곧잘 연결하는 사람들도 아주 많다.

영성적인 영웅의 삶을 파헤친다는 것은 굉장히 용기가 필요한 작업이다. 특히 무엇을 기대해야 할지 전혀 모르고, 자칫 실망하지나 않을까 의심이 되는 상황에서는 더더욱 그렇다. 내가 알아낸 것은 헨리가 분명히 자신의 문제점을 부인하지 않는 지극히 성실한 인물이라는 사실이었다. 하지만 그의 친구들이 말하는 "진정한" 헨리는 그의 저서에 나타난 사람과 뭔가 달라보였다. 그는 자신이 싸워야 했던 여러 가지 문제들에 관해 글을 썼고, 또 그것들을 잘 통제하는 것 같은 인상을 심어 주었다. 하지만 사실은 그렇지 않았다. 일부는 그의 자서전적 문체가 꾸며낸 것이었고, 또 일부는 그가 저서에 고백해 놓은 잘못과 실패담들을 독자들이 간과하기도 했다. 다른 한편으로는, 그의 글이 원래의 그보다 더 과

장된 것이어서 본질적으로 넘치는 그의 감정을 속이는 효과를 가져오기도 했다. 그의 충만한 성격에 익숙한 사람들은 그의 글에 묘사된 영성지도자를, 늘 있는 그대로 받아들이지는 않았다.

나는 언제나 헨리의 삶에 매료되었다. 그와 처음 만났을 때 나는 그의 영향력을 높이 칭송하였다. 그는 이렇게 대답하였다. "난 그런 힘이 전혀 없는데. 난 예술을 사랑하고 대화를 사랑해요." 내 생각에, 그는 우상화의 낌새를 눈치 채고, 자신은 사실 "아주 야심만만한 사람"이라고 말함으로써 나의 환상을 깨뜨린 것 같았다. 하지만 나는 그의 말을 믿지 않았다. 책을 쓰기 위해 헨리를 탐구하면서, 성공과 인기에 굶주린 한 남자를 발견하게 될 때까지는. 주목을 받기 위해 시시각각 방향을 돌리고 또 자신의 욕구를 채우기 위해 상황을 조종하곤 했던 그의 성향은, 내가 안다고 생각했던 사람과 결코 양립할 수 없는 것 같았다. 그는 그의 책에 제시된 것처럼 내성적인 사람이 아니었다. 하지만 극적인 외향성에도 불구하고, 그는 여전히 마음을 끌어당기는 모순을 품은 겸손한 한 남자로서 나를 감동시켰다.

헨리 탐구를 통해서 분명해진 것은 그가 누구 말처럼 "상처 입은 성자"라는 사실이었다. 그는 너무 많이 베풀었고,

너무 많이 고통 받았다. 고통은 그의 창의성을 부채질하였다. 사람들의 영적 여정에서 그들에게 희망을 안겨주려고 애쓰는 헨리의 투쟁과 함께, 또 그 투쟁을 통해서 하나님은 역사하셨다.

헨리가 평생토록 "자신의 맘에 드는 일을 하려고" 노력한 것 같다는 사실을 발견했을 때에도 깨달은 바가 많았다. 특히 공부를 하거나 일을 하던 단체에서. 그 시대의 성직자들은 그처럼 성공적으로 개인적인 길을 개척한 사람이 거의 없었다. 그는 일반 목회자나 교단 지도자나 혹은 전통적인 학계의 일원이 되었더라면 결코 적절히 발현되지 못했을 특별한 예언자적 은사가 자신에게 있음을 자각하였다. 그가 받은 은사는 영성이었다. 역설적이게도 그것은 그 자신의 자율성 못지않게 투쟁과 자기반성을 필요로 했다. 그는 자신의 소명을 시험하고 자신의 쉬지 못하는 성격을 견뎌낼 수 있는 기회를 추구하였다. 온갖 새로운 경험들이 그의 저서의 소재가 되었다. 만일 그가 이렇게 실험적인 삶을 살 수 없었더라면, 자기의 결점들을 솔직하게 기록하고 다른 원고에 눈을 돌렸을 것이다. 예를 들면, 그는 제네시 수도원에 있는 동안 계속해서 일기를 썼고, 그 일기는 〈제네시 일기〉(〈숲속의 영성〉)이라는 책으로 출판되었다. 헨리는 당연히 수도사 생활에 매력을 느꼈을 것이다. 하지만 내 생각에 그의 기자적 본능이 좀 더 우세했던 것 같다. 그는 수도사가 되는 대신 자신에게 가장 잘 어울리는 사람이 되었다 — 영성신학과 대중서적 사이를 이어주는 다리가 된 것이다.

그는 또한 그리스도교 신앙의 서로 다른 가지들을 한 데 이어주는 다리이기도 했다. 그리고 정치적인 개입이 전혀 없이, 사람들을 한 데 모아 주었다. 그 당시의 어떤 영성지도자와도 다른 방식으로. 그의 저서는 동방정교회, 로마가톨릭, 성공회, 개신교, 나아가 전혀 다른 신앙전통을 지닌 독자들까지도 감동시켰다. 이것은 교파와 종파를 초월해서 상호간에 대화를 시도하고자 했던 그의 에큐메니칼 비전을 증명해 주었다. 하지만 그렇다고 해서 그 자신의 신앙이 타협적이라든가 약해지고 있다는 증거는 절대로 될 수 없었다. 신학과 심리학과 저널리즘의 세계를 얼싸안음으로써 그는 만인제사장의 영성생활을 개척하기 위해 종교적 형식주의를 타파한 것이다.

그것은 독보적인 성공이었다. 하지만 여기에서 반드시 짚고 넘어가야 할 것은, 그 성공의 원인이 부분적으로는 사랑받지 못할지도 모른다는 그의 두려움 때문이었다는 점이다. 그는 늘 자신을 향한 사람들의 기대에 부응하려고 애썼고,

이것이 그를 지치게 만들었다. 성공은 그의 이름을 널리 알려 주었지만, 동시에 경계심을 조장하기도 했다. 그가 자신의 저서에 성적인 갈등을 입도 뻥끗 못했던 것도 아마 이런 이유에서였을 것이다. 헨리는 그런 갈등을 내비쳤다가 독자들에게 버림받은 영성작가들을 알고 있었던 것이다.

하지만 헨리는 자기 자신의 불안과 독자들의 불안을 연결시켜 주는 글쓰기 스타일을 완성하는 데에는 그리 두려움을 느끼지 않았다. 그 증거는 바로 그가 자신의 심리적 경험과 영적 작품들을 교묘히 만들어 낼 수 있는 재주를 뽐내면서 자랑할 수 있었다는 것이다. 나는 아직도 그가 현대의 영성세계에서 매우 거대한 인물이라고 생각한다. 하지만 내가 바라는 것은, 사람들이 이제 그의 작품을 그 자신의 생애 이야기에 비추어 좀 더 비판적으로 검토해 보았으면 하는 것이다.

헨리는 아주 유동적인 직무에도 불구하고 자신이 갈구했던 내적인 자유를 단 한 번도 성취하지 못했다. 그러니 그가 시간을 거슬러 올라가 다시금 하늘을 나는 공중그네의 이미지에 끌린 것도 그리 이상할 게 없다. 나는 어느 추운 12월 오후, 프랑크푸르트 외곽지역에서, 플라잉 로들리히의 리허설 장면을 지켜보았다. 그들의 행위는 그 동안 나의 탐구가 가르쳐 준 것들 모두를 상징하는 것처럼 보였다: 헨리는 비밀스럽게 그 자유가 자신의 것이길 갈망했던 것이다. 공중그네는 출발하고 붙잡힘을 당하는 데 집중함으로써, 그리스도인의 삶을 구체적으로 상징한 것이었다. 산다는 것과 죽는다는 것은 붙잡아 주는 사람을 믿는 것과 하나님께서 원하시는 사람 — 몸과 마음과 영혼 — 이 되는 것이다. 이 신학적 통찰을 통하여 헨리는 인간관계의 기쁨과 취약성에 관하여 좀 더 많은 것들을 발견하게 되었다.

나는 〈상처 입은 예언자〉를 끝마치면서, 이것이 신비를 깨뜨리는 일 없이 오히려 "진정한" 헨리 나우웬을 설명해 주는 하나의 통로가 되기를 희망했다. 하지만 이것이 헨리에 관한 마지막 글도 아니고, 그럴 의도도 전혀 없다. 다른 사람들이 또 다른 시각을 가지고 그를 들여다볼 것이다. 언젠가 헨리가 자신이 서명한 책 한 권을 보내왔는데, 거기에는 이렇게 쓰여 있었다: "그대의 우정에 감사하고, 또 그대와 하나님과의 모험적인 여정에 기꺼이 나를 끼워준 데 대해 감사합니다." 나는 그저 찬사만을 돌릴 뿐이다.

33

| 앨런 스티어즈, 주디 스티어즈 |

눈물로 씨를 뿌리고 기쁨으로 단을 거두다

앨런 스티어즈와 주디 스티어즈는 여러 해 동안 라르쉬 데이브레이크에서 다양한 역할을 수행해 왔다. 그들의 자녀, 에밀리와 윌리엄도 거기에서 태어났다. 현재 그들은 온타리오주 나이아가라 지역에 살고 있다. 성직자가 된 앨런은 그곳에서 성공회 영성지도자 직무를 맡고 있으며, 주디는 전문적인 청소년 영성지도자와 음악가로서 활동하고 있다.

드디어 결혼예식 날이 밝았다! 데이스프링 예배당도 장식했고, 친구와 가족들도 다 모였고, 사랑스러운 사촌이 마련한 연회도 준비가 끝났다. 가깝고 먼 곳으로부터 사람들이 몰려들었다: 라르쉬 데이브레이크 새벽공동체의 도우미들과 핵심 멤버들도 왔고, 온타리오주에서는 친구들이, 그리고 영국과 스코틀랜드에서는 가족이 왔다.

그럼에도 불구하고, 내 마음 깊은 곳에서는 주디와 결혼할 준비가 아직 안 되었다는 것을 잘 알고 있었다. 나는 아침 일찍 일어나 기도를 드리고 준비했다. 하지만 굉장히 불편한 느낌이 나를 압도했다. 한 아파트에 머무르던 형이, 그저 결혼예식 때문에 긴장해서 그럴 뿐이라고 나를 안심시키려 애썼다. 하지만 나는 알고 있었다. 이것의 원인이 좀 더 깊은 곳에 있다는 것을. 나에게는 영성지도가 ─ 아니, 영적인 생명줄이 ─ 필요했다. 내 앞에서 내 꿈들이 산산조각 나는 모습을 지켜보면서, 모든 것이 다 잘못되었다는 내적이고도 깊은 확신이 들었기 때문이다.

아침 9시였다. 나는 헨리가 데이스프링 예배실에서 성만찬예식 준비를 마쳤을 시간임을 알고 있었다. 지난 5년 동안 나는 헨리를 데이브레이크의 영성지도자로 알고 지내왔다. 그곳에서 도우미로 생활해 온 것이다. 나는 그와 동료처럼 지내면서, 우리의 영성생활위원회를 이끌어 왔고, 급기야는 그를 친구이자 지도자로서 사랑하고 신뢰하게 되었다. 그가 지닌 가장 위대한 은사들 가운데 하나는 바로 우리의 경험을 적당한 말로 표현할 수 있는 능력, 똑같은 경험을 하나님께서는 "저 위에서" 어떻게 보시고 있는가를 알려줄 수 있는 능력이었다. 그는 그 표현을 자주 사용하였다 — 언젠가는 그가 그것에 관한 책을 쓰리라고 다들 생각할 정도로 많이!

우리는 친구이기도 했다. 나는 헨리 주변에서 특별한 위치를 차지하고 있었다. 그의 흉내를 가장 잘 내는 사람으로 평가받고 있었던 것이다. 헨리가 데이브레이크에 온 지 5년째 되던 해, 그의 경험을 성찰할 수 있도록 도와주려고 장 바니에와 그 밖의 여러 사람들이 왔다. 3일간의 집중적인 평가가 끝나고 떠들썩한 축제가 벌어졌다. 성직자들과 후원자들, 형제자매들이 모두 모여 농담과 익살스러운 흉내를 즐겼다. 그 축제의 절정은 바로 나의 헨리 흉내였다. 나는 다섯 가지 "영성생활의 기둥"에 관한 강의를 흉내 냈다: 겨어엄손(Hoomility), 여어얼정(Entoosiasm), 야아앙육(Noorrturing), 수우운리(Rraationality), 그리고 여어엉감(Inspirration) — 앞글자만 따면 바로 헨리(HENRI)였다!

그러나 1994년 8월 한여름, 부슬부슬 비가 내리던 아침, 나는 훨씬 더 마음이 무거웠다. 나는 다름 아닌 헨리와 얘기를 나눠야 한다는 것을 알았다. 나는 주디를 찾아 나섰다. 그녀는 조용히, 깊이 생각하더니, 놀랍게도, 그리고 다행히도, 나를 이해해 주었다. 그녀는 모든 결정을 나에게 맡겼

다: "당신이 결정해요. 나는 화내지도 않을 거고, 당신에게 억지로 강요하지도 않을래요."

> 주디: 내가 무슨 말을 할 수 있었겠어요? 이런 순간을 위해 준비해 놓은 사람은 아무도 없을 거예요. 화가 안 난다는 사실에 나도 놀랐어요. 절망스럽지도 않았고요. 이것이 매우 진실하고 지극히 인간다운 순간이라는 느낌이 강하게 들었어요. 가장 고통스러운 방법으로 뭔가가 나로부터 이끌려나온 거예요. 그 상황은 도저히 믿을 수 없기도 하고, 지극히 정직하기도 했어요. 하지만 다른 사람들은 뭐라고 했을까요? 이상했어요. 누구도 결혼예식 당일에 결혼예식을 취소하진 않으니까요! 이 순간 앨런과 얘기를 나눌 수 있게 해준 것은, 9년 전 실패로 끝났던 짧은 결혼생활에 대한 기억이었어요. 나는 결혼예식 날부터 그 결혼이 잘못된 것이라는 사실을 알고 있었어요. 하지만 그렇게 끔찍한 느낌을 실제로 인정할 수 있는 사람이 어디 있겠어요? 또 그렇게 지독한 상처를 입은 순간에 다른 사람을 지지해 주거나, 혹은 그런 반문화적인 결정을 내리도록 도와줄 수 있는 사람이 어디 있겠어요? 나는 헨리와 대화를 나눠보라고 앨런을 격려해 주었어요.

나는 헨리의 사무실에서 그를 발견했다. 그는 다음날 우크라이나로 떠날 채비를 하고 있었는데, 대단히 바빠 보였다. 나는 다른 방으로 가서 헨리가 오길 기다렸다. 그리고 헨리가 들어왔다. 그는 내 말을 들으면서, 나의 의심과 두려움을 진지하게 받아들였다. 그는 나에게 하나님의 사랑과 주디의 사랑, 그리고 자신의 사랑을 확신시켜 주었다. 그는 나를 꼭 안아 주었다. "자, 이제 결정은 당신에게 달렸어요. 난 12시에 돌아올 거예요." 결혼예식은 오후 3시로 예정되어 있었다.

정오에 나는 다시 헨리를 만나러 갔다. 너무나도 괴롭고 혼란스러워서, 더 이상은 뭘 어떻게 해야 할지 생각조차 할 수가 없었다. 주디가 도착해서 눈물을 글썽거리며 내게 물었다. "자, 우리, 결혼하는 건가요?" 나는 눈물이 가득한 눈으로 그녀의 눈을 마주보며 조용히 말했다. "못할 것 같아." 헨리가 다음과 같은 말을 했다. "오늘 결혼을 하든지, 다음 주에 하든지, 다음해에 하든지, 아니면 아예 결혼을 안 하든지, 오늘 두 사람이 좋은 결정을 내릴 수 없는 위치에 있다는 건 확실해요. 자, 그러니까, 두 사람은 오늘 결혼을 해선 안 돼요!" 바로 그 순간, 우리가 결혼을 준비하기 시작할 때 헨리가 했던 말들이 놀라울 정도로 명료하게 떠올랐다. 두 달

전에 그는 아주 강력히 말했었다: "두 사람이 아직 결혼할 준비가 안 되어 있다면, 결혼예식에 아무리 많은 돈을 쏟아 부었더라도, 또 아무리 멀리서 많은 사람들이 몰려왔더라도, 또 아무리 모두가 정장을 잘 갖추고 있더라도, 결혼예식을 진행해서는 안 됩니다."

결혼예식은 취소되었다. 나는 가족을 불렀다. 주디와 나는 상처 입은 채로, 헨리를 바라보며 물었다. "이제 어떻게 해야 하죠?" 우리는 텅 빈 느낌, 상처받은 느낌, 그리고 수치심을 느꼈다. 둘 다 어디론가 도망쳐서 꽁꽁 숨어버리고 싶었다. 바로 그 때 헨리가 이 말을 해주었다. 주디나 나나 절대로 잊지 못할 그 말을. "자, 다함께 예배당으로 갑시다. 두 사람의 가족과 친구들이 모두 기다리고 있는 곳으로요. 두 사람을 가장 많이 사랑하고 있는 사람들 모두가 있는 곳으로. 거기서 다함께 성만찬예식을 베풉시다." 우리는 깜짝 놀라서 대답했다. "농담하지 마세요." 헨리가 말을 이었다. "아니에요. 오늘 두 사람은 친구와 공동체 앞에서 깨지고 상처받을 겁니다. 성만찬예식을 집례하기에 이보다 더 좋은 때가 어디 있겠어요? 성만찬예식은 깨지고 고통 받는 모든 사람들과 함께 하는 예수님의 고독의 축제, 상한 육체의 축제랍니다." 우리는 친구이자 영성지도자인 그를 믿었지만,

너무나도 지치고 놀란 나머지 논쟁조차 할 수가 없었다!

우리가 계획했던 친밀한 예배에 참석하기 위해 35명의 지인들이 데이스프링으로 모여들었다. 오늘 결혼예식이 없을 거라는 말을 모두가 다 들은 것은 아니었다. 우리는 연습 때처럼 동그랗게 앉았다. 누가 고통스러워하고 있는지, 누가 화를 내고 있는지, 누가 혼란스러워하고 있는지, 그리고 누가 그냥 이 사태를 지켜만 보고 있는지 모두 알 수 있었다. 헨리가 먼저 말했다: "여기에 모이신 분들을 모두 환영합니다……주디와 앨런은 오늘 결혼예식을 올리지 않기로 결정했습니다……여기 있는 두 사람은 자기 마음의 가장 깊숙한 확신에 귀를 기울일 줄 아는 훌륭한 분들입니다. 그러니까 그들은 결혼할 수가 없는 것입니다. 그들은 여러분을 부르고 있습니다. 가족이며 친구인 여러분을. 가장 심오한 이 순간을 여러분과 함께 보낼 수 있도록 말입니다." 사람들이 긴장을 풀기 시작했다. 한 시간 전에 소식을 들었던 주디 아버지는 나중에 말하기를, 그 소식을 들었을 때 심장의 고동이 멈춰 버렸는데 바로 이 순간부터 편안하게 숨을 쉴 수 있게 되었다고 했다.

그 다음은 데이브레이크 새벽공동체의 리더인 우리 친구

네이선 볼이 말할 차례였다. 그는 방문객들에게 환영인사를 한 다음, 두 명의 핵심 멤버를 불러 자기 옆에 서도록 했다. 그의 오른편에는 네 살 때부터 한 쪽 팔이 오그라들기 시작한 그레그 래넌이 섰다. 그리고 그의 왼편에는 셀루스 조지가 섰다. 그녀는 그 해 여름 초에 주디와 한 집에서 생활했었는데, 그 동안에 다리가 부러지는 사고를 당했다. 네이선은 데이브레이크에서 사는 사람들은 완벽하지가 않다고, 그곳에 사는 사람들은 모두 상하고 고통당한 사람들이며, 그래서 공동체가 필요한 사람들이라고, 부드럽게 설명했다. 우리는 다함께 걷고 있다 — 절름거리면서. 우리의 상함은 우리를 서로 차단시키는 게 아니라 오히려 합일로 모아준다. 그야말로 강력한 비유였다.

> 주디: 우리는 성공회 교인이에요. 우리 언니 수잔은 성공회 영성지도자인데, 우리 결혼예식을 집례하고 성만찬 예식을 베풀도록 되어 있었어요. 그런 일이 생겨서 많이 화가 났을 텐데도, 언니는 예전 내내 아주 품위 있게 우리를 인도했어요. 앨런과 내가 고른 찬송가를 부르는 동안, 우리는 슬픔과 고통과 기쁨과 갈망의 눈물을 흘렸어요……합일과 사랑에 대한 갈망, 그리고 그것들이 말해 주는 실재에 대한

갈망……"내려오소서, 오, 사랑의 하나님, 내 영혼을 찾아 주소서……" 그러고나서 내가 다음과 같이 "종의 노래"를 다시 부를 수 있게 되기까지는 2년이 걸렸어요:

당신이 울면 나도 울고,
당신이 웃으면 나도 당신과 함께 웃겠습니다.
당신의 기쁨과 슬픔을 함께 나누겠습니다.
우리가 이 여정을 마치는 그날까지.

헨리는 우리가 결혼예식을 위해 골랐던 성경말씀을 다른 것으로 바꿨다. 그리고 마태복음 6장에 관하여 즉흥적인 설교를 하였다: "들의 백합꽃이 어떻게 자라는가 살펴보아라……너희의 하늘 아버지께서는 이 모든 것이 너희에게 필요하다는 것을 아신다……내일 일을 걱정하지 말아라. 한 날의 괴로움은 그 날로 족하다." 은혜롭고 유머러스하게, 그는 다시 한 번 우리 모두에게 하나님의 임재와 우리의 선함을 확신시켜 주었으며, 우리의 결정이 경솔한 게 아니라 오히려 중요하고 정직한 것임을 확인해 주었다. 그는 모든 이들에게 큰 소리로 함께 기도하자고 요청했다. 이것은 사람들이 자신의 느낌과 생각을 표현할 수 있도록 기회를 제공해 주었다. 그리고 헨리는 본디 함께 할 예정이었던 성만찬 예식을 통하여, 우리 모두가 상처 속에서도 합일을 느낄 수 있도록 초청해 주었다. 그는 나와 주디가 원래 계획대로 앞으로 나가 주변 사람들 모두에게 잔을 돌릴 수 있도록 해주었다. 그럼으로써 우리는 서로의 눈 속에서, 용서와 치유를 위해 흘리신 예수님의 피를 들여다볼 수 있었다. 우리에게 그토록 많은 의미를 안겨 준 성만찬예식은 여태껏 없었다.

그 후로 우리는 평화의 장소, 고요한 신뢰와 이루 형언할 수 없는 기쁨의 장소로 들어 올려진 것 같은 느낌을 받았다. 수잔이 침묵을 깨고, 2층으로 올라가면 음식이 많이 준비되어 있다는 광고를 했다! 결국 연회는 준비되었던 것이다. 헨리가 우리 모두 계획한 대로 함께 식사를 하면서 서로 얘기를 나누자고 말했다. 그는 우리의 친교가 얼마나 강화될 수 있는지를 알고 있었다. 그리고 그가 옳았다. 아주 떠들썩한 파티가 열렸다. 그 날 모인 사람들은 모두가 가족을 축하해 주러, 우리의 연결을 축하해 주러, 우리의 사랑과 서로에 대한 지지를 축하해 주러, 그리고 그저 함께 있기 위하여 모인 것이었다. 그리고 정말로 그렇게 했다. 실제적이고 법적인 합일이 없었다는 사실은 그리 중요하지 않게 되었다. 우리 모두가 한 자리에 모인 것을 축하하고 있다는 사실 — 삶의 중요한 순간들을 모두 함께 보내고 있다는 사실 — 을 깨닫게 되면서부터. 우리는 또한 하나님의 백성인 우리가 세상과 다르게, "위로부터의" 비전을 가지고 대답할 수 있다는 사실, 그리고 이 비전 때문에 우리가 삶의 힘든 순간들을 어떻게 살아갈 것인가도 완전히 바뀐다고 하는 사실을 깨닫게 되었다.

우리는 그 날을 마감할 시간이 다가오자 평화를 느꼈다. 우리의 우정은 여전히 그대로였고, 서로에 대해서는 더욱 깊이 알게 되었으며, 친구와 공동체에 대한 사랑은 지극히 커졌다. 우리는 다음과 같이 우리의 마음을 표현했다. "만일 여러분이 (친구와 가족에게) 사랑받고 있는지를 알고 싶다면, 결혼을 하세요. 그리고 여러분이 정말로 사랑받고 있는지를 알고 싶다면, 결혼하지 마세요!" 우리는 상상했던 것보다 훨씬 더 깊이 있게, 그리고 의미 있게 그 날을 축하하였다. 게다가 작은 기적까지 일어났다. 성만찬예식을 막 마쳤을 때, 하루 종일 먹구름으로 덮여 있던 잔뜩 흐린 날씨가 활짝 개이고, 밝은 햇볕이 내리쬐고 있었으며, 들판 너머로 빗방울이 반짝거리면서, 데이스프링 위에 찬란한 무지개가 떠올랐던 것이다.

그 뒤 몇 주일은 결코 편안한 시간이 아니었다. 당연히 엄청난 분노와 슬픔과 혼란이 따랐으며, 해결해야 할 중요한 문제들이 남아 있었다.

주디: 어떤 사람들은 내게 이런 질문을 했어요. "어떻게 앨런한테 또 다시 예스라는 대답을 할 수 있었어요?" 그것은 참으로 이상한 질문처럼 여겨졌지요. 나는 한 번도 예스라는 대답을 멈춰본 적이 없다는 사실을 깨달았기 때문이에요. 나는 한 번도 "당신과 결혼하고 싶지 않아요"라고 말한 적이 없었어요. 나로선 우리가 "결혼예식을 올리지 못했던 날" 이후로 굉장히 고통스럽고 슬픈 나날을 보냈지만, 불굴의 사랑 때문에 매우 기쁘고 충만하기도 했어요. 하루하루를 신앙으로 견뎌낸 시기였죠. 빅터 프랭클의 다음과 같은 말이 많은 도움이 되었어요: "빛을 비출 수 있으려면 불타는 고통을 견뎌내야 한다."

또 어떤 사람들은 내가 앨런과의 관계를 깨버리고 쓰라림과 분노

앨런 스티어즈, 주디 스티어즈, 그리고 헨리 나우웬.

속에서 떠난 게 아니라, 오히려 앨런에게 그런 식으로 응답한 것에 대해서 대경실색을 했어요. 하지만 앨런이 내적인 혼란에 대해 고백하고서, 내가 그의 옆에 신실하게 서 있겠다는 약속을 멀리 한 것은 단 몇 시간밖에 안 돼요. 아주 힘든 시간이었지만요. 격렬한 분노와 고통의 순간에 사라져 버린다면, 그 약속에 대한 나의 헌신이 얼마나 깊다고 할 수 있겠어요? 나는 "좋을 때나 궂을 때나" 함께 하겠다고 약속한 사람이에요. 우리가 "더 좋아지기" 전에 "더 나빠질" 수도 있다는 사실을 난 전혀 몰랐어요. 하지만 이 힘든 몇 주일을 견뎌내는 동안, 나는 일전에 했던 나의 약속이 진실이라는 걸 깨달았어요.

그 달 말에 나는 다시 한 번 주디에게 청혼을 하였다 — 첫 번째 청혼은 이미 무효가 되었다고 그녀가 주장했던 것이다! 우리는 10월에 결혼예식을 올렸다. 결혼예식장에서 우리는 시편 126편을 낭송하였다:

주께서 우리 편이 되시어

큰 일을 하셨을 때에,

우리는 얼마나 기뻤던가……

> 눈물을 흘리며 씨를 뿌리는 사람은
>
> 기쁨으로 거둔다.
>
> 울며 씨를 뿌리러 나가는 사람은
>
> 정녕,
>
> 기쁨으로 단을 가지고 돌아온다.

성만찬상은 밀 다발들로 장식되어 있었다. 헨리가 설교를 마친 다음, 어떤 상황에 처하든지 늘 감사할 것을 다시 한 번 상기시켜 주었다.

1996년 8월 말, 어느 더운 여름날 밤, 안식년을 마치고 이제 막 돌아온 헨리가 어딘가, 어딘가로 가는 길에 우리 집 앞에 멈춰 섰다. 우리를 잠깐 방문하려고, 특별히 갓 태어난 우리 딸 에밀리를 꼭 껴안아 주려고. 그로부터 3주 후에 우리는 아기를 팔에 안고 — 수많은 사람들과 함께 — 눈물을 흘리면서, 해바라기를 흔들며, 사랑하는 친구에게 작별인사를 하듯이 "환희의 노래"를 불렀다. 부활의 주님 앞에서 다시 만날 날을 기약하며. 감사합니다, 헨리. 당신의 생애와, 당신이 우리 삶에 다가왔던 그 방식에 대하여 깊은 감사를 드립니다.

34

| 아트 래핀 |

신앙, 우정, 그리고 평화 만들기

> 아트 래핀은 지난 20여 년간 신앙에 기초하여 평화와 정의 구현을 위한 비폭력 운동에 적극적으로 참여해 왔다. 그리고 현재는 워싱턴디시에서 도로시데이 가톨릭노동자공동체의 멤버로 활동하고 있다. 그는 〈칼을 쳐서 보습을 만들고〉를 공동 편집하였고, 〈십자가의 모험〉을 공동 집필하였다. 그 책의 서문을 쓴 사람이 바로 헨리 나우웬이다. 아트와 헨리는, 헨리가 예일대학교 신학대학원에서 학생들을 가르치는 동안 친구가 되었다.

내가 헨리 나우웬에 관해 처음 들은 것은 1977년의 일이었다. 당시 나는 네덜란드와 프랑스의 라르쉬에서 생활하고 있었다. 그러면서 헨리의 저서 〈열린 손으로〉를 읽었는데, 무척이나 깊은 감명을 받았다. 나는 헨리에 관해 아는 게 거의 없었다. 영성지도자인 그가 교사와 작가로, 그리고 라르쉬의 미래 멤버로서 명성이 자자하다는 사실을 몰랐다. 그저 봉사와 평화 만들기 임무에 연루된 평신도로서, 그와 좋은 친구 사이가 되었던 것이다. 그 후로 18년간 지속된 우정과, 하나님과 다른 사람들을 섬기려는 열정과, 영성생활에 대한 헌신과, 마음으로부터 우러나는 관대함과, 평화의 복음을 선포하려는 책임과, 그리고 집필 활동을 통하여, 그는 나의 삶과 소명에 엄청난 영향을 미쳤다.

나는 1978년, 코네티컷주 뉴헤븐에서 헨리를 만났다. 그는 예일대학교 신학대학원에서 학생들을 가르치고 있었고, 나는 몇몇 친구들과 함께 계약평화공동체를 결성하고 있었다. 나는 그가 예일에서 베푸는 성만찬예식에 자주 참석했다. 그리고 그의 강의에도 여러 차례 참석했고, 그의 집에서 함께 기도도 했다.

헨리는 우리 계약평화공동체의 특별한 친구가 되었다. 그는 여러 모로 우리를 가르치고 도와주었다. 일 년이 넘도록 거의 매주 우리와 함께 성만찬예식을 가졌다. 이 성만찬예식은 우리 관계의 중심에 있었고, 그것은 우리가 평화의 복음을 선포할 때 하나님과 이웃에 대한 사랑 안에서 성장할 수 있도록 도와주었다. 성만찬예식이 끝나면, 아침식사를 하고, 영적인 독서 시간과 성찰의 시간을 가졌다. 우리는 저항의 삶 속에서 기도와 공동체가 수행하는 역할과, 행동주의를 유지하게 해주는 영성생활을 연마하는 일의 중요성 등, 많은 것들에 관해 논의하였다. 헨리는 우리의 삶을 위한 "영적인 토대"를 세우지 않을 경우 절대로 장기간에 걸쳐 버텨낼 수 없을 거라고 경고하였다. 토마스 머튼처럼 그는 나와 친구들이 기도와 행동 간의 상호관계를 파악할 수 있도록 도와주었다. 헨리는 우리의 기도생활과, 가난한 사람들을 위한 봉사, 군비확장경쟁에 대한 비폭력적인 저항, 그리고 학교와 교회에서 예수님의 비폭력적인 방법에 대해 이야기하고 다니는 것에 굉장히 큰 관심을 기울였다. 영성지도 외에도, 헨리는 우리의 활동을 재정적으로 지원하는 데에도 무척이나 관대했다.

그렇지만 헨리 자신의 평화 만들기 여정은 그리 순탄치 못했다. 네덜란드 육군의 군종장교로 활동했던 그는, 평화 만들기를 위한 예수님의 부르심과 자신의 군사적 과거를 서로 화해시켜야만 했다. 1984년에 집필한 헨리의 원고는, 그가 죽은 다음 〈평화로 가는 길〉이라는 제목으로 출판되었는데, 그 책에서 헨리는 다음과 같이 말했다:

오랫동안 평화에 관해 말하거나 글을 쓰는 것에 대한 주저함이 내 속에 아주 크게 자리 잡고 있다는 것을 감지해 왔다……이러한 주저함은 대부분 네덜란드 육군 군종장교 시절로 거슬러 올라간다……그러나 내가 평화운동에 동참하지 못하고 주저하게 만든 것은 비단 네덜란드 육군 군종장교 시절의 경험 뿐만은 아니었다. 1960년대의 반전 집회들이 자주 드러낸 방식과 언어와 행동들을 지켜보면서 나는 대부분의 반전 활동이 지닌 가치관에 대해 회의를 품게 된 것이다……핵무기 제작과 소유, 사용의 비도덕성에 대해 깊은 확신을 품고 있는 오늘날까지도 나는 여전히 평화에 관해 말을 하거나 행동을 취하는 데 상당히 신경을 쓴다……그러나 이 모든 기억들과 감정들도 평화로의 부르심은 곧 모든 인류를 위한 — 그들의 온갖 차이점들에도 불구하고 — 부르심이라는 사실을 축소시키지는 못한다.*

예수님을 따르는 제자로서, 헨리는 생명의 하나님께 예스

헨리의 평화 만들기 영성은 존 디어가 편집한 책 〈평화로 가는 길〉(Maryknoll, N.Y.: Orbis Books, 1998)에 잘 표현되어 있다. 이 책은 평화와 정의에 관한 헨리의 말과 글을 모아놓은 것으로, 독자들도 반드시 읽어볼 것을 추천하고 싶은 책이다. 위의 인용문은 "평화, 기도 속에서 우리가 받은 선물," 4-5쪽에 실려 있다. 다음에 오는 2개의 인용문은 같은 모음집에 실려 있는 "삶을 축하하기"에서 가져온 것이다.

라고 대답하는 것은 곧 마음과 정신의 온갖 폭력에 노우라고 대답하는 것과 같다고 믿게 되었다. 그리고 그것을 열정적으로 선포하게 되었다. 평화 만들기에 관한 원고에서 그는 이렇게 선언하였다. "평화 만들기란 그 모든 표명에서 죽음에 대하여 확실히 저항할 것을 요구한다."

평화와 정의에 대한 헨리의 생각에 영향을 준 사람들과 경험들은 아주 많다. 초기에 가장 중요한 영향을 미친 것은 바로 민권운동이었다. 인종평등에 관한 헨리의 관심은 1965년으로까지 거슬러 올라간다. 당시 그는 마틴 루터 킹 2세의 연설을 들으면서, 민권운동가들과 연합하여, 셀마에서부터 몽고메리, 앨라배마에까지 이르는 역사적인 민권행진에 참여했었다. 그리고 킹의 장례예식에도 참석했다. 이 모든 일들이 그에게 엄청난 영향을 미쳤다. 헨리는 또 베트남전쟁에 반대하였고, 1972년 5월에는 예일에서 열린 반전을 위한 모라토리엄 집회에서 연설을 하기도 했다.

헨리에게 그 무엇보다도 중요했던 평화적 관심사는 바로 전세계적인 핵무기 무장해제의 필요성이었다. 헨리는 세계적인 멸종의 위협에 대한 응답으로서, 그리스도인들도 공포가 아니라 신앙에 입각하여, 분노가 아니라 사랑에 입각하여, 행동을 취해야 한다고 믿었다. 시간이 흐름에 따라 그는 기도와 저항, 그리고 공동체 사이의 관계에 초점을 맞춘 평화 만들기의 영성을 발달시켰다(〈평화로 가는 길〉 중에서 "사랑의 집에 거하기"를 읽어보아라). 그는 이 모든 요소들이 평화 만들기의 증거에 저마다 다 중요하다고 확신하였다.

그렇지만 내가 헨리를 만났을 때 그는 평화를 위한 단체 활동에 동참하기를 주저하였다. 그래도 우리가 계약평화공동체에 있을 때나 다른 친구들이 이 주제에 관하여 그와 논의하려 할 때에는 늘 열린 마음으로 동참해 주었다. 평화 만들기를 위한 노력에 관하여 우리가 계속 정보를 알려 주었고 또 다른 사람들과도 지속적으로 접촉을 했기에, 헨리도 비폭력 저항에 대해 점점 더 인정을 하게 되었다. 기도로 성찰을 하고 또 학생들과 친구들의 요청에 응답함으로써, 헨리는 코네티컷주 그로튼의 핵무기 장착 잠수함과 트리덴트호 제작회사, 제너럴 다이나믹스-일렉트릭 보트 쉽야드에서 있었던 평화 만들기 행위에 여러 차례 참여하였다. 나아가 1981년에는 핵무기 잠수함 USS 코르푸스 크리스티호의 진수식을 반대하기도 했다. 그는 끔찍한 파괴도구에 그리스도의 몸(Corpus Christi)이라는 이름을 붙였다는 사실에 우리처럼 분개하였다. 1985년 그는 성금요일 십자가의 길 예배를 인도하였다. 이 경험에 대하여 그는 다음과 같이 기록하

였다:

> 나는 가장 대중적인 형태의 저항으로부터 멀리 떨어져 지냈고, 오랫동안 저항에 대해서 깊은 거부감마저 갖고 있었다……하지만 친구들이 나에게 좀 더 가까이 와서 좀 더 주의 깊게 지켜보라고 초대했을 때, 나는 그 동안 예수님과 그의 제자들뿐만 아니라 이 작은 저항자 그룹에게도 등을 돌렸을지 모른다는 사실을 점점 더 깨닫게 되었다…….
>
> [20년 전에] 그 누가 상상이나 할 수 있었겠는가? 내가 눈앞에 닥친 핵파괴에 기도로 저항하는……초교파적인 신학생 그룹을 인도하게 될 줄…….
>
> 나의 감정을 완전히 파악하는 건 힘든 일이었다. 하지만 이제까지는 한 번도 경험하지 못했던 뭔가 새로운 일이 나에게 발생했다. 그것은 기도가 더 이상 위험이 없는 중립적 사건일 수 없다는 심오한 인식이었다. (50~53쪽)

헨리는 계속해서 평화의 복음에 관한 글을 쓰고 선포했다. 여러 차례 단체 활동에 연루되었으며, 평화를 위해서 다음 단계에는 무엇을 해야 하는지 인식하고 있었다. 시민불복종에 대한 그의 입장은 다음과 같은 글에 나타나 있다:

여태껏 나는 평화를 위해 체포되고 감옥에 수감되도록 부름 받았다는 느낌이 전혀 안 들었다. 나는 늘 궁금했다. 내가 수감된다면 사람들을 평화로 이끄는 게 아니라 오히려 평화의 요인으로부터 더 멀리 떨어뜨리는 게 아닌가 하고. 하지만 어쩌면 나는 다른 사람들에게 미칠 영향만 너무 걱정하다가, 나 자신의 영적 책임에 대해서는 충분히 신실하지 못했을지도 모른다. 솔직히 말해서, 나는 확실히 모르겠다. 나를 망설이게 하는 것이 사려 깊음인지 비겁함인지, 양심의 가책인지 실용주의인지, 신실함인지 두려움인지. 내가 아는 것이라곤, 몇 년 전까지만 해도 내게 너무나도 낯설고 받아들이기 어렵게 느껴졌던 것이, 이제는 적어도 나의 예전 태도를 재고해 보라는 초대처럼 여겨진다는 것이다. (54쪽)

헨리는 자신이 평화 만들기 운동 때문에 체포되고 수감될 수도 있다는 것을 전혀 못 느꼈다. 그렇기 때문에 그런 활동을 하고 있는 사람들을 많이 후원해 주었다. 예를 들면, 그는 계약평화공동체의 딘 해머와 나, 그리고 보습운동 — 칼을 쳐서 보습을 만들라는 성경의 예언에 영감을 받아 무기 부품들을 무장해제 하자고 한 비폭력 증언 — 때문에 수감된 여러 사람들을 지극정성으로 후원해 주었다. 그는 보습 모금행사에서 여러 차례 강연을 해주었고, 편지도 쓰고, 책도 보내고, 성만찬예식 때마다 평화 수감자들을 위해 기도해 주었으며, 한번은 감옥에 있는 딘을 방문하여 그와 동료 수감자들을 위해 영성수련을 인도하기도 했다.

평화행진. 1985년 성금요일 십자가의 길 예배를 인도하고 있는 헨리 나우웬(가운데, 십자가를 든 사람 뒤), 그리고 오른쪽은 아트 래핀

뉴헤븐을 떠난 후로 헨리는 과테말라와 볼리비아, 페루에 살면서 시간을 보냈다. 이제 그는 미국인들이 자신들의 영적 운명이 라틴아메리카의 영적 운명과 직결되어 있다는 사실을 이해하도록 돕는 것이야말로 자기 사명의 일부라는 것을 잘 알고 있었다. 1983년 평화 중인 대표단의 일원으로서 니카라과를 방문한 이후로, 헨리는 미국인들에게 지금 라틴아메리카의 가난한 사람들을 억압함으로써 그리스도의 십자가 죽음이 어떻게 재현되고 있는지를 증언하였다. 그는 미국의 니카라과 간섭을 "부당하고, 불법적이고, 비도덕적

인" 행위라고 비난하였다. 1986년, 라르쉬 데이브레이크에서 생활하기 위해 떠난 후에도, 헨리는 연설 약속이 있을 때마다 공동체 멤버들을 함께 데리고 다니기 시작했다. 그렇게 함으로써 그는 벙어리들에게 목소리를 줄 수 있었고, 그것은 평화 만들기의 본질적인 부분이었다. 궁극적으로 헨리는 신앙 안에서 행한 일들은 좋은 열매를 맺을 것이라는 신념을 갖고 있었다. 무엇보다도 중요한 것은, 우리의 행위가 하나님을 향한 사랑과 기도의 장소에서 샘솟는 것임을 그가 확신했다는 것이다. 만일 우리의 행위가 "적대적인 마음"에서 우러나온 것이라면 좋은 열매보다는 나쁜 열매를 더 많이 맺게 될 것이라고, 그는 기록하였다.

헨리가 예일대학교 신학대학원을 떠난 이후로도 우리는 지속적인 접촉을 유지했다. 1983년 계약평화공동체가 해체된 뒤에도 나는 계속해서 뉴헤븐에 살았다. 그리고 1989년까지 이사야 평화단의 일원으로 활동했다. 보습운동 때문에 수감되었다가 1990년에는 워싱턴디시로 이동하여, 가톨릭 노동자공동체의 일원이 되었다. 그 동안에도 헨리는 신실한 친구로서, 내가 어떻게 지내는지, 나를 위해 무엇을 할 수 있는지, 늘 지대한 관심을 보여 주었다. 내가 감옥에 있을 때 그는 편지도 쓰고 최근에 쓴 저서도 보내 주었다. 그는 언제나 내가 영적으로 한결같음을 유지할 것을 상기시켜 준 중요한 영성지도자였다.

헨리는 1988년 11월 내 여동생 메리가 자살한 후에도 마음으로부터 지지를 보내 주었다. 아름다운 위로의 편지에서, 그는 이렇게 썼다:

> 하나님께서는 자네에게 많은 것들을 요구하고 계신다네. 그리고 나는 자네의 마음이 메리의 비극적인 죽음 때문에 얼마나 깊은 상처를 입었을지 상상할 수 있어. 분명히 자네는 너무나도 무력하다고 느꼈을 테고, 무척이나 큰 고통을 받았겠지……내가 자네를 아주 가깝게 느낀다는 것, 그리고 이 무력함의 경험 한가운데서 내 마음이 자네와 깊이 연결되어 있다는 것을 자네에게 확신시켜 주고 싶어. 우리는 둘 다 전적으로 하나님의 자비에 의존하도록 부름 받았네. 우리 자신을 위해서도, 우리와 깊이 연결되어 있는 사람들을 위해서도.

헨리의 글은 나를 향한 깊은 사랑을 전해줄 뿐만 아니라, 그가 겪어온 고통을 반영한 것이기도 했다. 그 자신의 고통에도 불구하고, 그는 나에게 위로의 말을 전할 수 있었던 것이다. 어쨌든 헨리는 늘 자신의 고통과 다른 사람들의 고통을, 하나님에 대한 변함없는 믿음의 맥락에서 바라볼 수 있었다.

성만찬예식에 대한 새로운 인식을 심어 준 것에 대하여 나는 특별히 헨리에게 감사를 드린다. 성만찬예식은 내게 아주 큰 도움이 되었다. 성만찬예식은 내 신앙 여정과 직무에서 기본적으로 나를 지탱해 주는 힘이 되어 왔고, 지금도 마찬가지다. 공동체 생활, 가난하고 집 없는 사람들을 섬기는 것, 생명을 보호하기 위한 비폭력 활동에 동참하는 것, 그리고 북아일랜드와 중앙아메리카, 팔레스타인, 이스라엘, 이라크의 전쟁지역에서 평화를 외치는 희생자들과 함께 투쟁하는 것도 모두 성만찬예식에 포함되었다. 성만찬예식은 또한 내가 폭행과 수감을 견뎌내고, 사회적 불의와 극단적인 폭력에 맞설 수 있도록, 그리고 가족과 친구들의 투병과 죽음을 이겨낼 수 있도록 도와주었다.

나는 성만찬예식이야말로 헨리의 삶에서 가장 중심적인 것이었다고 자신 있게 말할 수 있다. 헨리는 종종 우리에게 성만찬예식이라는 단어가 문자 그대로 "감사의 행위"를 의미한다고 상기시켜 주었다. 그는 성만찬 생활을 한다는 것은 곧 감사로 가득한 삶을 의미한다고 믿었다. 나는 헨리가 성경을 읽고 성만찬예식을 집례할 때면 늘 하나님의 영이 강력한 방식으로 임재함을 느꼈다. 그는 하나님의 사랑은 무조건적이며, 하나님 없이는 우리가 아무것도 할 수 없다는 사실을 사람들이 깨닫도록 도와줄 수 있는 위대한 은사를 지닌 사람이었다.

우리가 성만찬예식을 베풀 때면, 헨리는 우리 마음이 우리 속에서 불타야 한다고 믿었다. 신적인 친교에 뛰어들어야 하기 때문이었다. 온갖 나쁜 소식에도 불구하고, 우리는 성만찬예식을 통해서 구원의 복음을 선포한다: 예수님은 자신의 십자가와 부활을 통해서 죄와 죽음의 힘을 영원히 극복하셨다. 그는 하나님의 사랑과 정의와 평화의 통치 속에서 우리의 안내자가 되셨고, 새로운 생명의 길을 우리에게 보여 주셨다. 성만찬예식을 통해서 예수님은 우리에게 무조건적으로 사랑하라고, 서로를 형제자매로 그리고 예수님의 지체로 여기라고 명령하신다. 성만찬예식의 사랑은 온갖 폭력과 살인을 단념하고, 생명을 성스럽게 지지하는 것을 의미한다. 우리 모두는 하나님의 지체이므로.

헨리는 예수님을 향한 사랑과 타인을 위한 사랑에 자기

삶을 바쳤다. 라르쉬에서의 사역은 성만찬예식의 심오한 표현이었다. 그는 정신적, 육체적 장애에 시달리는 사람들에게 이렇게 말했다. "이것은 당신을 위한 나의 몸입니다." 데이브레이크에서의 삶, 특히 정신적으로도 신체적으로도 심각한 장애를 앓고 있으면서 그와 친구가 되고 그의 보살핌을 받았던 애덤 아넷과의 관계는 그에게 진정한 해방의 경험이었다. 볼 수 있는 믿음의 눈을 가진 모든 이들에게, 헨리는 성만찬예식이 지닌 치유와 변화의 힘, 그리고 성만찬 생활을 함으로써 얻을 수 있는 열매를 보여 주었다.

1996년 8월 초, 나는 헨리와 전화 통화를 하였다. 그는 안식년임에도 불구하고 너무나 지쳐 있다는 말을 했다. 나는 자신을 잘 돌보라고 그를 격려하였다. 그리고 기도할 때마다 그를 특별히 기억하고 있으며, 특별한 우정을 베풀어 준 데 대하여 감사하게 생각한다고 말했다. 그는 다가오는 나의 이스라엘 여행을 후원하기 위해 기부를 하겠다고 제안했다. 핵무기 밀고자로 수감된 모르데차이 바누누의 석방을 돕기 위한 여행이었다. 그 때 나는 이것이 그와의 마지막 대화가 되리라는 걸 까맣게 몰랐다. 하나님께서는 바로 그 다음 달 그를 본향으로 불러가셨다.

〈마음에서 들려오는 사랑의 소리〉에서 헨리는 깊이 사랑했던 사람들은 죽은 뒤에도 우리 속에 살아남는다고 말했다. 그저 추억으로만 남는 게 아니라 실제적인 존재로 남는다고. 그가 죽은 뒤로 나는 그의 존재를 강력히 느꼈다. 헨리는 지금도 나와 수없이 많은 사람들에게 사역을 베풀고 있다. 신실한 그의 삶은 측량할 수조차 없는 선물이었다 ― 그의 영혼은 아직도 살아 숨 쉬고 있다!

35

| 웬디 리우드 |

나의 성직 재발견

> 웬디 리우드는 1992년에 라르쉬 데이브레이크로 온 성공회 영성지도자다. 그녀는 아직도 데이브레이크 가정에서 지내고 있으며, 그 공동체의 목회팀 멤버로 활동하고 있다. 또한 성공회 신학대학에서 영성형성을 돕고 있다. 헨리 나우웬은 그녀의 사역에 깊숙이 영향을 미쳤다.

헨리 나우웬은 나에게 놀라운 선물을 주었다. 그것은 오랫동안 갈망하면서도 너무도 많은 사람들이 결코 받지 못하는 그런 선물 ― 스승을 갖게 되는 것 ― 이었다. 헨리는 나에게 역할 모델, 교사, 영성지도자, 성직자, 그리고 인간적인 여정의 동료가 되어 주었다. 그렇다고 해서 헨리와 내가 많은 시간을 함께 보냈다거나 아주 절친한 친구였다는 말은 아니다. 하지만 우리는 같은 공동체의 멤버였기에, 우리의 삶은 나에게 심각한 영향을 미칠 정도로 충분히 연결되어 있었다. 특히 나 자신의 사제직 소명에 관한 이해에 많은 영향을 미쳤다. 지금부터 나는 헨리에 대한 감사와, 우리에게 가정을 제공해 준 라르쉬 공동체에 대한 감사, 그리고 헨리가 자주 말한 것처럼, 우리가 본향으로 가는 길에서 집을 발견할 수 있도록 우리를 초대하시는 하나님의 신비로운 사랑에 대한 감사를 공유했던 그 시기에 대한 감상평을 적고자 한다.

3년 반 동안 시골 마니토바의 세 지역교구를 책임져 오던 나는 이제 더 이상 계속할 수 없다는 느낌이 들었다. 여러 가지 면에서 나는 지역교구 사역을 사랑했다: 사람들을 사랑했고, 시골에서 사는 것을 사랑했으며, 중요한 행사가 있을 때마다 지역교구민들과 함께할 수 있는 특권을 사랑했다. 또 성경연구를 인도하는 것을 사랑했고, 내게는 가장 놀라운 사실이지만, 나는 설교하는 걸 사랑했다. 하지만 이런 것들에도 불구하고, 내 안에는 충족되지 않는 깊은 갈망이 숨어 있었다. 나는 함께 기도하고 대화할 수 있는 사람들을 갈망했다. 그러나 내가 사는 곳에는 그런 사람이 있을 것 같지가 않았다. 나는 그리스도교 공동체에 대한 내 비전과 지역교구 생활의 실제가 서로 맞지 않는다는 사실을 서서히 이해하게 되었다.

예를 들면, 나는 죽음을 맞이하는 사람들과 죽은 사람들 곁에 있어 주는 것이 교회의 중요한 사역임을 진실로 믿었다. 하지만 죽음에 대한 문화적 터부를 깨뜨릴 수 없는 나의 무능력에 곧 절망하고 말았다. 나는 죽음의 실재에 대해 진정한 그리스도교적 응답을 찾기를 갈망했지만, 솔직하게 죽음에 관해 말할 수 없다면 진정한 의미에서 부활에 관해서도 말할 수 없다는 것을 알았다. 내가 원했던 것과 지금 실제로 경험하는 것 사이에는 점점 더 큰 갭이 생겨나는 것 같았다. 이윽고 나는 베풀 수 있는 것이 전혀 안 남았다는 사실을 깨달았다. 이제는 지역교구를 떠나, 일상생활에서 그리스도교 공동체에 대한 나의 비전을 경험할 수 있는 장소를 찾을 때가 왔다는 것을 깨달았다. 그리고 1992년 11월, 마침내 라르쉬 데이브레이크에 닿게 되었다. 그 당시 나는 기진맥진해 있었고, 굉장히 불안했으며, 내가 하나님의 소명을 잘못 이해한 게 아닌가 하는 의심이 들었다. 나는 이제 사제직을 수행하고 싶지 않다는 확신이 들었다. 그저 공동체의 일상생활만을 경험하고 싶었다.

데이브레이크에서 생활하기 시작했을 무렵, 내가 경험한 가장 강력한 순간들 가운데 하나는 바로 날마다 베푸는 성만찬예식이었다. 나는 그 모임의 단순함과 친밀함 때문에 크게 힘을 얻었다. 헨리는 공동체 사람들이 자신의 생각을 말할 수 있도록 격려해 주었고, 나는 마치 최초로 복음을 듣는 것 같았다 ― 직접적이고도 정직한 방법으로 사람들은 성경과 연결되었다. 그것은 마치 내 영혼의 갈라진 땅에 스며드는 물방울과도 같았다. 나는 거기에서 만족할 수 없었다! 그 동안 헨리처럼 열정적으로, 지혜롭게, 단순하게 설교하는 사람을 본 적이 없었다. 그러나 그런 성찰을 들을수록 나의 불완전감과 불안감만 깊어갈 뿐이었다 ― 나는 내가 성찰한 것을 말하고 싶지 않았다. 사람들이 내 안의 공허를 목격할까봐 두려웠기 때문에.

그렇지만 헨리는 내가 너무 오랫동안 이것을 교묘히 모면하도록 내버려두지 않았다! 그 공동체에서 처음으로 고난주간을 보내는 동안, 그는 성목요일에 마운디에서 내 성찰을 말해달라고 부탁하였다. 그는 내가 사제직 소명 때문에 투쟁하고 있다는 사실을 잘 알면서도, 자신의 사제직뿐만 아니라 나의 사제직도 축하하는 것이 중요하다고 강조했다. 이제는 나도 잘 안다. 이것이 첫 번째 시도였다는 것을. 그는 그 후로도 여러 차례 나를 초대하여 사제직에 대한 나의 소명을 좀 더 깊이 주장해 보라고 하였다. 그는 다른 사람들과 함께 나의 사제직 은사를 끌어내 주었다. 그런 게 있다는 것을 나조차도 확신할 수 없었는데 말이다.

1993년 11월, 나는 성공회의 여성성직안수준비모임을 이끌어 달라는 요청을 받았다. 나는 그런 일에 전혀 어울리지 않는다고 생각했다. 하지만 헨리는 그 소식에 흥분해서, 굉장한 격려를 부어 주었다. 그는 나의 사역과 다른 사람들의 사역을 비교하는 습관은 아주 위험한 것이라고 경고해 주었다. 그는 비교를 "영성생활의 죽음"이라고 불렀다. 내가 무엇을 어떻게 해야 할지 고민하고 있을 때 그는 나와 함께 시간을 보내 주었고 또 이런 말을 해주었다. "웬디, 사역이란 있는 그대로의 당신 모습으로 사람들 곁에 있는 것임을 명심해요. 당신이 아닌 모습은 안 돼요. 새롭고 기발한 것을 말하려 하지 말고, 그저 당신 마음에서 우러나는 대로, 예수님과 당신 자신의 관계에서 우러나는 대로 말해요. 당신은 문제를 해결하기 위해 거기 가는 게 아니라, 예수님께서 사랑과 치유와 용서와 화해를 원하신다는 사실을 알리기 위해 가는 거예요."

바로 그 즈음에, 헨리의 비서인 코니 엘리스가 뇌종양으로 죽어가고 있었다. 헨리는 유럽에서 집필을 하고 있었기 때문에, 내가 병원에 있는 코니를 계속 방문하였다. 그녀의 병세는 점점 더 악화되었고, 헨리는 그녀 곁에 있기 위해 다시 돌아오기로 결심했다. 도착하던 날, 그는 전화를 걸어 함께 코니를 보러 가자고 부탁했다. 나는 헨리와 코니의 친밀한 관계를 잘 알고 있었으며, 코니가 헨리를 기다리고 있다는 느낌이 강하게 들었다. 그래서 헨리 혼자 코니를 만나러 가고 싶다 해도 이해할 수 있노라고 말했다. 하지만 헨리는 내가 그 동안 코니를 방문해 왔기 때문에 나와 함께 가고 싶다고 주장했다. 돌이켜보면 그 때 그가 그렇게 주장해 줘서 참으로 기쁘다. 그 만남을 영원히 잊을 수 없기에.

헨리와 코니가 서로 인사를 나누는 동안 나는 방문 근처에서 기다렸다. 내가 본 이미지는, 헨리의 커다란 몸이 구부러져 코니를 감싸 안은 것이다. 마치 새끼를 품은 새처럼. 그는 코니의 손을 부드럽게 쥐었다. 그리고는 나에게 그 날의 복음을 읽어달라고 부탁했다. 그 날의 복음은 누가복음 4장이었다. 예수님이 예언자 이사야의 두루마리를 읽으시는 부분이었다. 헨리는 부드럽지만 권위 있는 목소리로 이렇게 말했다: "코니, 이 말씀은 당신에게 특별한 의미가 있어요. 죽음을 앞에 두고 있는 당신은 가난해요. 하지만 예수님은

나의 성직 재발견　393

당신을 위한 복음을 갖고 계시다는 것을 당신에게 알려 주시길 원해요: 죽음을 통한 여정 속에서도 결코 당신을 버리지 않으시리라는 것을요. 당신은 지금 몸에 붙잡혀 있지만, 이제 곧 해방될 거예요. 당신은 지금 눈이 멀었어요. 앞으로 일어날 일을 볼 수 없기 때문이죠. 하지만 이제 곧 하나님의 왕국을 새롭게 보게 될 거예요. 당신은 지금 억압받고 있지만, 이제 곧 자유롭게 될 거예요." 헨리의 직설적인 표현에 처음에는 충격을 받았다. 하지만 동시에 내 안에서 커다란 갈망이 눈을 떴다. 내가 꼭 들어야만 했던 진리가 선포되었던 것이다.

헨리는 나와 공동체 사람들에게 죽음과 친해지는 방법에 관하여 아주 많은 것들을 가르쳐 주었다. 우리는 모리스, 코니, 행크, 로이드, 헬렌, 그리고 애덤과 함께 죽음과 친해지는 방법을 연습하였다. 매번 우리는 좀 더 신뢰할 줄 알게 되었다. 가장 심오한 슬픔을 나눌 수 있을 때 비로소 가장 심오한 기쁨도 나눌 수 있다는 사실을. 헨리는 우리가 기쁨과 슬픔은 동전의 양면과도 같다는 사실을 분명히 알 수 있도록 도와주었다.

나는 로이드 케르만이 죽은 뒤 예배실에 모였던 때를 아직도 기억한다. 헨리가 앞에 앉아서, 로이드의 죽음이 의미하는 바를 이야기해 보자고 사람들에게 요청했다. 로이드의 절친한 친구들 중 한 명이었던 마이클 아넷이 부르짖었다: "마음이 찢어져요! 내 마음이 찢어지는 게 뭘 의미하나요?" 마이클의 질문이 우리의 슬픔을 뚫고 들어왔다. 헨리는 의자를 뛰어넘어 마이클에게로 달려가더니 그 앞에 무릎을 꿇었다. "그건 당신이 사랑하는 마음을 가졌다는 의미예요, 마이클. 그리고 특별히 로이드를 사랑했다는 의미예요. 이제 로이드가 죽었으니, 당신 마음속에 커다란 구멍이 뚫렸어요. 그게 바로 이토록 마음이 아픈 이유랍니다." 나는 마이클의 정직함과 자신의 고통을 표현할 수 있는 능력뿐만 아니라 헨리의 대답에도 감동을 받았다. 그가 한 말보다는 그의 전 존재가 긍휼이 될 수 있는 그 방식에 감동을 받은 것이다. 내가 보기에는 마이클과 헨리 둘 다 깊이 성육신된 것 같았다 ― 마이클의 고통과 헨리의 긍휼은 둘 다 인간됨이 충만한 가운데 경험된 것이었다. 복음서에서 예수님이 사람들을 보고 긍휼히 여기셨다는 구절들을 보면, 그 때 사용된 그리스어는 예수님이 마음속 깊이 감동하셨다는 뜻을 갖고 있다. 헨리는 그렇게 긍휼이 많은 영성지도자였다는 점에서 예수님의 발걸음을 제대로 따르고 있었다 ― 그는 두려움 때문에 물러서지도 않았고, 직업적인 거리를 유지할 필요성도 못 느꼈다.

또한 헨리는 장례예식 전야의 철야예배에 대한 열정도 남달랐다. 그와 공동체의 다른 리더들은, 핵심 멤버들이 제대로 슬퍼할 수 있으려면 애도과정에 구체적으로 참여할 필요가 있다는 사실을 잘 알고 있었다. 헨리는 사람들이 열린 관으로 다가가, 시체를 만지고, 그림이나 기념품을 남긴 뒤, 기도할 수 있도록 격려해 주었다. 나는 어느 장례예식 전야의 철야예배 때 헨리가 모두를 불러 모아 관 주위에 커다란 원을 만들도록 한 일을 아직도 기억하고 있다. 도대체 무엇을 할 생각인지 전혀 알 수 없었다. 하지만 다음 순간 모든 게 확실해졌다. 헨리는 우리 모두에게 인사를 건넸고, 우리가 성경말씀을 들을 수 있도록 초대했다. 그런 다음, 그는 죽은 이와 절친했던 몇몇 사람들에게 그들의 관계에 관한 이야기를 들려달라고 부탁했다.

그러한 공유의 심오한 특성은 핵심 멤버들의 감정표현 능력을 상당히 키워 주었다. 하지만 헨리의 사역은 그들의 천부적인 재능이 꽃필 수 있도록, 그 자리에 있는 모두를 축복할 수 있도록 도와주는 것이었다. 이것은 내가 예전에 장례예식장을 방문했을 때 소리죽여 울면서 서투르게 행동했던 것과 너무나도 달랐다. 결과적으로 우리는 슬픔으로 눈물짓고 사랑으로 웃음 지으면서 공동체의 심오한 치유 경험을 하였다. 아주 희망적인 결과였다. 나는 우리로 하여금 슬픔의 공유를 통해서 희망을 발견할 수 있게 해주는 것은 바로 죽음의 실재를 향한 여정임을 깨닫기 시작했다. 그것은 아주 분명해 보였다. 하지만 부활 속에 있는 그 희망에 도달하기 위한 단 하나의 방법은 죽음을 통과하는 것이었다. 죽음의 주위를 맴도는 게 아니라.

사제직에 대한 나의 소명과 죽음을 맞이한 슬픔은 헨리의 장례예식을 준비하는 동안 하나로 합해졌다. 나는 헨리의 장례예식이 가톨릭의 성만찬예식이 될 것이고, 그러므로 만일 내가 성공회 성직자가 된다면 성만찬을 받을 수 없다는 것을 알고 있었다. 이것은 공식적인 경우였다. 그리고 엄격히 말하자면, 가톨릭 신자가 아닌 사람은 가톨릭의 성만찬예식에서 빵과 포도주를 받을 수 없게 되어 있었다. 하지만 내 사제직에 대한 헨리의 후원이 너무나도 중요했기에, 내 예복을 입기로 작정했다. 그리고 성만찬예식에서 빵과 포도주를 받을 수 없다는 것은 나에게 너무나도 고통스러운 일이었다. 나는 성만찬예식을 집례하는 성직자에게, 빵과 포도주를 받지 못한 성공회 성직자에게 축도를 해줄 수 없겠느냐고 물었다. 그러자 그가 나를 불러내어 축도를 해주었다. 내 자리로 돌아가는 길에 나는 방금 빵과 포도주를 받은 사람들 줄을 지나갔다. 잘 모르는 여자 한 분이 내 손을 잡더니 흔들면서 이렇게 말했다. "이것은 헨리가 그대에게 주는 선물입니다." 그녀는 나에게 자신의 성만찬용 빵을 절반 나눠 주었다. 정말로 은총과 포괄적인 사랑이 넘치는 순간이었다!

1996년 9월, 그러니까 죽기 바로 직전에, 헨리는 나에게 〈이 잔을 들겠느냐?〉를 한 권 주었다. 그 책에는 이런 글이 쓰여 있었다:

> 평화, 기쁨, 희망, 용기, 확신, 그리고 무한한 신뢰를,
> 헨리가.

헨리의 가르침은 내가 내 삶을 열어젖히고 이 선물들을 받을 수 있도록 도와주었다. 하나님께 감사를!

|감사에 관하여|

감사의 훈련은 나의 전 존재와 내가 지닌 모든 것들이 나에게 주어진 사랑의 선물, 기뻐하며 축하해야 할 선물이라는 것을 인정하기 위한 명백한 노력이다.

분개와 감사 사이에는 늘 선택이 주어진다. 하나님께서는 나의 어두움 속에서도 나타나셔서, 집으로 돌아올 것을 요구하시고, 애정이 깃든 음성으로 이렇게 선포하시기 때문이다: "너는 늘 나와 함께 있지 않느냐? 또 내가 가진 모든 것은 다 네 것이 아니냐?" 정말로 나는 선택할 수가 있다……과거에 나에게 닥쳤던 수많은 불운들에 대하여 탄식함으로써, 분노 쪽으로 나 자신을 몰아갈 수가 있다. 하지만 나는 그러지 말아야 한다. 나를 지키기 위해 오신 분의 눈을 들여다보고, 나의 전 존재와 내가 가진 모든 것들이 순전히 감사드려야 할 선물이라는 사실을 깨달아야 한다.

감사의 선택은 진정한 노력이 없이는 거의 불가능한 일이다. 하지만 일단 한 번만 성공하면, 그 다음은 좀 더 쉬워진다. 좀 더 자유로워지고, 자의식도 훨씬 더 강해진다. 내가 인정하는 모든 선물들이 하나씩 잇따라 드러나기 때문이다. 가장 규범적이고, 명백하고, 외관상 평범해 보이는 사건이나 접촉조차도 사실은 은총이 가득한 것임이 밝혀질 때까지.

〈돌아온 탕자〉 중에서

36

| 셀루스 조지 |

헨리와의 여행

셀루스 조지는 1972년에 라르쉬 데이브레이크로 들어왔다. 그녀는 데이브레이크 노인클럽의 회원이며, 빵을 잘 굽는 걸로 유명하다. 셀루스는 헨리 나우웬과 함께 여행하는 걸 좋아했다. 첫 번째 여행에서는 헨리가 명예학위를 받았고, 두 번째 여행에서는 헨리가 성공회 제너럴컨벤션에서 강연을 하였다. 셀루스는 캐시 켈리와 웬디 리우드에게 이 모음집 원고 준비를 도와 달라고 부탁했다.

헨리는 좋은 사람이었다. 나는 그와 함께 여행을 다녔다.

헨리가 인도에 함께 가자고 부탁했다. 얼햄 칼리지의 킴도 우리와 동행했다. 우리는 헨리의 친구와 함께 머물렀다 — 아주 좋은 여자였다. 내 방은 따로 있었다. 헨리가 무대

셀루스 조지와 헨리 나우웬.

에 앉아서 강연을 하였다. 그가 사람들에게 이야기하였다. 두 눈을 감고, 두 손을 흔들면서, 무대 가장자리로 다가갔다. 나는 그가 무대에서 떨어질까 봐 무서웠다!

그 다음 여행지는 인디애나폴리스였다. 공항에 우리를 위한 대형차가 대기 중이었다 — 흰색 스트레치 리무진이. 그 리무진에는 전화기도 있었다. 헨리가 다이얼을 돌려 줘서, 나는 차 안에 앉아 데이브레이크 노인클럽 회원들과 통화를 하였다.

헨리가 나와 웬디에게 촌극을 하자고 제안했다. 나는 슬펐고, 웬디는 예수님이 되어 내게로 다가와서 내 머리를 만졌다. 그런 다음, 헨리가 성직자들에게 강연을 하였다. 우리는 멋진 호텔에 머물렀다. 나는 뉴욕에서 데이비드를 만났는데, 데이비드도 나중에는 데이브레이크로 왔다. 그는 내가 만든 당근케이크를 아주 좋아한다.

한번은 내가 교회에 있는데 헨리가 들어왔다. 나를 아주 좋은 사람이라고 소개했다. 그는 또 로이드의 장례예식에 참석하기 위해서 우리 교회에 왔다. 그는 로이드에 관해 얘기했다. 로이드는 우리 노인클럽의 회원이었다.

헨리는 내 생일날에도 와서 나를 위해 기도해 주었다.

헨리가 이렇게 말했다. "예수님이 당신과 함께 계십니다."

37

| 조지 스트로마이어 |

신비주의자 헨리 나우웬

조지 스트로마이어는 가톨릭 주교로서, 1972년 펜실베이니아주 이리에 라르쉬 공동체를 공동설립하였다. 그는 아직도 그 공동체에 거주하면서, 개넌대학교의 교목으로 활동하고 있다. 조지와 헨리는 친구였고, 라르쉬의 형제 영성지도자였다. 조지는 온타리오주 마크햄에서 있었던 헨리의 장례예식을 집례하였다.

헨리 나우웬은 라르쉬에서 살던 10년 세월 동안 나에게 아주 강력한 존재로 다가왔다. 그는 신비로운 일치감을 지닌 사람이었다. 그에 관해 이성적으로 판단하자면, 사실 그가 좀 더 신학적으로 엄격해야 했다고 말할 수 있을 것이다. 그리고 정치적으로는 제2차 바티칸공의회 이후에 네덜란드 교회에 좀 더 자주 모습을 드러내야 했다고, 혹은 미국교회 안팎의 좀 더 많은 문제들에 대해 좀 더 대중적인 입장을 취해야 했다고 말할 수 있을 것이다. 심지어는 그가 다른 사람들의 찬미에 대해 그토록 신경을 쓰거나 우쭐대지 말아야 했다고 말할 수도 있을 것이다. 그리고 침묵의 기도 시간에는 신체적으로 좀 더 차분해야 했고, 새벽 4시 30분에는 좀 더 조용했어야 했다고 말할 수도 있을 것이다. 그리고 신비주의자로서 그는 좀 더 어울리게 행동해야 했다고 말할 수도 있을 것이다. 또 그는 책을 좀 덜 써야 했고, 침묵의 시간을 좀 더 많이 가져야 했으며, 내적인 평화와 고요를 좀 더 많이 체험해야 했다고 말할 수도 있을 것이다. 하지만 헨리는 결코 틀에 박힌 사람이 아니었다. 여기에서 나는 관상적인 신비주의자 헨리에 관하여 두 가지 관찰 결과를 이야기하고 싶다.

첫째, 헨리의 신비주의 정신과 신비로운 여정은 그의 저서에 자주 표현되지 않았다. 관상기도 방법에 대한 공식적인 가르침 속에도 그 주제에 관한 직접적인 언급은 없었다. 이것은 그의 탁월한 저서 〈마음의 길〉(〈사막의 영성〉)을 과소평가하려는 게 아니다. 그 책은 나 자신의 관상기도 인식이 발달하도록 많은 도움을 주었고, 수많은 라르쉬 도우미들을 가르칠 때에도 나는 이 책을 교재로 사용할 정도였다. 헨리의 신비주의 여정은 그의 영혼이 지속적으로 정화하고 변화하는 과정에서 분명히 드러났다 ― 그는 일상생활의 수많은 관계와 목회적 요구들 속에서 이 변화를 체험하고 드러냈다. 그는 점점 더 깊은 자각과 초월과 자유를 향해 여행하였다. 그 여정을 통하여 그는 자신에 관한 모든 것들이, 굴욕적인 것에서부터 고상한 것들까지 모두 다, 바로 하나님께서 예견하신 것, 하나님께서 그에게 축복해 주신 것이라는 사실을 깨닫게 되었다. 헨리는 "만물은 있는 그대로 존재한다"는 선(禪) 원리의 전형이었다.

둘째, 헨리는 신비주의 관상가였기에, 그의 시장, 삶을 살아가는 그의 배경은 문자 그대로 이 세상이었다. 그에게는 늘 기쁜 결정들이 가득했다. 삶의 경험들에 자신을 전면적으로 내던졌으며, 자신의 시간과 에너지와 돈에 특별히 관대했다. 그는 자신의 숨은 정체성을 발견하게 되었다: 다른 무엇보다도 그는 하나님이 사랑하는 사람이었던 것이다. 또한 그는 우리들 저마다의 비밀스런 정체성도 알고 있었다. 그의 동기 ― 자기 자신의 숨은 잠재력을 깨닫고 다른 사람들의 숨은 잠재력을 일깨워 주고자 했던 커다란 열망 ― 가 그로 하여금 자신을 초월하고 신체적인 능력을 초월할 수 있도록 해주었다. 헨리가 사역을 하는 동안에는 그 무엇도 방해할 수 없는 생명력이 가득 넘치는 것처럼 보였다. 그는 자신의 몸과 마음과 영혼을 통해 형태를 취하게 된 하나님의 본질을 발산하였다.

나의 선(禪) 동료들 가운데 한 명인 베네딕토회 수녀 진 라빈은, 헨리의 신비로운 깊이로부터 발산되는 에너지에 대해서 다음과 같이 말한 적이 있다. "헨리의 얼굴을 마주보면서, 그의 눈 너머를 들여다보고, 그의 말 너머로, 그가 정말로 절실하게 영적인 방식으로 말하고 또 기록하려 했던 영적인 것의 본질에 대한 경험을 듣기 위해서는, 직관이 필요하지요. 헨리는 신비로운 의식을 소유했고, 그것을 발휘하고 또 실행했어요. 그것이 바로 그의 근본적인 정체성이었지요."

선(禪)의 옛 스승들에 관한 저 유명한 십우도는 영적 수행의 보편적인 단계들을 묘사하고 있다. 헨리의 영적 여정과 사역의 발달 역시 이 10개의 그림이나 단계를 그대로 적용할 수 있다. 하지만 나는 마지막 단계에 집중하고자 한다: 구도자는 소(인간의 진정한 본성을 상징)를 찾아다니다가, 마침내 소를 발견하지만, 소가 없이 홀로 시장으로 돌아옴으

로써 자신의 여정의 최고점에 도달한다. 다음은 윙큐킷이 〈선에 관한 모든 것〉에 기록해 놓은 내용이다:

> 헐벗은 가슴과 맨발로 시장에 들어선다네.
> 진흙과 먼지투성이지만 활짝 미소 짓는다네.
> 성인과 신들의 주문은 필요 없다네.
> 메마른 가지조차도 그는 부드럽게 꽃피울 수 있다네.*

저자는 이어서 다음과 같이 말한다: 구도자는 날마다 세상으로 돌아온다. 인종과 문화와 종교에 상관없이 도움이 필요한 사람들을 도와주기 위해서. 그의 가슴은 헐벗었다. 그는 숨길 것이 전혀 없다. 맨발인 그는 가장 낮은 곳에 있는 사람들을 도우러 떠날 준비가 되어 있다. 그는 평범한 삶의 무의미함과 덧없음을 결코 비웃지 않는다. 그저 활짝 미소 지을 뿐이다. 구도자는 기적 같은 능력을 지니고 있다. 그 능력을 그는 언제나 다른 사람들의 이익을 위하여 사용한다. 이 능력의 비밀은 한 곳에 모이고 집중된 마음이다. 그는 자신의 길을 가는 동안 그저 옛 현인들만 따라가려고

Rockport, Mass.: Element Books, 1998).

하지 않는다.

우리가 만일 헨리의 신비로운 특성을 보지 못한다면 서투르게 풍자적으로 묘사할 수밖에 없다: 그의 언어는 그의 합리적인 지성만을 반영하는 것으로, 그의 불가사의한 능력은 자신을 공개적으로 드러내는 것으로. 만일 헨리의 변형된 자아가 우리를 좀 더 위대한 자각으로 초대하고 있음을 깨닫지 못한다면, 마지막의 상실은 우리가 그의 초대를 이해하지 못한 게 되어버릴 것이다. 그는 우리가 자신의 진정한 본성, 그러니까 내 안의 나, 너 안의 너, 우리 안의 우리라는 궁극적 실재의 진정한 정체성을 발견하고 소중히 대할 수 있도록 도와준 도구였으며, 아직도 마찬가지다.

헨리는 임상목회상담 운동의 창설자인 안톤 보이슨을 만난 후, 어떻게 보이슨의 "깊은 상처가 연약함까지도 비출 수 있는 아름다움의 원천이 되었는지," 그리고 그 상처가 어떻게 "감사의 이유"가 되었는지를 글로 썼다[주: 마이클 포드의 〈상처 입은 예언자〉(Doubleday, 1999)에서 인용함]. 이 말은 비단 보이슨 뿐만이 아니라 헨리 자신에게도 해당되는 것이었다. 그리고 좀 더 확대하자면, 우리 모두에 관한 이야기이기도 했다. 그러나 헨리는 그저 감사만 하라고 하거나, 혹은 그저 편하게 우리의 상함을 인정하라고 하지 않는다.

신비주의자 헨리는 바로 우리 곁에 자리를 잡는다. 완전히 인간적인 존재가 되는 것, 완전히 살아 숨 쉬는 것, 완전히 자신이 되는 것의 고통스럽고도 들뜨게 하는 현실 속에서. 그의 삶, 그의 의미, 그의 목표가 바로 이것이기에. 그리고 헨리는 우리 역시 그렇게 하라고 초대한다.

헨리는 무(無)를 향한 여정의 끝에 도달하여 고귀한 존재가 된다. 그는 자신에게 주어진 임무를 마치고 명백한 상징이 된다. 우리가 있는 그대로의 자신과 존재의 이유를 볼 수 있도록 통로가 되어준다. 우리는 궁극적 실재의 합일 — 아니, 여러분만 좋다면, 하나님의 사랑, 혹은 전체성, 혹은 샬롬 — 으로 돌아간다.

38

| 프레드 브래트먼 |

꿈을 실현하기

프레드 브래트먼은 뉴욕의 한 투자증권회사에서 마케팅 이사로 활동하고 있다. 또한 그는 청소년들을 위한 책을 여러 권 집필하기도 했다. 그는 헨리 나우웬이 예일에서 가르치는 동안 친구가 되었다. 헨리는 프레드의 제안에 입각하여 〈이는 내 사랑하는 사요〉라는 저서를 집필하였다.

    절대로 갚을 수 없는 빚도 있다. 그리고 절대로 갚지 말아야 할 빚도 있는 법이다. 헨리 나우웬과의 우정은, 피할 길 없는 고난에도 불구하고, 삶의 선천적인 기쁨을 축하해 주었다.
    나는 1980년경에 헨리를 처음 만났다. 한 신문에 그의 짤막한 프로필을 작성하면서였다. 그는 예일에서 가르치고 있었고, 나는 그저 대학원생으로서, 두 개의 일관된 문장을 짜깁기하는 방법을 알아내려 애쓰고 있었다. 우리가 처음 만났을 때, 나는 스스로가 얼마나 경험이 없고 미숙한지를 알리고 싶지 않았다. 하지만 헨리는 즉시 나의 본모습을 꿰뚫어보았으리라 확신한다. 뉴헤븐에서 함께 시간을 보내던 날, 헨리는 내가 그에게 한 질문보다도 더 많은 질문들을 내게 던졌다. 내가 그의 질문에 답할 때마다 그는 또 다른 질문을 던졌다. 그는 내가 이 세상에서 내 자리를 찾기 위해, 내 소명을 발견하기 위해 투쟁하고 있다는 사실을 눈치 챘던 것이다.

우리의 배경은 그보다 더 다를 수 없었다. 나는 23살의 유대인이었고 냉소적이었다. 그는 44세의 가톨릭 영성지도자였고, 널리 인정받는 작가였다. 나는 그에게서 내 글에 필요한 정보를 충분히 얻었고, 그걸로 끝이라고 생각했다. 하지만 헨리의 생각은 달랐다. 며칠 후 그는 나에게 전화를 걸어왔다. 다음 주에 뉴욕을 방문할 예정인데 혹시 만날 수 없겠냐는 것이었다. 나는 맨하탄의 원룸아파트 ― 골방을 완곡하게 표현한 것 ― 에 살고 있었다. 그것이 지닌 이점들 중 하나는 빌딩 지붕으로 올라가는 문이 달려 있다는 것이었다. 그는 화창하고 따뜻한 봄날에 찾아왔다. 우리는 차가운 맥주를 마시면서, 저 아래 붕 소리를 내며 달리는 차들을 내려다보고 있었다. 그 순간까지도 나는 그가 왜 이토록 관대한 제안을 했는지 알 수가 없었다. 하지만 이해를 못한다고 해서 감사하는 마음까지 줄어든 것은 아니었다. 그는 나를 예일로 초대해 주었다. 일 년 동안 예일에서 지내면서 글을 쓰라는 것이었다. 도대체 이 사람의 꿍꿍이가 뭘까? 그는 생판 남인데도 나한테 절호의 기회를 제공하고 있었다. 하지만 그는 내가 쓴 글을 하나도 안 읽었다. 그러니, 숨어 있는 위대한 재능을 발굴하는 게 그의 목적일 수는 없었다. 아니, 오히려 그는 꿈 — 나의 꿈 — 을 길러 주었다.

뉴헤븐에서 지내던 그 해에 우리의 우정은 깊이 뿌리를 내리게 되었다. 그 동안, 그리고 그 후로도 계속, 상상조차도 못했던 방식으로 헨리의 삶에 뛰어든 나 자신을 발견하게 되었다. 나는 죽어가는 사람들, 감정적으로 괴로움을 겪고 있는 사람들을 그와 함께 방문하였고, 그의 사역을 지켜보았다. 나는 트라피스트회 수도원에 있는 그를 방문하였고, 그곳 수도사들과 함께 빵을 구웠다. 그들을 웃게 할 수 있을지 알아보기 위해 내 길을 잠시 벗어나기도 했다. 나는 5번가의 우아한 집에서 식사를 했다. 빈틈없는 종업원들이 멋진 도자기에 담긴 점심을 내왔다. 또 나는 그와 함께 온타리오주 해밀턴까지 차를 타고 갔다. 그곳에서 가톨릭노동자

공동체 앞에서 그가 강연하는 것을 지켜보고, 부랑아들에게 음식을 대접하였다.

머지않아 나는 헨리가 나에게 해준 모든 일들이 다른 사람들을 위해 한 일들의 일부에 지나지 않는다는 사실을 알게 되었다 ― 그의 행동에는 아무런 조건도 없었다. 그는 어떤 기대도 품지 않았다. 그는 결코 무모한 사람이 아니었다. 오히려 그는 자신의 여정에서 만난 사람들의 삶 속에 뭔가 다른 것을 만들어 주는 데 헌신적인 사람이었다. 그가 가장 기대하고 있던 것은 사람들이 삶에 대해 개방적인 마음자세를 유지하는 것이었다. 내 경우, 그의 후원 덕택에 냉소주의의 가면을 벗어버리게 되었다. 그는 삶의 일부인 고난과 좌절 때문에 삶의 아름다움이나 경이로움이 줄어드는 것은 아니라는 사실을 내가 깨달을 수 있도록 도와주었다. 아니, 오히려 그것들은 없어서는 안 될 대립이었다.

헨리는 삶에서 본질적이라 할 수 있는 사랑을 포용하였다. 그리고 삶은 하찮다거나 잔인하다거나 혹은 제멋대로라는 개념을 인정하길 거부하였다. 예일을 떠난 지 몇 년 만에 나는 그가 사람으로 꽉 찬 강당에서 강연하는 모습을 지켜보았다. 칠판 한가운데에 자신이 태어난 해 ― 1932년 ― 를 쓰더니 2010년이라고 표시한 지점까지 짧은 선을 하나 그었다. 그리고 그 옆에는 물음표를 하나 달았다. 그는 돌아서서 이렇게 말했다. "이것은 제 생애를 의미할 수도 있습니다. 시작과 끝이 분명한 한정된 시간이지요." 그는 잠깐 멈췄다가 천천히 머리를 가로저었다. 그리고는 다시 칠판으로 다가가더니, 그 선의 한쪽 끝에서부터 다른 쪽 끝까지 또 하나의 선을 그었다. 그리고 말했다. "나는 어딘가로부터 와서, 또 어딘가로 가고 있습니다." 그는 자신이 진행 중인 어느 걸작의 배우라고 여겼으며, 그러한 자신의 역할에 대해서 감사하게 생각했다.

헨리는 사망하기 일 년쯤 전에 나를 마지막으로 찾아왔다. 그는 세 살짜리 우리 아기에게 선물을 사주겠다고 우겼다. 트럭이나 공이나 책이 아니었다. 그는 특별한 선물을 해야 한다고, 제이콥이 자신을 기억할 수 있도록 충분히 특별한 것이어야 한다고 주장했다. 제이콥은 인라인스케이트를 원했다. 대부분의 사람들은 헨리가 그렇게 수완가 같은 선물을 하기에는 너무 나이가 들었다고 생각할 것이다. 하지만 실용적이지 못한 선물은 오히려 그를 자극하기만 할 뿐이었다. 우리는 인라인스케이트를 샀다. 그것을 제이콥의 발에 신겨주자, 헨리가 최고의 미소를 지었다. 그는 다른 사람들의 꿈을 현실로 만들어 주었다.

39

| 로렌조 스포르자-체사리니 |

기도의 필요성

로렌조 스포르자-체사리니는 로마에서 태어났다. 그는 널리 여행을 다녔으며, 1986년 라르쉬 데이브레이크로 오기 전까지 캘리포니아주에서 공부를 하였다. 그는 우리의 나무세공소에서 일하면서, 데이브레이크 목회팀으로 활동하고 있다. 그 팀이 결성될 당시 헨리 나우웬이 함께 동참해 달라고 초대했던 것이다. 헨리는 로렌조의 영성지도자였다. 이 모음집 원고는 그가 필립 쿨터와 나눈 대화를 녹음한 것에 기초한 것이다.

나를 라르쉬와 헨리 나우웬에게로 이끌어 준 영적인 여정은 사실 우리 가족에게서 시작되었다. 스포르자 집안은 밀라노의 군주가 되었던 이탈리아 북부의 강력한 집안이었다. 나의 어릴 적 삶은 특권으로 가득 차 있었다. 우리는 안뜰이 있는 궁전 같은 개인저택에서 살았고, 우리 할머니와 할아버지에게는 고용운전사가 따로 있었다. 나는 우리와 사회적 지위가 비슷한 사람들의 파티에 자주 초대되었다. 하인들은 어린 소년인 나에게 깍듯이 경의를 표했다. 그때부터 이미 나는 내가 속한 세계와 보통의 일을 하는 보통 사람들의 현실세계가 서로 대조적이라는 사실을 알고 있었다. 이 모든 게 뭔가 불공평하다는 사실을 그 때 이미 느끼고 있었다.

나는 오늘날 내가 갖고 있는 사회적 불공평 의식이 나 자신의 고통으로부터 비롯된 것이라고 생각한다. 나는 언청이로 태어난 데다 발달장애까지 앓았다. 아주 일찍부터 나는 세상이 너무 불공평하다는 사실을 깨달았다. 나는 좀 더 쓰라린 고통을 겪고 나면 다른 사람들의 고통에 좀 더 민감해질 수 있을 것이라고 생각했다. 그리고 내 마음의 비밀스런 방 어딘가에 신앙이 살아있다고 생각했다. 어린 나는 교회에 가서 기도했고, 그 때마다 엄청난 절망감을 경험하였다. 나의 기도제목 가운데 하나는 내가 성장하는 동안 함께 해 줄 좋은 사람들을 보내주시라는 것이었다.

성장과정에서 나는 우리 이웃에 사는 한 성직자와 친구가 되었다. 그의 이름은 피에르 리치스였는데, 그는 나의 영성 발달에 관심을 갖고 있었다. 그는 바니에 가족, 폴린과 조지

스의 절친한 친구였고, 따라서 장과 라르쉬에 관해서도 잘 알고 있었다. 하루는 기차에서 그가 프랑스의 트로슬리-브레윌에 있는 라르쉬 공동체에 관한 이야기를 들려주었다. 내친 김에 그곳을 한 번 방문해 보았다. 트로슬리는 내가 속한 세계와는 완전히 다른 별천지 같았다. 하지만 잠깐의 방문이 나를 데이브레이크로 데려다 주었다.

몇 년 후에 나는 피에르 리치스에게 물었다. "어째서 저더러 트로슬리에 가보라고 하셨어요?"

"글쎄다, 넌 불행했으니까." 그가 대답했다. "넌 불행했지."

1986년 처음 데이브레이크에 갔을 때 나는 여러 명의 장애우들과 함께 한 집에서 살았다. 곤란한 상황이 자주 발생했다. 그럼에도 불구하고, 나는 그곳에 붙어 있기로 결심했다.

내가 도착하고 얼마 안 있어 헨리가 공동체 영성지도자로 들어왔다. 처음 그를 만난 것은 도우미들을 위한 훈련과정이었는데, 내가 받은 첫인상은 그는 매우 특별하다는 것이었다. 그런 걸 어떤 말로 묘사해야 할지 나도 잘 모르겠다. 보통사람들과 다른 뭔가가 그의 얼굴에 나타나 있었다: 그의 표정과 눈빛에는 반짝임이 있었다. 그리고 그는 매우 생동감이 넘쳤다! 그는 분명히 나에게 도움이 될 뭔가를 지니고 있었다. 나는 피에르 리치스의 자리를 대신해 줄만한 사람이 곁에 있다는 것을 감지했다. 그리하여 나는 헨리에게 내 영성지도자가 되어줄 수 있는지 물어보기로 작정했다. "그러고 싶네요" — 이것이 그가 한 말 전부였다. 그가 심리학자이기도 하다는 사실, 그리고 굉장한 신앙을 지녔으며, 자신의 삶과 여정 속에서 하나님을 따르고 싶은 굉장한 의욕을 지닌 사람이라는 사실이 내게는 아주 중요했다.

우리는 영성지도를 위해 데이브레이크의 작은 예배실에서 만나곤 했다. 우린 예배실 한 가운데에 등이 똑바른 의자를 놓고, 서로 무릎과 무릎을 맞댄 채로 앉았다. 헨리는 아주 주의 깊은 편이었다. 그는 내 가족과 나에 관하여 물었고, 나에게 일어난 일들에 관해 물었다. 그리고 내 삶에 관한 질문들로 나를 진짜로 훈련하였다. 나는 정말로 나에게 관심이 있는 사람, 내 안에 있는 것들을 정말로 알고 싶어 하는 사람이 곁에 있다는 걸 느꼈다. 헨리는 내 영적 여정이 어떤지, 내 삶의 전환점은 무엇인지, 내 안에서 무슨 일이 진행되고 있는지를 정말로 알고 싶어 했다.

그는 나에게 기도와 내 신앙에 관해 묻곤 했다. 그런 다음엔 그가 볼 때 내 안에서 무슨 일이 일어나고 있는지, 무슨 일이 발생했는지를 설명해 주곤 했다. 그는 그야말로 심리학자였으며, 매우 분석적이었다. 또 그는 내 안에서 벌어지고 있다고 느껴지는 것들의 영적인 측면을 덧붙이기도 했다. 내가 가장 간절히 원하는 것들 가운데 하나는 — 그때나 지금이나 — 바로 애정에 대한 갈망이었다. 나는 사랑받고 싶은 욕구로 꽉 차 있었다. 헨리는 그 욕구의 역사 속으로 뛰어들어, 이 모든 욕구가 과연 어디에서 비롯된 것인지를 분석하였다. 그런 다음, 그는 있는 그대로의 나를 하나님께서 인정해 주신다고 말하곤 했다.

헨리는 매우 부드러운 사람이었다. 그는 다른 사람들을 무척이나 잘 돌봤다. 우리는 *끈끈한* 우정을 나눴다. 비록 그의 삶이 너무나도 분주하여 종종 연결이 끊어진 듯한 느낌을 받기는 했지만. 때로는 일 년에 딱 두 번밖에 만나지 못할 때도 있었다. 비록 그는 나와 만날 때마다 매우 신경을 썼지만, 그래도 나는 그와 좀 더 많은 시간을 함께 보내고 싶었으며, 정말로, 정말로, 그에게 가까이 다가가지 못하는 것이 무척 슬펐다.

헨리는 상대방을 진실로 믿어 주는 그런 친구였다. 그리고 그 결과, 나 역시 진실로 그를 믿게 되었다. 나는 우리가 삶의 감정적 측면에서 아주 비슷한 투쟁을 하고 있음을 깨달았다. 그는 친구들과의 친밀한 우정이 너무나도 그립다고 말했다. 때로는 친밀한 관계에 있는 친구가 하나도 없는 것 같은 느낌이 들기도 한다고 했다. 또 때로는 아주 외롭고, 완전히 버림받은 것 같은 느낌이 든다고도 했다. 그래서 그가 나의 감정을 아주 깊이 이해할 수 있었다는 사실을 비로소 알았다. 그는 여러 번 이렇게 말하곤 했다. "있지, 자네와 난 똑같은 문제를 안고 있어."

나는 그가 자신의 내적 투쟁에 대한 해답을 갖고 있지 못했다고 생각한다. 또한 그는 나에 대한 해답도 결코 가지고 있지 못했을 것이다. 그의 중대한 제안은 언제나 기도였다. "하나님께 맡기세요." 그는 늘 이렇게 말하곤 했다. 그에게는 기도란 전적인 순종을 의미했다. 자신의 문제와 내적 투쟁에 대해 전적으로 순종하는 것, 자신의 가장 깊숙한 곳에 들어 있는 모든 일을 하나님께 바치는 것이었다. 그가 기도에 관해 공적으로 이야기할 때마다 굉장히 활기를 띠었던 것도 다 그런 이유 때문이었다고 난 생각한다. 그는 사람들이 그 메시지를 받아들이길 원했던 것이다.

나는 헨리가 그 어느 누구도 못했던 방식으로 기도를 이해했다고 믿는다. 우리 모두에게는 기도가 엄청난 신비이지만, 헨리에게는 결코 신비가 아니었다. 마음 깊숙이 헨리는 기도가 많은 내적 투쟁, 자신의 수많은 내적 투쟁들에 대한 응답이라는 사실을 알고 있었다. 기도는 그가 그토록 원했던 가장 심오한 갈망들로부터 자유를 안겨 주었다. 그리고 이것은 나의 경우도 마찬가지였다. 그래서 그는 나에게 기도를 이용하라고 그토록 격려해 주었던 것이다. 여기에서 내가 꼭 언급해야 할 것은 내가 이것을 피해 보려고 무진장 노력했다는 점이다. 그러던 어느 날, 나는 그의 충고를 따르기로, 그냥 한 번 해보기로 마음을 먹었다. 그리고 이제 나는 매일 밤 기도를 드린다.

헨리가 나의 영성지도자로서 해준 일이 하나 더 있는데, 그것은 나에게 도움이 될 만하다고 여겨지는 책들 ― 자신의 저서까지 포함하여 온갖 책들 ― 을 가져다주었다는 것이다. 그는 성경과 간추린 매일기도서를 한 권씩 주었다. 나는 그 성경을 지금도 굉장히 귀하게 사용하고 있다. 그것은 헨리가 매우 감동적으로 사용한 것이었다. 그리고 나는 이것을 어떻게 사용해야 하는지 짧게 설명해 주었던 육필 메모를 아직도 지니고 있다.

하지만 헨리가 나를 지도해 주었던 과정의 중심에는 바로 기도가 있었다. 기도가 나에게 가르쳐 준 것은 내가 사랑을 받고 있다는 것이다. 비록 때로는 그것을 믿기 어려운 경우도 있지만, 나는 정말로, 정말로, 안전하고 환영 받는 장소, 정말로 상한 내 자아를 드러낼 수 있는 장소가 있다는 사실을 깨달았다. 안전한 장소가 있다. 그리고 그곳은 바로 기도 속에 있다. 나는 온갖 상한 면들을 이 물질세계의 어느 곳에서도 드러낼 수가 없다. 하지만 기도 속에서는 가능하다. 또한 나는 내가 사랑 받고 있다는 사실을 잘 알고 있다. 그리고 이것이야말로 헨리가 나에게 가르치고자 했던 것의 본질이라고 나는 생각한다.

최근의 생각 한 가지: 스포르자라는 내 성은 어느 고대 조상의 별명이었다. 삶에 대한 그의 열정에 찬사를 보낸 것이었다. 스포르자에서 s를 빼면 포르자만 남는데, 이것은 이탈리아어로 힘을 의미한다. 하지만 앞에 s를 붙일 경우, 그것은 노력을 의미하는 단어가 된다. 어쩌면 그것이야말로 내가 나 자신에게 해줄 수 있는 최선의 말일 것 같다 ― 나는 지금 노력을 하고 있는 중이다. 그리고 그 점에 대해서 헨리에게 감사를 드린다.

40

| 조 보스터만즈 |

사랑의 손

조 보스터만즈는 라르쉬 브레이크의 평신도 영성지도자다. 헨리 나우웬이 죽기 바로 전, 그는 헨리로부터 이 역할을 맡도록 격려 받았다. 현재 조는 신학석사학위를 취득하기 위해 공부하고 있다. 그는 아내 스테파니와 함께 데이브레이크에서 20년도 넘게 생활하고 있으며, 4명의 자녀를 키우고 있다.

    나는 시신을 볼 때마다 그 정적을 대할 각오가 안 되어 있다. 헨리의 장례예식 전야에도 역시 마찬가지였다.
    데이브레이크 공동체는 회의실에 모두 모여 헨리의 시신이 공항으로부터 도착하기를 기다리고 있었다. 헨리가 죽은 지 거의 일주일이 다 되었다. 그 동안 우리는 그의 장례예식

전야와 장례예식을 준비하는 일에 전력을 다했다. 이날 밤, 우리 공동체와 절친한 친구들이 한 자리에 모여 헨리의 시신과 함께 하는 시간을 갖기로 하고 준비하였다. 우리는 서로에게 애도와 기도와 위로가 되어줄 고요한 시간을 원했다.

나는 헨리의 시신과 함께 도착한 사람들을 만나러 나갔다. 그리고 그들이 관을 현관 홀로 이동하는 걸 도왔다. 조차일드가 관의 뚜껑을 벗기고 헨리의 머리를 살짝 들어 올리더니 그 밑에 베개를 받쳤다. 잿빛을 띤 헨리의 얼굴은 축 늘어져 있었다. 그의 입도 부자연스럽고 뻣뻣해 보였다. 그는 하얀 성직자복을 입고 있었고, 데이스프링 예배당에서 성만찬예식을 집례할 때 자주 착용하곤 했던 모직 스톨을 걸치고 있었다. 나는 이 시신에게서 내가 알았던 사람을 찾고자 애썼으나 실패하고 말았다. 겉모습은 비슷했지만, 고요함은 너무나도 낯설었다. 그의 두 손은 훨씬 더 슬프게 느껴졌다. 그 빛깔이 완전 잿빛이었다. 피부가 너무도 투명하게 달라붙어서 꼭 뼈들이 튀어나올 것만 같았다. 그의 손가락은 피부 깊숙이 파고든 묵주를 쥔 채 서로 얽혀 있었다. 그리고 두 손은 가슴 위에 놓여 있었다. 차갑고 고요한 손이었다.

우리가 헨리를 애도하는 대신 그의 장례예식을 준비하기 위해 애썼던 그 주 내내, 나는 헨리의 영혼이 우리를 인도해 주고 있다고 느꼈다. 그는 우리 곁에 머물러 있었다. 하지만 이제 나는 그의 얼굴과 손이 보여주는 공허함에 완전히 압도되고 말았다. 그토록 많은 희망과 사랑의 메시지를 전했던 입술, 고통 가운데 숨어 있는 선함을 기대하면서 우리가 기다릴 수 있도록 격려해 주었던 그 입술이 이제는 생명을 잃어버렸다. 우리의 작은 예배당에서 그토록 자주 자비와 축복과 성별의 기도를 올렸던 그 입술이 이제는 생기를 잃어버렸다. 우리가 그의 기대를 충족시키지 못할 때마다 고통 속에 울부짖었던 그 입술이 이제는 축 늘어져 있었다. 그 입술이 이제는 움직이지 않는다는 게 너무나도 잘못된 일처럼 여겨졌다. 또 우리를 축복해 주었던 그의 두 손, 우리의 어깨를 감싸 안아 주고 우리의 등을 툭툭 쳐주던 그의 두 손이, 어쩌면 이리도 잠잠할 수 있단 말인가?

어쨌든 안에서 사람들이 기다리고 있었다. 우리는 헨리를 안으로 옮겼다. 그의 친구들이 그를 둘러쌌다. 나는 사람들 앞에 섰다. 무슨 말을 어떻게 시작해야 할지, 아무 생각도 안 났다. 그 때 헨리의 형인 로렌트가 수 모스텔러, 네이선 볼과 함께 안으로 들어왔다. 그들은 헨리의 시신과 함께 네덜란드로부터 날아온 뒤라 그런지 불안정하고 지쳐보였다.

나는 헨리가 자신의 사명을 다하기 위하여, 곧 말씀을 선포하고 가족들, 친구들과 함께 있기 위하여 수차례 데이브 레이크를 드나들었던 일들을 사람들 앞에서 회상하기 시작했다. 우리는 늘 그를 떠나보냈고, 또 그를 반갑게 맞아들였다. 오늘밤 우리는 그를 집으로 맞아들이고 또 마지막으로 떠나보내기 위해 다함께 모였다.

우리는 그에 관한 이야기를 나누었다. "난 기억해요." 누군가가 말하기 시작했다. 그들은 헨리와 함께 했던 우스운 일, 놀라운 일들을 이야기하였다. 우리는 모두 함께 웃기도 하고, 깨달음 가운데 고개를 끄덕이기도 하면서, 이 추억 저 추억을 끊임없이 나누었다.

나는 저마다 앞으로 나와서 헨리를 만지고, 헨리와 함께 기도하고, 헨리의 관에 유품을 넣자고 초대했다. 나는 관 발치에 서서 저마다 그 순간을 헨리와 함께 어떤 식으로 나누는지 지켜보았다. 정말로 아름다운 광경이었다. 나는 헨리가 사람들의 고통과 슬픔 한가운데서 그들을 만나고자 애썼던 것을 좀 더 완전히 깨닫게 되었다. 이제는 저마다 슬픔과 감사 가운데 그와 함께 서 있었다. 앞으로 나온 사람들은 대개가 헨리 위에 손을 올려놓고 잠시 멈추곤 했다. 마치 지난 세월 동안 그들이 헨리로부터 받았던 그 많은 축복의 언어들을 다시 한 번 듣고 싶은 것처럼. 어떤 이들은 꽃이나 사진, 직접 만든 카드나 그림을 관 속에 넣었다.

예수회 영성지도자인 더그 맥카시가 나왔다. 그는 다른 영성지도자 앞에 서 있는 것처럼 조용히, 똑바로 서 있었다. 그는 헨리의 손을 만지더니 뒤돌아서 나에게로 다가왔다. 그리곤 두 손을 내 어깨에 올리더니 이렇게 나를 축복해 주었다: "조, 당신은 데이브레이크의 영성지도자로 부름 받았어요. 내가 당신을 도와줄게요." 처음에는 그 말이 불쾌하게 여겨졌다. 다름 아닌 이 상실의 순간에 그런 생각을 하는 것은 적절치 못한 것 같았다. 나는 영성지도자가 되고 싶은 생각이 추호도 없었다. 그저 내가 바라는 것이라곤 헨리가 안 죽는 것이었다. 하지만 더그의 말은 사실 내가 몇 달 전에 헨리로부터 받았던 소명을 다시 한 번 선포한 것뿐이었다.

장례예식 전야의 밤샘 예배가 끝나고 모두가 집으로 돌아간 다음, 나는 헨리와 함께 했던 순간들을 돌이켜보았다. 지독한 고통의 순간, 그러니까 스테파니와의 결혼생활이 아슬아슬하여 절망적인 기분이 들었던 순간에 그가 어떤 식으로 내 친구가 되어 주었던가가 떠올랐다. 헨리는 새로운 삶 때문에 고통이 사라지게 될 것이라는 사실을 믿게 만들 수 있는 놀라운 능력을 지니고 있었다. 또한 그는 내 안에 있는 은사, 정작 나는 알지도 못했던 은사를 발견하고, 목회현장에서 함께 일하자고 초청해 주었다. 헨리가 마지막 여행을 떠나기 바로 몇 주 전에, 데이브레이크 공동체는 나에게 평신도 영성지도자 역할을 맡기기로 결정하였다. 헨리가 여행에서 돌아오고 나면 글을 쓰는 데 좀 더 많은 시간을 보낼 수 있도록. 그러면서도 영성지도자로서 성만찬예식을 집례하는 역할만은 계속해서 수행할 수 있도록. 나는 헨리에게서 많은 것들을 배우고 헨리 가까이서 함께 일하게 될 날을 무척이나 고대하고 있었다. 이제는 깊은 곳으로부터 엄청난 실망이 넘쳐나 마음이 너무 아팠다. 나는 헨리의 손을 다시 한 번 쳐다보았다.

내 손을 헨리의 손 위에 올린 다음, 이 손이 날마다 성만찬예식을 베풀 때 어떤 식으로 빵을 떼었는지 떠올려보았다. 헨리는 늘 빵을 아주 완벽하게, 매우 신중하게 찢었다. 이렇게 빵을 찢는 행위에서 고통의 비극이 명확하게 드러났다. 각 사람의 괴로움이 밝히 드러냈다. 그의 고통, 너무나도 많은 은사를 받아서 그가 겪었던 고통, 그렇지만 그의 욕구를 인정하기에는 너무나도 상처입기 쉬웠던 고통 역시 늘 명확히 드러났다.

이 모든 연약함을 그는 두 손으로 감싸 안았다. 그의 손은 아주 큼직하고, 표현력이 풍부하고, 부드러웠다. 그의 손은 예수님의 상한 지체들을 붙잡아 주었다. 그 손 안에는 데이브레이크 멤버들의 상한 지체가 놓여 있었다. 연약함의 한가운데에 헨리는 서 있었다. 우리를 위해, 우리와 함께. 그는 상함이 최후의 단어가 아니라는, 그 상함이 새로운 삶을 회복하게 되리라는, 말도 안 되는 확신을 지니고 있었다. 바로 이 순간, 나는 나 자신의 인간됨이 하나님의 손바닥에 깊이 새겨져 있음을 경험하였다.

　나는 헨리의 손이 그리스도의 피가 담긴 투명한 유리잔을 거기에 모인 모든 사람들이 다 볼 수 있도록 어떤 식으로 감싸 쥐었는지를 떠올렸다. 얼마나 신중하게 잔을 들어 올려, 우리를 위해, 우리와 함께 기도하였던가. 헨리는 우리가 하나님의 따뜻한 사랑을 느낄 수 있도록 얼마나 자주 우리를 삶의 힘든 순간들로부터 들어 올려주고 싶어 했던가. 나는 그의 손이 잔을 아주 꽉 쥐던, 그러면서도 부드럽게 그것을 감싸 쥐던 모습을 떠올렸다. 성별의례 때 그가 잔을 높이 들어 올리는 모습을 바라볼 때마다 나는 내 몸이 하나님의 손에 감싸여 들어 올려지는 기분을 느끼곤 했다.

　성만찬예식 때도 그 손은 단단하면서도 부드러웠다. 그는 우리 어깨에 그 손을 올리면서 위로하거나 격려해 주었다. 잠깐씩 그는 우리를 붙잡고 상처받기 쉬운 우리를 인정하고 받아들이라고 초대하였다. 그는 공감과 인정 속에 조용히 서 있는 것 같았다. 그런 다음에야 조금 힘들게 말을 꺼내곤 했다. 이제는 우리의 고통을 뛰어넘어 다른 사람들을 섬기기 위해 앞으로 나가야 할 때라고.

그런 개인적인 순간들은 우리의 인간됨을 성별해 드리는 시간이었다. 헨리는 우리의 상한 몸을 붙잡고, 우리를 축복해 주었으며, 좀 더 많은 열매를 맺으라고 우리를 파송해 주었다.

헨리가 죽고 없었던 여러 해 동안, 그의 손이 마치 렘브란트의 〈돌아온 탕자〉 그림처럼 내 어깨를 포근히 감싸 주길 소망했던 순간이 얼마나 많았던가. 이해와 공감의 손, 사랑의 손이.

깊은 사랑

　주저하지 말고 사랑하세요. 깊이 사랑하세요. 사랑이 가져올 수 있는 고통 때문에 두려울지도 모릅니다. 깊이 사랑했던 사람이 여러분을 거절할 경우, 여러분을 떠나거나 혹은 죽을 경우, 여러분의 마음은 찢어질 것입니다. 하지만 그렇다고 해서 깊이 사랑하는 것으로부터 물러서서는 안 됩니다. 깊은 사랑에서 생겨나는 고통은 여러분의 사랑을 훨씬 더 풍요롭게 해줄 것입니다. 그것은 땅을 헤집어서 씨앗이 뿌리를 내리고 강한 식물로 자라날 수 있게 만들어 주는 쟁기와도 같습니다. 거절이나 부재나 죽음의 고통을 겪을 때마다 여러분에게는 선택의 기회가 주어집니다. 냉소적인 사람이 되어 다시는 사랑을 안 하기로 작정할 수도 있고, 반대로 여러분의 고통 한가운데 굳건히 서서, 여러분이 딛고 서 있는 땅이 좀 더 풍요로워지고 새로운 씨앗을 싹트게 할 수도 있습니다.

　사랑을 하면 할수록, 그리고 그 사랑 때문에 괴로워하면 할수록, 여러분의 마음은 좀 더 넓고 깊게 자라날 것입니다. 여러분의 사랑이 진실로 주고받을 때, 여러분이 사랑하는 사람들은 결코 여러분 마음에서 떠나지 않을 것입니다.　심지어는 여러분 곁을 떠난 후에도 말입니다. 그들은 여러분 자신의 일부가 되어, 여러분 내면에 서서히 공동체를 세울 것입니다.

　그 내면의 공동체가 커지면 커질수록, 여러분은 주변의 낯선 사람들 속에서 점점 더 쉽사리 여러분의 형제자매를 발견하게 될 것입니다. 깊이 사랑하면 할수록, 여러분 마음의 토대도 점점 더 무너질 것입니다. 하지만 그와 동시에 여러분은 사랑이 맺는 풍부한 열매들 속에서 기뻐할 것입니다.

　　　　　〈마음에서 들려오는 사랑의 소리〉 중에서

41

| 장 바니에 |

사랑 많으신 하나님의 온화한 도구

장 바니에는 평신도신앙공동체 운동의 리더이자, 영감을 주는 작가에, 강연자이기도 하다. 그는 사회의 가장 변두리 지역에 속한 사람들을 인정하라고 요구하는 예언자적 음성으로 잘 알려져 있으며, 연령과 문화와 종교에 상관없이 모든 사람들의 영적 스승이 되어 주고 있다. 현재 그는 1964년 프랑스의 트로슬리 브레윌에 직접 세운 최초의 라르쉬 공동체에서 장애우들과 함께 생활하고 있다.

나는 1981년, 라르쉬에 좀 더 깊이 헌신하기 위해 여러 공동체들로부터 한 자리에 모인 사람들을 위한 영성수련 기간에, 헨리 나우웬을 처음 만났다. 그는 〈로마의 어릿광대〉라는 저서에서 라르쉬를 언급한 적이 있기 때문에, 우리가 무엇을 위해 애쓰고 있는지, 그리고 우리의 만남이 얼마나 유익한지를 잘 알고 있으리라 생각했다. 그리하여 우리는 함께 시간을 보내게 되었고, 이렇게 해서 우리의 우정은 시작되었다.

몇 년 후, 그가 잠시 동안 라르쉬가 시작된 트로슬리의 프랑스 공동체에 머무르게 되면서 우리의 우정은 깊어갔다. 당시 그는 하버드대학교 교수라는 자신의 경력에 불만을 품고 있는 것 같았고, 다른 뭔가를 추구하고 있는 것처럼 보였다. 어쩌면 자신이 뿌리를 내릴 수 있는 "집"을 찾고 있는 건지도 몰랐다.

나는 헨리가 여기에서 일종의 집을 발견했다고 생각한다. 그는 일 년을 우리와 함께 머물렀고, 우리 어머니 집에서 생활하면서 공동체와 함께 식사하였다. 그는 친구를 많이 사귀었다. 그는 우리 어머니와 시간을 함께 할 수 있음을 굉장히 기쁘게 여겼으며, 특히 나와 함께 라르쉬를 창설하였던 도미니크회 영성지도자인 토마스 필립과 대화하는 걸 정말로 좋아했다. 또한 그는 도우미들과 함께 지내는 것도 아주 좋아했다. 그들은 공동체의 장애우들과 함께 생활하도록 부름 받은 사람들이었다.

그럼에도 불구하고, 헨리는 나 때문에 어느 정도 좌절을

헨리 나우웬과 장 바니에

겪었으리라 생각된다. 그는 깊은 우정을 매우 중요하게 생각했으며, 그에게 깊은 우정이란 늘 서로에게 전화를 걸어 주는 걸 의미했다. 하지만 내 삶은 공동체에 근거를 둔 것이었다. 나는 장애우들과 함께 시간을 보냈고, 집안일이나 회의도 병행해야 했고, 도우미들과도 함께 해야 했다. 나는 가끔씩 기껏해야 한 시간 정도밖에 헨리와 함께 하지 못했다. 그리고 이로 인해 그는 상처를 입었다. 나도 그 사실을 알고 있었다. 하지만 내 일정은 너무나도 빡빡했다. 그와 대조적으로 헨리는 시간이 너무 많았고, 지독한 외로움을 느꼈으며, 집을 갈망하고 있었다. 우리의 삶은 이렇게 완전히 딴판이었다. 이 모든 것들은 우리 우정이 어느 정도 긴장관계에 놓이게 되었음을 의미했다. 하지만 두 사람 사이에는 깊은 상호적 사랑이 있음을, 그리고 우리는 같은 것을 추구하고 같은 방향을 향해 걷고 있는 형제라는 사실을 우리 둘 다 결코 잊지 않았다고 생각한다.

트로슬리에서 일 년간 머무른 그는 라르쉬 데이브레이크의 공동체 영성지도자로 초청을 받았다. 그의 시작은 매우 힘겨웠다. 어쨌거나 헨리는 공동체 생활의 요구에 전혀 익숙하지 않은 사람이었으며, 아침이면 이따금씩 스스로 아침식사를 마련해야 하고, 접시도 닦아야 하고, 사람들을 깨우고 옷 입는 걸 도와줘야 하는 그런 집에서의 일상생활은 훨씬 더 낯선 것이었기 때문이다! 특히나 그는 실질적인 사람이 못 되었다. 더욱이 헨리의 마음은 늘 고요한 게 아니었다. 그는 여전히 깊고 지속적인 우정을 찾아 헤매고 있었다.

우정에 대한 이 평생의 추구는 그의 미덕이자 고통이기도 했다. 그가 가장 열망하는 그것을 그는 다른 사람들에게 줄 준비가 되어 있었다 ― 자신을 완전히 줄 준비가! 헨리는 누군가가 자신을 필요로 한다고 느낄 때마다 그 사람 곁에 있었고, 그 사람 곁에 있는 동안은 자신의 시간과 관심을 모두 그 사람에게 바칠 준비가 되어 있었다. 헨리는 예수님의 말씀을 그대로 따르며 실천했다: "누가 너더러 억지로 오 리를 가자고 하거든, 십 리를 같이 가주어라"(마태복음 5장 41절). 그는 아름답고 열정적인 마음을 지녔으며, 자신을 필요로 하는 사람들에게 다가갔다.

우정을 향한 헨리의 갈망과 우정에 대한 신뢰는 특별히 영적인 여정을 걷고 있는 사람들과 함께 할 때 더 명백히 드러났다. 그는 현명하고 부드러운 영성지도자로서, 사람들이 예수님과 진리에 좀 더 가까이 다가가도록 해주었으며, 자기 자신과 실재를 좀 더 잘 받아들이도록 도와주었다. 하지만 그는 자신의 신앙이나 생각을 절대로 강요하는 법이 없었다. 그는 다른 사람들의 말에 귀를 기울였고, 그들이 처한 상황에서 그들의 인간적·영성적 여정까지, 있는 그대로를 받아들였다. 생판 남인 사람들도 금세 친구가 되었다: 그는 날마다 많은 편지를 받았다. 그는 사려 깊고 끈기 있게, 한 사람 한 사람에게 답장을 썼으며, 때로는 장문의 편지를 쓰기도 했다.

그 자신의 고통과 괴로움, 이해와 우정에 대한 그 자신의 열망 때문에, 그는 다른 사람들의 갈망과 외로움과 욕구들을 더 깊이 이해할 수 있었다. 심리학과 신학에 관한 그의 해박한 지식은 영혼의 문제들에 관한 폭넓은 지식과 합해져서, 그를 탁월한 상담자요 영성지도자로 만들어 주었다.

 헨리는 성만찬예식에서 충만함을 발견하였다. 성만찬예식을 집례하는 걸 굉장히 좋아했고, 모두를 거기에 동참시키기를 좋아했다. 만일 그가 이따금씩 여러 종파 신자들 간의 성만찬예식과 관련하여 특정 종파의 규칙들에 약간 부주의한 것처럼 보였다면, 그것은 저마다 예수님과 개인적인 만남을 가질 수 있기를 원했기 때문이었다. 헨리가 성만찬예식을 사랑한 것은 예수님을 사랑했기 때문이었다. 그는 성별된 빵과 포도주 속에 예수님이 실제로 임재하심을 굳게 믿었다. 성만찬예식은 그에게 너무나도 중요한 것이었다. 따라서 그는 성만찬예식을 의미 있게 만들 수 있는, 그것을 우리 삶과 연결 지을 수 있는 천부적인 재능을 갖고 있었다. 그는 성만찬상을 빙빙 돌면서, 두 손을 흔들어 가며, 여기저기 참가자들 한가운데를 누비곤 했다. 어떤 이들은 이러한 행동이 방해가 된다고 느꼈지만, 이것은 어디까지나 사람들을 예수님 주변으로 모여들게 하고 싶은 헨리의 강렬한 욕구의 표현일 따름이었다.

 헨리는 또한 화해예식의 친밀감을 무척이나 좋아했다. 영성지도 상담실에 온 사람들은 영성지도자에게 자기 마음을 열어 보였으며, 가장 깊숙한 곳의 상처와 죄책감, 괴로움과 사악함을 드러냈다. 그곳에 오는 사람들은 다음과 같은 말을 듣게 되었다. "성부와 성자와 성령의 이름으로 당신의 죄를 용서합니다." 그야말로 헨리는 진정 사랑이 넘치고, 부드럽고, 열정적인 하나님의 부드러운 도구였다.

하지만 헨리는 권위에 복종하길 즐기는 편이 아니었다. 교회의 제도에도 순종하지 않았고, 심지어는 공동체 구조에도 순종하려 들지 않았다. 그는 예수님의 첫 번째 관심도 사람이고 최대 관심사도 사람이라는 점을 제대로 알았던 훌륭한 신학자였다. 만일 헨리가 순종에 관해 약간 무관심해 보였다면, 그것은 그가 영성지도자로서의 자기 역할이란 사람들에게 관심을 쏟아야 하는 것이라고 이해하였기 때문이다. 그러나 다른 많은 측면에서는 헨리도 매우 전통적인 사람이었다. 그는 교회의 온갖 표상과 상징들을 무척 좋아했다. 그는 교회가 자기에게 안겨 주는 안전감도 매우 좋아했다. 무엇보다도 그는 교회라는 이 가족이 사랑을 존중하고 개인적인 관계를 소중히 여기는 가족임을 인정하였다.

어쩌면 헨리는 애정과 부드러움이 가득한, 좀 더 "어머니다운" 교회를 선호했는지도 모른다. 그는 교회의 남성적인 권위를 경계하였다. 그렇지만 그와 동시에 교회의 권위자들에게 사랑 받고, 존경 받고, 인정받고, 신뢰 받길 간절히 원했다.

소속에 대한 헨리의 욕구는 갈등을 혐오한 데서 일부 확실히 드러났다. 갈등은 쉽사리 그를 괴롭히고 스트레스를 주었으며, 그는 갈등을 피하기 위해서라면 무슨 일이든 다 했다. 또한 내가 보기에는, 그가 통합하는 사람으로서 카리스마를 지녔던 것도 다 그 때문이었던 것 같다. 그는 차이를 경시하고, 모순을 간과하는 쪽을 선택했다. 그는 상황이나 사람들의 중심을 헤집고 그 속에서 더 심오한 합일을 찾아내는 걸 더 좋아했다. 사람들의 마음을 일깨워 주고, 서로 다른 전통을 지닌 사람들이 내적인 여정을 이어갈 수 있도록, 예수님을 만날 수 있도록, 그리고 자신에 대한 신뢰와 자신의 창의성, 직관에 대한 신뢰를 회복할 수 있도록 도와줌으로써, 헨리는 금세기 최고의 초교파주의자로 우뚝 서게 되었다.

어떤 면에서 헨리는 자기 자신의 교회보다는 개신교와 성공회 공동체에서 좀 더 많이 알려졌다. 아마도 가톨릭은 대체로 그를 경계하는 경향이 있었던 것 같다. 확실히 그는 별로 제도적인 사람은 아니었으니까.

헨리는 그리스도인들 간의 합일을 부르짖었다. 그리스도

인들 간의 합일이 부족한 것 때문에 그가 겪었던 내적인 고통은 자칫 그에게 파괴적인 영향을 미칠 수도 있었다. 하지만 그는 자기 자신의 상처로부터 비롯된 고통을 수많은 교회 사람들과 함께 나누는 방법을 익혀 나갔다.

헨리가 사명을 완수할 수 있도록 하나님이 그에게 주신 은사들 가운데 하나는 바로 집필의 은사였다. 헨리는 강박적인 작가였다. 그는 글을 써야만 했다. 자신의 고통과 직관을 명백하고 정확한 문자언어로 바꿀 수 없을 경우, 그는 끔찍하게 앓거나 침울해지곤 하였다. 그는 언제나 집필 작업과 다퉜다. 책을 쓰고 또 썼지만, 결코 완벽하게 만족하지 못했다. 헨리는 어디까지나 헨리였다. 자신의 완벽주의에 집착하는. 그러한 성격은 그의 공동체와 친구들마저도 견뎌 내기가 힘든 것이었다!

하지만 고통은 놀라운 에너지의 원천이 될 수 있었다. 자동차가 전속력으로 달릴 수 있게 만들어 주는 가스처럼. 어디로? 행선지를 항상 알 수는 없는 법이다! 그리고 헨리의 고통과 에너지는 쉽사리 오해를 받았다. 어떤 사람들은 그를 벽창호 같은 사람이라고 여겼다. 자신의 저서에 좀 더 예술적인 표지를 붙이기 위해, 혹은 좀 더 나은 번역본을 위해,

끊임없이 출판사와 싸우는 사람이라고. 자신의 집필 작업을 통해 개인적인 인정을 추구하는 사람이라고.

그러나 그는 하나님의 놀라운 도구였다!

사람들이 헨리의 책을 사랑한 것은, 그가 영적인 문제에 관하여, 반드시 어때야 한다는 당위가 아니라, 있는 그대로의 상태를 기록했기 때문이었다. 그는 세상의 혼란뿐만 아니라 자기 자신의 혼란에 대해서도 어떻게 설명해야 하는지를 잘 알고 있었다. 또한 그는 그 혼란 가운데서 희망의 씨앗을 발견하는 방법까지 우리에게 가르쳐 주었다.

헨리의 지성은 매일의 사소한 사건들 속에서 빛을 발견할 수 있게 해주었다. 바로 그런 이유 때문에 그는 지속적으로 일기를 썼다. 이따금 그는 자신이 만난 사람들에 관하여 지독히 경솔하게 행동하기도 했다. 그의 저서에 자신이 등장하는 걸 사람들이 원치 않을 수도 있다는 생각을 전혀 하지 못했던 것이다! 하지만 이 사소한 사건들로부터 메시지가 들려왔다. 그 메시지들은 언제나 지극히 개인적이었다. 한때 헨리는 깊은 슬픔과 절망에 빠져 지낸 적이 있었다. 혼란의 나락에 빠져 허우적대는 동안, 가장 낮은 곳에서 그의 인간됨이 산산조각 나는 것만 같았다. 하지만 그는 이러한 경험을 부끄럽게 생각하지 않았다. 그리고 그 결과, 그는 좀 더 나은 사람, 좀 더 아름답고 열정적인 사람이 되었다. 나락에 빠진 자신을 발견하게 된 사람들, 혹은 나락에 빠져 끔찍한 공포에 시달리고 있는 사람들 모두를 위해, 헨리는 〈마음에서 들려오는 사랑의 소리〉에서 이 시기의 이야기를 글로 옮겼다. 그럼으로써 희망과 재생의 길을 보여 주었다. 그는 삶에 대한 믿음과 하나님에 대한 신뢰 덕분에 절망으로부터 빠져 나올 수가 있었다. 그는 자신의 신앙에 매달렸다. 아니, 하나님께서 자신에게 매달리시게 하였다.

헨리와의 관계에서 나는 늘 그의 정직함에 감동받았다. 특히 그의 말과 글 속에서 그의 정직함을 깨닫고 감동하였다. 그는 자신이 생각하고 느낀 대로 말하고 기록하였다. 사실 그는 매우 상처 받은 사람이었다. 하지만 우리 모두가 상처 받은 사람들 아닌가? 그의 미덕은 자신의 상처를 인정할 수 있었다는 것, 그 상처에 관해 말하고 쓸 수 있었다는 것 아닌가? 그 누구도 결코 헨리를 위선적인 사람이라고 비난할 수 없었다. 하지만 하나님은 분명히 이 상함 가운데 있는 사람을 택하여, 생명을 주는 희망의 등대가 되게 하셨다. 그는 자신의 말과 글을 통하여 사람들을 있는 그대로 만날 수 있었다. 또한 나는 믿는다. 그는 사람들의 마음을 만지고 그들을 혼란으로부터 빛으로 옮겨 줌으로써 특별한 방식으로 말씀의 신비를 행사했다고. 그는 멋진, 아주 멋진, 대화 상대였으며, 비범하고 "상처 입은 치유자"였다. 그가 우리에게 남겨 준 유산은 치유의 능력을 지닌 어록과 저서들이다.

헨리의 삶은 라르쉬 데이브레이크 새벽공동체에서 살았던 한 장애우, 애덤 아넷과의 우정을 통해 감동을 받고 변화되었다. 그는 애덤을 이해하게 되면서, 이 세계가 명성과 재산과 권력의 추구 속에서 얼마나 엉망진창인가를 실감하게 되었다. 헨리는 데이브레이크 새벽공동체에게 선물과도 같았으며, 데이브레이크 새벽공동체에 있는 그의 친구들은 지속적으로 그에게 영감을 주고 새로운 활력을 주었다. 하지만, 제아무리 연약하고 가난한 사람들과 함께 하는 걸 정말로 좋아했더라도, 오랜 기간 동안 오직 그들과만 함께 할 수는 없었다. 그에게는 지성적, 영성적 우정의 자극이 필요했다. 그리고 그에게는 글을 쓰고 대중적으로 강연할 시간이 필요했다.

글을 쓰는 동안을 빼고는, 그 공동체를 떠나야 할 경우 헨리는 데이브레이크 친구들을 함께 데리고 갔다. 그는 빌 반 뷰렌이나 고드 헨리와 함께 말씀을 전하는 걸 좋아했다. 그들의 상함에서 솟아나오는 사랑이 그로 하여금 자신의 상함을 견디고 사랑할 수 있게 도와주었다. 또한 그는 공동체의 장애우들로부터 남녀를 막론하고 정말로 깊은 사랑을 받았다.

헨리는 자신의 강연과 저서들을 통하여 라르쉬의 중심에 있는 신비를 공적으로 대변하는 사람이 되었으며, 복음의 신비를 명백하게 선포하고, 나아가 연약하고 거절당한 사람들의 우매함이 곧 하나님의 비밀스럽고도 고요한 예언자라고 선포하였다.

세상의 모순은 늘 헨리 자신의 모순을 비추는 것이었다. 한편으로는 내리막길이 곧 진리와 치유와 예수님께로 들어가는 장소라고 선포하면서, 다른 한편으로는 대중의 인정, 세상의 승인에 대한 욕구에 집착하는 것처럼 보였다. 여기에서 헨리는 다시 한 번 모순을 견뎌냈다. 하나님의 가치와 세상의 가치 사이에서, 우리가 하는 말과 실제로 행하는 것 사이에서 우리 모두가 경험하는 모순을. 그것은 그의 가난이었다. 그것은 나의 가난이었다. 그것은 우리 모두의 가난이었다.

마지막으로 떠오르는 것은 작가 헨리에 관한 일들이다. 그가 써낸 가장 훌륭한 저서들 가운데 하나는 렘브란트의 그림 〈돌아온 탕자〉를 그리스도교 메시지에 비추어 분석한 것이다. 헨리가 탕자와 큰아들에 관하여 글을 썼던 것은, 이 두 가지의 모순된 인성, 곧 무책임하고 과격한 아들과 신실하고 준법적인 아들이 자기 속에 깊이 배어 있다는 사실을 자각하고 있었기 때문이 아닐까? 또한 그 자신이 사랑과 용서가 충만한 아버지를 그리워하고 그 아버지가 집으로 받아들여 주시기를 간절히 바랐던 것은 아닐까? 어쩌면 헨리는 다른 걸 전혀 바라지 않고 그저 값없이 사랑하고 인정해 주시는 아버지를 닮아가는 것이야말로 가장 힘든 싸움이라는 사실을 분명히 깨달았던 게 아닐까?

고통도 헨리를 자기 안에 가두지는 못했다. 그는 세상으로부터 자기를 막아 줄 방패를 그리 오랫동안 찾아 헤매지 않았다. 오히려 그 반대로, 고통은 그를 늘 앞으로, 새로운 것을 향해 몰아붙였다: 새로운 사람들, 새로운 토의, 새로운 통찰, 새로운 책들로. 그는 서커스단원들, 에이즈 환자들, 교사들, 정치가들과 함께 하는 걸 아주 좋아했으며, 거절당한 사람들 못지않게 세상의 위인들과 함께 있는 것도 좋아했다. 그는 예술과 문화와 음악과 연극의 세계를 사랑했다. 그는 인간적인 것이라면 뭐든지 사랑했다. 그리고 그 모든 것들 속에서 그는 언젠가 새로운 책으로 펴낼 수 있는 진리를 추구하였다. 결국, 내 생각에, 새 책을 쓰고자 했던 그의 욕구는 단지 좀 더 인정받고 싶은 욕구가 아니라, 이미 이 세상에 있는 빛을 선포하고 싶은 예언자의 강렬한 욕구였던 것 같다.

복음서 기자 요한은 자신의 복음서를 다음과 같은 말로 시작한다. "태초에 '말씀'이 계셨다." 헨리는 그 '말씀'을 찾는, 모든 사물의 의미와 그 속에 숨긴 비밀스런 빛을 찾는 정열적인 구도자였다. 그를 라르쉬로 이끈 것도 바로 진리와 하나님에 대한 추구였다. 그는 약하고 상한 사람들 속에 숨긴 신비를 발견하고 체험하였다. 또한 그는 우리 모두가 내리막길에서 자신과 타인을 발견하지 못할 경우, 우리들 저마다에게, 우리 공동체에, 그리고 부서진 이 사회에 결코 치유가 있을 수 없다는 사실을 깨달았다.

그의 상함과 모순과 투쟁 ─ 그가 한 번도 숨기려 하지 않았던 약점들 ─ 로부터 흘러나온 말들은 치유의 언어였다. 예수님은 오직 열매로만 나무를 판단할 수 있다고 말씀하신다. 헨리의 삶이 맺은 열매는 너무나도 풍부하고, 선하고, 아름다웠다: 그는 사람들을 하나님께로, 빛으로, 그리고 새로운 희망으로 이끌어 주었다.

그리고 그가 네덜란드의 한 병원에서 죽었을 때, 그의 죽음은 그야말로 거룩한 죽음이었다. 그는 가난을 인정하였다. 그는 예수님을 만날 준비가 되어 있었다. 그를 사랑해 주신 예수님, 그의 온 생애를 추구하신 예수님, 그리고 그의 삶을 완전히 바쳤던 예수님을.

42

| 빌 반 뷰렌 |

우정의 편지

빌 반 뷰렌은 1969년에 라르쉬 데이브레이크를 창설한 멤버였다. 그는 현재 우더리 나무세공소에서 일하고 있다. 빌과 헨리 나우웬은 절친한 친구 사이였고, 함께 여행하기를 즐겼다. 1995년에 헨리가 빌에게 편지 한 통을 보냈다. 빌의 자서전 편찬을 위해서였다. 그리고 이번에는 빌이 이 모음집을 위하여, 그 때 헨리가 보냈던 편지에 답장을 쓸 수 있도록 도와달라고 수 모스텔러에게 부탁했다.

1995년 6월.

사랑하는 빌에게,

　자네는 데이브레이크에서 아주 특별한 친구야. 1986년 8월, 데이브레이크에 온 이후로 나는 자네를 아주 특별한 사람이라고 생각해 왔어. 자네에 관해 좀 더 많이 알고 싶고, 자네와 친구가 되면 좋겠다고 생각해 왔지……이 세상 많은 사람들이 빌과 헨리는 특별한 친구라는 사실을 알고 있어. 그리고 나는 자네가 정말로 자랑스러워…….

　워싱턴 여행은 그 후로 우리가 함께 했던 수많은 여행의 시작이었지……자네도 [캘리포니아주 얼바인을 여행할 때 생겼던] "엘리베이터 사건"을 기억할 거야. 자네와 내가 엘리베이터를 탔는데, 많은 사람들이 한 마디 말도 없이 벽에 기대어 서 있었지. 엘리베이터가 올라가기 시작하자, 자네가 침묵을 깨고 옆 사람에게 이렇게 말했지. 그 사람의 발을 내려다보면서 말이야. "당신은 구두닦이를 제대로 사용할 줄 아네요." 그 사람이 자네의 평가를 듣고 씩 웃고 있는데, 자네는 또 이렇게 말했지. "하지만 나도 그걸 제대로 사용할 줄 알아요!" 몇 초도 안 지나서 그 안에 있던 사람들이 서로 대화를 나누기 시작했어. 원래 내리려 했던 층에서 내려야 한다는 사실을 잊어버릴 정도로 활발하게 말이야. 나는 그 작은 사건이야말로 즉석 공동체 형성의 훌륭한 본보기라고 늘 생각하고 있다네……

사람들은 강연을 해달라고 나를 초대하지. 나로부터 영성 생활에 관해 뭔가를 듣고 싶어서. 그렇지만 그들이 나를 기억해 주는 것은 내가 자네와 함께 갔기 때문이야……

이제 우리는 둘 다 나이가 들었고, 둘 다 그 사실을 느끼고 있어. 자네가 항상 이렇게 말하는 것도 다 그 때문이지. "내가 먼저 죽으면 헨리가 슬퍼할 테고, 헨리가 먼저 죽으면 내가 슬퍼하겠죠. 어쩌면 우리는 동시에 죽어야 해요." 이 사소한 농담으로 자네는 우리 둘이 같은 날 죽을 것이라는 말을 자네와 나에게 하는 것이겠지. 하지만 우리는 죽을 때까지 친구고, 우리를 하나로 묶어 주신 하나님께서 우리를 언제나 함께 있도록 해주실 거야……

자네는 정말 특별한 사람이고, 정말 아름다운 친구야.

사랑을 담아,

빌 반 뷰렌과 헨리

2000년 5월.

사랑하는 헨리에게,

내 자서전에 당신이 써놓은 편지를 읽었어요. 그 편지를 읽고 우리가 얼마나 좋은 친구였는지를 생각했지요. 이제 당신의 일대기를 위해 내가 당신께 편지를 씁니다.

내가 세례를 받던 날이 기억나요. 내가 이렇게 말했지요. "세례를 받고 싶어요." 그러자 당신이 내게 말했지요. "세례에 관해 공부를 해야 하네. 다른 사람들도 자네를 알 수 있도록, 교회에서 공부했으면 좋겠네." 나는 "좋아요"라고 대답했지요. 세례를 받은 후에 나는 정말로 행복했어요. 그 때부터 당신은 나와 늘 함께 했지요. 그러니까 내가 선한 삶을 살 수 있도록 도와주셨다는 말이에요. 나 역시 당신과 동행했어요. 그러니까 당신의 여행을 도와주었다는 말이지요.

당신을 만나기 전까지는 아무도 나에게 여행을 함께 가자고 하지 않았어요. 나는 정말로 신이 났어요. 당신은 워싱턴에 함께 가고 싶다고 했죠. 당신은 우리가 마치 형제처럼 함께 가는 것, 그리고 데이브레이크에서의 우리 삶에 관해 이야기하는 것이 굉장히 중요하다고 계속 말했어요. 당신이 강연을 할 때면 나는 하나님과 우리의 우정에 관해 좀 더 많이 이야기하고 싶었어요. 하지만 당신이 마이크를 붙잡고 있었죠. 당신은 이야기를 할 때마다 두 손을 흔들곤 했어요. 하지만 나는 당신 이야기를 듣는 걸 좋아했고, 때로는 당신이 이야기하는 동안 울기도 했어요. 왜 그랬는지는 모르겠어요. 당신과 너무 가깝다고 느꼈기 때문에 나도 어쩔 수 없었어요. 우리는 정말로 좋은 친구였어요.

내 자서전을 축복해 주던 날, 당신 덕분에 나는 행복했어요. 예배당에서 당신은 내게 말하길, 내 삶이 중요하다고, 많은 사람들이 나를 사랑한다고 했지요. 예전에는 그 누구도 이런 말을 해준 적이 없었어요. 당신은 하나님께서 날 사랑하신다고 말했죠. 당신이 내 책을 축복해 주었을 때 내가 울기 시작했던 게 기억나요. 당신은 떨기 시작한 나를 붙잡아 주어야 했죠. 나는 내 자서전을 축복해 주는 당신의 사진을 갖고 싶었어요. 당신의 이야기가 나를 너무나도 감동시켰어요.

    나를 여행에 데려가 줘서 고마워요. 나에게 책과 그림들을 줘서 고마워요. 그 그림들은 지금도 내 방에 걸려 있어요. 당신이 그리워요. 헨리, 난 아직도 당신을 위해 울어요. 내 소중한 친구가 되어 줘서 정말 고마워요.

    사랑을 담아,

Bill

| 손 |

렘브란트의 〈돌아온 탕자〉를 보기 위해 상트페테르부르크로 갔을 때만 해도, 나는 그 때 내가 본 것을 얼마나 많이 체험해야 하는지 잘 몰랐다. 렘브란트가 데려다 준 곳에 나는 두려워하며 서 있다. 그는 나를 무릎 꿇고 있는 텁수룩한 작은 아들로부터 서서 몸을 구부리고 있는 아버지에게로, 축복을 받는 장소로부터 축복하는 장소로 이끌었다. 나이 든 내 두 손을 바라보면서, 나는 고통 받는 모든 이들을 향해 뻗으라고, 내게 다가오는 모든 이들의 어깨를 다독여 주라고, 그리고 강력한 하나님의 사랑으로부터 솟아나는 축복을 전해 주라고, 이 손을 나에게 주셨다는 사실을 깨달았다.

〈돌아온 탕자〉 중에서

사진 저작권

표지사진. 폴라 킬코인이 찍은 사진.
사진 1. 누가 찍은 사진인지 모름, 나우웬센터의 허락을 받음.
사진 2. 조 차일드가 찍은 사진.
사진 3. 잭 스트로가 찍은 사진.
사진 4. 조엘 브로우가 찍은 사진.
사진 5. 폴커 세딩이 찍은 사진.
사진 6. 칼 맥밀런이 찍은 사진.
사진 7. 누가 찍은 사진인지 모름, 나우웬센터의 허락을 받음.
사진 8. 누가 찍은 사진인지 모름, 나우웬센터의 허락을 받음.
사진 9. 누가 찍은 사진인지 모름, 나우웬센터의 허락을 받음.
사진 10. 밥 뷰포드가 찍은 사진.
사진 11. 폴라 켈러허가 찍은 사진.
사진 12. 유타 에이어가 찍은 사진.
사진 13. 폴라 켈러허가 찍은 사진.
사진 14. 캐시 브루너가 찍은 사진.
사진 15. 존 톨리가 찍은 사진.
사진 16. 론 반 덴 보쉬가 찍은 사진.
사진 17. 로버트 스타메노프가 찍은 사진.
사진 18. 네이선 볼이 찍은 사진.
사진 19. 더그 위베가 찍은 사진.

사진 20. 유타 에이어가 찍은 사진.
사진 21. 수잔 스티어즈가 찍은 사진.
사진 22. 누가 찍은 사진인지 모름, 나우웬센터의 허락을 받음.
사진 23. 웬디 리우드가 찍은 사진.
사진 24. 누가 찍은 사진인지 모름, 나우웬센터의 허락을 받음.
사진 25. 토드 로스록이 찍은 사진.

헨리 나우웬에 관한 작품 중 최종결정판이라고 할 수 있는 이 모음집의 희귀본 사진들을 찍은 사람들을 일일이 확인하고 저작권을 부여하기 위하여 나우웬 센터와 편집자들 모두가 많은 노력을 기울였습니다. 헨리 나우웬 저작권센터에 연락을 원하시면, 웹사이트 http://www.nouwen@nouwen.net 에 접속하시거나 nouwencentre@nouwen.net으로 이메일을 보내 주세요. 이 책의 판매수익은 모두 라르쉬 데이브레이크 새벽공동체로 돌아갑니다. 그리하여 헨리 나우웬의 꿈과 비전과 관심을 그대로 이어받아 프로젝트를 후원하고 있는 데이스프링을 위해 사용될 것입니다.

헨리 나우웬, 내 영혼의 친구

엮은이 베스 포더 · 수잔 브라운 · 필립 쿨터
펴 낸 날 2010년 2월 25일(초판1쇄)
펴 낸 이 길청자
펴 낸 곳 아침영성지도연구원
등 록 일 1999년 1월 7일(제7호)
홈페이지 www.achimhope.or.kr
총 판 선교햇불

* 책값은 뒷표지에 표시되어 있습니다.

ISBN 89-8876-439-8(03230)

이 출판물은 저작권법에 의해 보호를 받는 저작물이므로
무단전재와 무단복제를 금합니다.